파워 프레젠테이션 특강

파워
프레젠테이션
특강

| 김현기 |

한국문화사

파워 프레젠테이션 특강

인쇄 · 2010년 8월 20일
발행 · 2010년 8월 25일

지은이 · 김 현 기
펴낸이 · 김 진 수
꾸민이 · 문 소 진
펴낸곳 · **한국문화사**
주소 · 133-110 서울특별시 성동구 구의로 3 두앤캔 502호
전화 · (02)464-7708 / 3409-4488
팩시밀리 · (02)499-0846
등록번호 · 제2-1276호
등록일 · 1991년 11월 9일
홈페이지 · www.hankookmunhwasa.co.kr
이메일 · hkm77@korea.com

ISBN 978-89-5726-793-6 03700

*책 가격은 뒤표지에 표시되어 있습니다.
*잘못된 책은 교환해 드립니다.
*인지가 없는 것은 무효임.

이 도서의 국립중앙도서관 출판시도서목록(CIP)은 e-CIP 홈페이지
(http://www.nl.go.kr/cip.php)에서 이용하실 수 있습니다.
(CIP제어번호: CIP2010002)

프롤로그

현대는 빠른 속도로 변화해가고 있습니다.

커뮤니케이션 분야도 마찬가지입니다. 웅변조의 대중 연설이 자연스러운 회화형 스타일의 스피치로 바뀌었고, 이젠 컴퓨터를 활용한 디지털 프레젠테이션 시대로 발전하기에 이르렀습니다.

엘빈 토플러는 '부의 미래'라는 최근 저서에서 변화의 속도를 언급하면서 기업은 100마일로 달려가고 있는 데 비해 관료 조직은 25마일로 걸어가며 교육 체계는 10마일로 기어가고 있다고 설파했습니다.

과연 프레젠테이션 교육은 얼마의 속도로 발전해가고 있는지를 필자 스스로 반문해보며 프레젠테이션 능력을 효과적으로 향상시킬 수 있는 실전적 안내서의 필요성을 평소에 느껴오고 있었습니다.

그러던 차에 필자의 저서 1탄 '김현기 교수의 파워 스피치 특강', 2탄 '핑거 스피치'에 큰 성원을 보내 주신 독자 여러분과 필자로부터 직접 수업을 받는 많은 수강생 여러분께서 쉽게 익힐 수 있으면서도 실전에서 효과적인 프레젠테이션 기법에 대한 지침서를 요청해 오셨습니다. 이에 부응하기 위해 3탄 '파워 프레젠테이션 특강'이 탄생하게 되었습니다.

이 책의 특징을 간략하게 소개해 드리겠습니다.

(1) 이 책은 학생, CEO, 직장인, 교육자 등 누구에게나 필요한 능력이면서도 가장 큰 부담으로 여겨지는 프레젠테이션을 어떻게 준비하고 실행해 나갈지에 대한 조언과 지혜를 담았으며 고루한 이론서가 아닌 실용적 가이드가 될 수 있는 내용으로 구성하였습니다.

(2) 프레젠테이션의 목표를 성공적으로 달성하기 위한 효과적인 설득 기법과 응용 방법 및 실제적 사례 등과 설득 능력을 향상시키기 위한 조언들을 담았습니다.

(3) 더욱 자신 있고 당당하면서도 조리 있고 명쾌한 프레젠테이션을 하실 수 있도록 프레젠테이션 불안 공포 극복을 위한 주요 내용과 프레젠테이션 능력을 떠받치는 토대가 되는 표현력 향상을 위한 핵심 내용을 수록하였습니다.

4) 총 정리 부분에서 프레젠테이션의 성공 전략과 노하우를 한눈에 알아볼 수 있도록 필자가 실전을 통해 터득한 프레젠테이션 기법을 망라해 다시 한 번 알기 쉽도록 간략하게 정리하였습니다.

5) 프레젠테이션의 실전적 시뮬레이션을 통해 프레젠테이션의 전 프로세스를 실제처럼 경험해 봄으로써 프레젠테이션 과정을 생생하게 이해할 수 있도록 구성하였습니다.

6) 독자 여러분과 마음으로 함께 하고픈 심정에서 그리고 독자 여러분의 머리를 식힐 겸해서 쑥스러운 솜씨지만 필자의『백두산문학』시부문 신인문학상 수상작을 부록에 몇 편 실었습니다.

프레젠테이션 능력은 우리 현대인들이 반드시 갖춰야 할 필수 능력이 되었습니다. 학생들의 수업 발표는 물론, 취업 면접에서도 프레젠테이션 면접이 증가하고 있으며 직장에서도 보고, 홍보, 브리핑, 프로젝트 설명, 회의, 토론 등에 이르기까지 프레젠테이션이 넘쳐나고 있습니다. 강의도 판서에 의존하던 모습에서 시각 자료를 활용한 세련된 프레젠테이션 방식으로 변화되고 있습니다.

이런 상황에서 많은 분이 프레젠테이션을 어렵게만 생각하고 부담스러워하며 프레젠테이션을 앞두고서 걱정과 고민에 휩싸이게 됩니다.
　헨리 포드는 '걱정하고 고민할 시간에 해결책을 찾아야 한다.'라고 설파했습니다.
　그 해결책이 바로 이 책이 되었으면 합니다.
　'파워 프레젠테이션 특강'을 통해 큰 발전 이루시길 바랍니다.

차례

프롤로그 · 5

 **1편 디지로그 프레젠테이션 기본 이론 학습**

1강 디지로그 프레젠테이션 · 17
   1. 커뮤니케이션과 프레젠테이션   17
   2. 프레젠테이션의 중요성   20
   3. 디지로그란 무엇인가?   22
   4. 이제는 디지로그 프레젠테이션 시대다.   22
   5. 디지털 자료 & 아날로그 스피치   24

2강 프레젠테이션의 기획과 준비 · 27
   1. 성공 기획의 요건   27
   2. 프레젠테이션 기획 요령   33
   3. 프레젠테이션 준비 단계   36
   4. 프레젠테이션 5단계 전개 방식   41
   5. 성공적인 기획과 준비를 위한 6가지 제언   44

3강 프레젠테이션 성공 유형 VS 실패 유형 · 49
   1. 스티브 잡스는 왜 프레젠테이션의 달인인가?   49
   2. 흔히 범하는 프레젠테이션의 7가지 실수   50
   3. 디지털 프레젠터 VS 아날로그 프레젠터   56
   4. 디지로그 프레젠터의 성공 프레젠테이션   57
   5. 프레젠테이션을 잘하기 위해 갈고 닦아야 할 것들   60

2편 프레젠테이션 공포 극복

1강 프레젠테이션 공포에 대한 이해 · 69

1. 프레젠테이션 공포 지수 측정 … 69
2. 프레젠테이션 공포 증상 체크 … 71
3. 프레젠테이션 공포의 원인 … 73
4. 프레젠테이션의 프로들은 떨지 않을까? … 77

2강 패러다임의 5가지 변환 · 80

1. 나를 위해 → 청중을 위해 … 80
2. 완벽하게 → 최선을 다해 … 82
3. 안 될 거야 → 잘 될 거야 … 83
4. 완전히 망쳤다 → 잘한 부분도 있다 … 85
5. 긴장하지 말아야지 → 긴장이 좀 되는구나 … 86

3강 당장 그만두어야 할 6가지 습관 · 88

1. 피하려는 습관 … 88
2. 지나치게 의식하는 습관 … 89
3. 비교하는 습관 … 90
4. 지레짐작하는 습관 … 91
5. 걱정하는 습관 … 92
6. 부담 가지는 습관 … 93

4강 자신감을 위한 7가지 지혜의 메시지 · 95

1. 긍정적인 생각과 즐거운 마음을 가집시다. … 95
2. 목표를 낮추고 자신감을 높입시다. … 96
3. 오히려 더 떨어 보려고 하십시오. … 98
4. 걱정이 되면 걱정거리를 적어 보십시오. … 99
5. 성공적인 모습을 상상하십시오. … 100
6. 제삼자의 눈으로 자신을 보려고 하십시오. … 102

7. 프레젠테이션의 멘토를 두십시오. 103

5강 마인드 트레이닝 · 104

  1. 사고 정지 훈련 104
  2. 이완 훈련 107
  3. 심상 훈련 112
  4. 자기 암시 훈련 115

3편 프레젠테이션 표현력 업그레이드

1강 음성 표현 UP · 121

  1. 충분한 들숨으로 안정된 날숨이 되게 합니다. 121
  2. 발성의 요령을 익힙시다. 123
  3. 분명하게 발음하도록 합니다. 127
  4. 말의 속도를 조절합시다. 129
  5. 강조 기법을 활용합시다. 131
  6. 실전 프레젠테이션에서의 음성 표현 요령 134

2강 신체 표현 UP · 137

  1. 시선 137
  2. 자세 140
  3. 표정 142
  4. 제스처 144
  5. 동선 147
  6. 옷차림과 외모 149
  7. 마이크 사용법 151

3강 시각 자료 표현 UP · 153

  1. 효과적인 공간 배치 153
  2. 시각 자료 효용 155

3. 시각 자료 제작의 4가지 기본 원칙　　　　　　　　　157
　　4. 색채 및 도안 구성 요령　　　　　　　　　　　　　159
　　5. 시각 자료 제작을 위한 기타 조언　　　　　　　　　163

4편 프레젠테이션 설득력 업그레이드

1강 설득의 달인 되기 · 169

　　1. 설득(Persuasion)과 설득의 중요성　　　　　　　　169
　　2. 대인 설득력　　　　　　　　　　　　　　　　　　172
　　3. 대중 설득력　　　　　　　　　　　　　　　　　　174
　　4. 설득 프레젠테이션　　　　　　　　　　　　　　　177

2강 설득 과정의 기본 요소 · 179

　　1. 출처 요인(누가)　　　　　　　　　　　　　　　　180
　　2. 메시지 요인(무엇을)　　　　　　　　　　　　　　181
　　3. 채널 요인(어떤 수단으로)　　　　　　　　　　　　186
　　4. 수신자 요인(누구에게)　　　　　　　　　　　　　187

3강 설득 원리를 활용한 프레젠테이션 성공 전략 · 190

　　1. 일관성 원리　　　　　　　　　　　　　　　　　　190
　　2. 상호성 원리　　　　　　　　　　　　　　　　　　192
　　3. 희소성 원리　　　　　　　　　　　　　　　　　　193
　　4. 사회적 증거의 법칙　　　　　　　　　　　　　　　194
　　5. 권위의 법칙　　　　　　　　　　　　　　　　　　195
　　6. 양자택일 기법　　　　　　　　　　　　　　　　　197
　　7. 순서 효과　　　　　　　　　　　　　　　　　　　198
　　8. 단어 효과　　　　　　　　　　　　　　　　　　　199

5편 프레젠테이션 내용 구성 기법

1강 내용 구성의 이해와 핵심 · 203

    1. 내용 구성의 기초   204
    2. 청중의 주의와 관심을 끄는 도입부   206
    3. 청중과 함께 가는 전개부   211
    4. 함축적이며 여운이 남는 결론부   217

2강 프레젠테이션 내용 구성 · 222

    1. 특별한 상황의 간단한 내용 구성과 요령   222
    2. 세부 내용 각색하기   229
    3. 성공적인 내용 구성을 위한 5가지 제언   235

6편 총 정리 및 실전 프레젠테이션 성공 기법

1강 성공적인 프레젠테이션을 위한 총 정리 · 245

    1. 프레젠테이션을 잘하기 위한 마음가짐과 기본 다지기   246
    2. 성공 프레젠테이션을 위한 준비   248
    3. 성공 프레젠테이션을 위한 설명력 향상   250
    4. 청중을 사로잡는 프레젠테이션   252
    5. 명 프레젠터로의 도약을 위해   254

2강 질의응답 및 다양한 상황대처 요령 · 259

    1. 질의응답 준비 및 실행 요령   259
    2. 황당한 질문에 대한 임기응변   262
    3. 배타적이거나 공격적인 청중 다루기   263
    4. 뜻밖의 다양한 상황을 대비한 준비 대처 요령   267

3강 성공 프레젠테이션을 위한 체크 리스트 · 274

    1. 기획 분석을 위한 체크 리스트   274
    2. 준비를 위한 체크 리스트   275
    3. 평가를 위한 체크 리스트   276
    4. 훈련을 위한 체크 리스트   278

4강 프레젠테이션 시뮬레이션 실습 · 281

    1. 기획   282
    2. 자료 수집   284
    3. 내용 구성   284
    4. 시각 자료 구상   286
    5. 시각 자료 제작   291
    6. 시나리오 제작   291
    7. 리허설   293
    8. 실행   294

▌에필로그 · 297
▌참고문헌 · 301
▌시의 향연 – 김현기 교수의 『백두산문학』 시부문 신인상 수상작 · 303
▌시뮬레이션 파워포인트 시각 자료 · 309
▌사회(평생)교육원 스피치 교육과정 수료 소감문 · 316
▌강의 계획서 · 327
▌강의 주별 : 강의 내용 · 328
▌김현기 교수의 파워 스피치 특강 · 329
▌경기대학교 사회교육원 리더스 스피치 과정 개강 인사말 · 330

제1편
디지로그 프레젠테이션 기본 이론 학습

▌제1강 디지로그 프레젠테이션
▌제2강 프레젠테이션의 기획과 준비
▌제3강 프레젠테이션 성공유형 VS 실패유형

 디지로그 프레젠테이션

1. 커뮤니케이션과 프레젠테이션

커뮤니케이션 관련 강의를 하시는 어떤 강사님이 필자에게
"교수님은 커뮤니케이션이란 무엇이라고 정의를 내리십니까?"라고 질문을 했습니다.
그때 저는 이렇게 답변해 드렸습니다.
"커뮤니케이션은 우리가 함께 있어 더 행복할 수 있는 멋진 수단이 아닐까요?"

뜻밖의 대답에 잠시 의아해하던 그분이 저를 다시 바라보며 무엇인가 깨달았다는 듯이 고개를 끄덕이며 빙그레 미소를 지어 보였습니다. 저는 이 순간 마치 염화미소(拈華微笑)의 고차원적 커뮤니케이션을 경험하는 듯한 느낌이 들었습니다.

인간은 사회적 동물이라고 아리스토텔레스가 말했듯이 우리는 혼자 고립되어 살아갈 수 없는 존재입니다. 타인과 교류하면서 타인으로부터 영향을 받기도 하고 타인에게 영향을 주기도 합니다. 타인과의 관계에서

생각과 감정의 끈을 이어주는 것이 바로 커뮤니케이션이라고 할 수 있겠습니다.
　커뮤니케이션의 단절은 곧 관계의 단절이 됩니다.

　우리는 매일 커뮤니케이션을 하고 살아갑니다. 가족과 이웃과 동료와 거래처와 끊임없는 커뮤니케이션을 합니다. 이 커뮤니케이션이 제대로 이루어지지 못하게 되면 서로 협력을 이뤄 나가기는커녕 관계는 원만할 수 없으며 온갖 오해와 갈등이 빚어지게 됩니다.
　커뮤니케이션(communication)의 어원은 라틴 어의 '나누다'를 의미하는 'communicare'라고 합니다. 그럼 우리 인간은 커뮤니케이션을 통해 무엇을 나눈다는 것일까요? 바로 생각이나 감정을 나눈다는 것이죠.
　기쁨을 나누면 배가 되고 슬픔을 나누면 반이 된다는 말이 있듯이 커뮤니케이션은 우리 인간들이 서로 함께할 수 있도록 연결하게 해주며 함께 해서 더 행복한 삶을 살아가게 하는 귀중한 도구요 수단입니다.

커뮤니케이션은 1 : 1의 대인 커뮤니케이션도 있으며 1 : 다수의 대중 커뮤니케이션도 있습니다. 1 : 1 커뮤니케이션도 그렇게 쉽지만은 않지만, 대중 커뮤니케이션은 일반인들에게는 익숙하지 않아 더 어렵게 느껴지는 것이 현실입니다. 프레젠테이션이 바로 1 : 다수의 대중커뮤니케이션입니다.

프레젠테이션에 대한 정의를 간단히 내려본다면 '프레젠테이션이란 1인의 발표자가 일정한 시간 내에 자신이 전하고자 하는 메시지를 언어적 비언어적 시청각적 매체 등을 활용하여 청중에게 전달함으로써 발표자가 목적한 대로의 결과를 이끌어내기 위한 일대 다수의 커뮤니케이션의 한 방법이다.'라고 할 수 있겠습니다.

프레젠테이션의 구체적인 사례를 살펴보면 보고, 신제품 발표, 상품 설명, 비즈니스 제안, 투자 유치 사업 설명, 경영 전략 발표, 사업 추진 계획 발표 등 무수히 많습니다.

2. 프레젠테이션의 중요성

"저는 프레젠테이션을 할 기회가 있을 때마다 피해 다녔습니다. 프레젠테이션을 하는 저 자신의 모습을 상상만 해도 엄청나게 부담이 되었고 연단에 서면 완전히 망칠 것 같은 불안한 예감이 엄습했습니다. 그러던 어느 날 저는 깨달았습니다. 프레젠테이션을 피한다는 것은 직장 생활 속에서 성공을 포기하는 것이나 마찬가지라는 것을."

"우리 팀에서 수개월에 걸쳐 연구한 결과를 사장님 이하 전 직원을 대상으로 프레젠테이션하게 되었습니다. 프레젠테이션은 선임인 제가 맡기로 되었지만, 도저히 잘할 자신이 없어 부하 직원인 김 대리에게 미루고 말았습니다. 재주는 곰이 부리고 돈은 누가 가져간다는 말처럼 뒤에서 고생을 실컷 한 우리보다 프레젠테이션을 맡았던 부하 직원이 박수갈채를 받고 칭찬을 독차지하는 느낌이 들자 정말 속이 상했습니다."

"저는 취업을 앞둔 대학 4학년생입니다. 요즘은 면접 비중이 매우 커졌습니다. 다양한 면접 방식이 있지만 저는 특히 프레젠테이션 면접이 가장 어렵고 심지어는 두렵기까지 합니다. 원하는 직장에 취직을 빨리해야 할 텐데 프레젠테이션 면접이 넘지 못할 산처럼 저를 가로막고 있습니다."

"프레젠테이션을 잘하면 일단 보기에 똑똑하고 유능해 보입니다. 반대로 프레젠테이션을 변변하게 하지 못하면 지식도 모자라고 무능하게 비치기 쉬운 게 현실인 것 같습니다. 직장생활이나 비즈니스라는 게 속내를 까뒤집어 놓고 속속들이 완전한 평가를 받는 것이 아니라 결국은 보이는 부분만으로 평가받을 수밖에 없기에 어쩔 수 없는 일이긴 하겠죠. 억울하면 프레젠테이션 능력을 반드시 갖출 수밖에요."

사회교육원 수강생 몇 분의 말씀을 옮겨 보았습니다.

스탠퍼드 대학 토머스 해럴 교수는 스탠퍼드 대학교 경영대학 졸업생들을 대상으로 십 년 후 그들의 삶을 평가해 보며 성공의 요인이 과연 어떤 것이 있는가를 조사해 본 결과 언어 표현력이 중요한 성공 요인이었음을 밝혀냈습니다. 다시 되짚어 본다면 표현 능력을 제대로 갖추지 않고서는 성공하기 어렵다는 말이 될 것입니다.

프레젠테이션 강의 도입부에 저는 프레젠테이션의 이론적 정의와 함께 프레젠테이션은 성공을 위한 한쪽 날개라고 비유를 들어 설명합니다. 다른 한쪽 날개는 그럼 무엇일까요? 바로 전문 지식이라 할 수 있습니다. 아무리 심오하고 넓은 지식이나 기발한 아이디어를 갖고 있다고 해도 그것을 제대로 표현할 수 없다면 다른 사람이 초능력자가 아닌 이상 알아줄 수 없습니다. 새가 날아가려면 양쪽 날개를 모두 갖추어야 하듯이 성공을 꿈꾸는 현대인이라면 전문지식뿐만 아니라 그것을 제대로 표현할 수 있는 능력, 특히 프레젠테이션 능력을 반드시 갖춰야 할 것입니다.

어느 기업 HRD 담당자의 말입니다.

"독서가 이미 취미가 아니라 생활이듯 프레젠테이션도 이제 특기가 아닙니다. 당연히 갖춰야 할 직무 능력입니다."

어떤 사람에게 프레젠테이션은 달아나고만 싶은 프리(Flee : 달아나다)젠테이션입니다.

어떤 사람에게 프레젠테이션은 온몸을 꽁꽁 얼어붙게 하는 프로즌(Flosen : 얼어붙은)테이션입니다. 우리 모두 전문가의 면모를 갖춘 세련된 프로젠테이션(Pro + Presentation : 전문가 + 프레젠테이션)을 하도록 합시다.

3. 디지로그란 무엇인가?

디지로그(digilog)는 디지털(digital)과 아날로그(analog)의 합성어입니다. 전 문화부 장관이셨던 이어령 교수님께서 주창하셨으며 같은 제목의 책으로도 출간되었습니다.

디지털이 세상을 지배해 가고 있지만, 디지털이 우리 인류의 삶에 제대로 된 풍요로운 도움이 되려면 오직 디지털만을 고수할 것이 아니라 아날로그 또한 존중되어야 하며 오히려 적절히 접목되어야 할 것이라는 것입니다. 다시 말하면 훌륭한 디지털이란 기계적인 편리함에 그치지 않고 따뜻한 감성이 가미된 인간적이어야 한다는 것이죠. 탁월한 식견과 혜안에 필자는 절로 감탄이 나왔습니다.

프레젠테이션을 강의하는 필자의 처지에서 프레젠테이션을 '디지로그' 관점에서 다시금 성찰해 보면 프레젠테이션이 컴퓨터와 다양한 기기들을 활용한 디지털 프레젠테이션 시대로 나아가고 있지만, 여전히 아날로그적인 따뜻한 감성과 인간적 요소가 배제되어선 성공적인 프레젠테이션이 될 수 없다는 것을 절실히 느끼게 됩니다.

4. 이제는 디지로그 프레젠테이션 시대다.

연세 드신 분들은 이런 고민을 많이 털어놓습니다.
"저는 나이가 들어서 그런지 컴퓨터를 활용하는 데 자신이 없어요. 젊은 직원들은 '파워포인트'인가 뭔가 하는 것으로 멋지게 자료를 만들어 와서 세련되게 프레젠테이션을 하는데 저는 늘 마이크 하나 달랑 들고 판서하면서 말하는 것이 익숙하고 편하거든요. 시대에 뒤처진 심정입니다."

반면 젊은 분들은 이런 고민을 많이 털어놓습니다.
"저는 컴퓨터를 활용한 비주얼 자료를 잘 만듭니다. 그림이나 사진, 도형, 그래프들을 자유자재로 멋지게 제작할 수 있습니다. 그런데 정작 프레젠테이션을 할 때면 분위기는 딱딱해지고 어색해지며 청중은 저와 동떨어져 있는 느낌을 받게 됩니다. 저희 상무님께서는 시각 자료 없이도 마이크 하나만 들고서 청중을 확 끌어당기더라고요. 저는 어떻게 해야 좋을지 고민입니다."

연세 드신 분들은 디지털 프레젠테이션을 어렵게만 생각하고, 젊은 층은 딱딱하고 건조한 느낌의 프레젠테이션 때문에 고민하는 경우를 종종 보게 됩니다.

필자의 결론을 미리 말하자면 효과적인 프레젠테이션이 되려면 디지털과 아날로그를 접목한 '디지로그 프레젠테이션'이 되어야 한다는 것입니다.

디지털 기술을 활용한 시각 자료는 매우 편리하며 효과적입니다. 하지만, 그게 전부는 아닙니다. 청중은 기계가 아닌 사람들이며, 사람은 펄떡이는 따뜻한 심장을 가진 생명체라는 것입니다.

그러므로 프레젠테이션을 통해 청중의 생각에 영향을 미치고 마음을 움직이려면 디지털 첨단 장비를 앞세운 화려한 비주얼이나 이성적인 논리에만 의존할 것이 아니라 반드시 인간적이며 감성적인 아날로그적 부분이 가미되어야 합니다. 또한, 화려하고 세련되어 보이지만 건조하고 형식적인 정보의 일방적 전달이 되는 프레젠테이션이 아니라 늘 청중을 따뜻하게 배려하며 청중의 처지에서 프레젠테이션을 준비하고 실행해야 할 것입니다.

5. 디지털 자료 & 아날로그 스피치

가끔은 디지털 프레젠테이션의 시각 자료와 아날로그 스피치가 충돌하는 양상을 빚기도 합니다. 디지털 시각 자료와 인간 프레젠터와의 다툼 아닌 다툼이죠.

인지 부하 이론으로 유명한 호주 뉴 사우스 웨일스 대학교의 존 스웰러 교수는 파워포인트를 활용한 프레젠테이션을 부정적인 시각에서 바라봅니다. 그의 주장을 따르면 청중이 시각 자료의 내용을 눈으로 이해하려고 함과 동시에 프레젠터가 말하는 내용을 귀로 이해하려고 하면 정보를 받아들이는데 곤란을 겪게 된다는 것입니다. 독자님들도 청중 처지에서 그런 경우를 경험해 본 적이 있을 것입니다. 제시된 시각 자료 문구나 도형을 보며 이해하려고 하는 중에 발표자가 이런저런 말을 계속 늘어놓게 되면 어디에 집중해야 할지 혼란스러운 경우를 맞게 되기도 합니다.

프레젠터 입장에서도 이를 느낄 수 있습니다. 청중의 시선과 관심을 시각 자료에 빼앗긴 것 같은 느낌 말이죠. 저도 강의할 때 저의 얘기에 귀 기울이기보다 시각 자료만 바라보거나 그 내용을 적는데 몰두하는 수강생들을 보게 되기도 합니다. 그럴 때는 시각 자료가 청중과 저를 갈라놓는 장벽처럼 느껴지기도 합니다. 그렇다고 시각 자료의 효과성을 아깝게 포기할 수는 없겠죠. 그렇다면, 어떻게 해야 할까요?

청중의 관심과 시선을 효율적으로 컨트롤하는 지혜가 필요하겠습니다.

시각 자료의 메시지나 그림을 하나씩 보여주고 그에 따른 설명을 곁들인다거나, 잠깐 이해할 수 있는 시간을 주고서 부연 설명이나 종합적인 설명을 곁들이는 방법들이 있겠죠. 프레젠터 본인에게로 완전한 집중을 유도하려면 잠시 시각 자료를 검은색으로 사라지게 하는 방법을 쓰는 것도 좋겠습니다.

항상 유의해야 할 점은 시각 자료가 프레젠테이션의 주체는 아니라는 것입니다. 시각 자료는 보조 역할을 하는 것이며 프레젠테이션의 주체는 인간인 프레젠터 본인이라는 것입니다.

저는 강의에서 이런 말을 가끔 합니다.

"저의 강의 자료는 디지털이지만 저의 강의는 아날로그를 고집합니다."

그러면서 아름다운 시를 낭송합니다. 아름다운 시어가 운율을 타고 강의실에 가득 울려 퍼지면 강의 분위기는 한층 더 좋아지고 부드러워지고 따뜻해집니다.

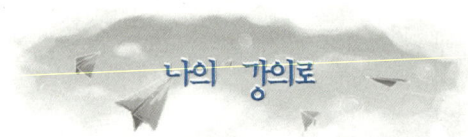

나의 강의로 한 사람의 생각에라도 지혜의 싹을 틔울 수 있다면
나의 강의로 한 사람의 마음에라도 희망의 꽃을 피워낼 수 있다면
나의 강의로 한 사람의 영혼에라도 평화의 보금자리가 되어 줄 수 있다면
나의 강의로 한 사람의 삶에라도 변화와 희망의 등불이 될 수 있다면
나 외롭지 않으리.

나 지쳐도 끊임없이 솟아나는 열정의 샘물처럼
나 힘들어도 그치지 않고 울려 퍼지는 자연의 노래처럼
힘차게 달려가리라, 나를 기다리는 보람의 그곳으로.

그리고 연단위에 우뚝 서서 온몸을 불사르며 주위를 환히 밝히는 촛불처럼
나를 열정의 불꽃으로 활활 태우며 내 사랑하는 청중을 향해
나의 모든 것을 쏟아 내며 빛이 되리라.

 프레젠테이션의 기획과 준비

1. 성공 기획의 요건

누군가 저에게 물었습니다.
"어떻게 하면 프레젠테이션을 성공적으로 잘 기획할 수 있을까요?"
저는 이렇게 답변해 주었습니다.
"사랑하는 사람에게 프러포즈하듯이 전략을 짜보세요."

좋은 기획이 되려면 분석이 제대로 되어야 함은 두말할 필요도 없을 것입니다.

성공적인 프레젠테이션을 위해 어떤 분석을 해야 할까요?

일단 흔히 들어오던 3P 분석이 있겠습니다. 3P란 Purpose(목적), People(청중), Place(환경)를 말하죠. 하지만, 꼭 짚어 보아야 할 분석이 더 있는데 그것은 프레젠터 자신에 대한 분석도 필요하다는 것입니다. 또한, 비즈니스 상황의 경쟁 프레젠테이션이면 자사와 경쟁을 벌이는 타사에 대한 분석마저도 필요하겠습니다.

1) 목적 분석

목적 분석은 분석 과정 중 제일 먼저 시행됩니다.

프레젠테이션의 목적은 '프레젠테이션을 왜 하지?'에 대한 답입니다.

프레젠테이션을 통해 청중을 설득시켜서 제품이나 서비스를 구매하게 하는 것인지, 투자를 유치하고자 하는 것인지, 사업권을 따내려고 하는

것인지, 홍보에 목적이 있는 것인지, 아니면 단순히 정보를 전달하고 이해시키면 되는지 등을 파악하는 것입니다.

성공적인 프레젠테이션과 실패한 프레젠테이션의 여부는 프레젠테이션의 목적을 얼마나 충실하게 달성했느냐에 달렸다고 볼 수 있습니다. 예를 들어 투자 유치가 목적인 프레젠테이션이었다면 얼마나 투자금을 모았느냐가 관건이 될 것이며, 청중의 이해를 목적으로 했던 프레젠테이션이었다면 프레젠테이션을 하고 난 후 청중이 얼마나 내용을 완벽히 이해했느냐가 프레젠테이션의 성공 정도를 가늠해 줄 것입니다.

목적이 불분명하면 생각지도 않은 방향으로 가게 되거나 뜻하지 않은 결과에 도달하게 될 수 있습니다. 실컷 열심히 하고 나서 왜 했는지도 모르는 엉뚱한 결말을 맞게 될 수 있습니다. 목적 분석의 결과는 프레젠테이션 전 과정의 나침반 역할을 해줍니다.

☑ **생각해 볼까요?**

금싸라기 땅에 널찍하고 세련된 자동차 경정비 수리 업체를 창업한 카센터 사장님께서 지역에 사는 가망 고객들을 모시고 개업 잔치를 벌이며 프레젠테이션을 하게 되었습니다. 평소에 능변으로 칭찬이 자자했던 사장님은 오늘도 역시 아나운서 못지않은 유창한 언변과 화려하면서도 깔끔한 시각 자료를 활용해 멋지게 프레젠테이션을 했습니다. 모인 분들을 향해 쏟아 낸 주 내용은 00 카센터는 자본금이 튼튼하고 몇 개의 특허를 가지고 있으며 앞으로 국내 체인망까지 계획하는 전도유망한 카센터라는 것이었습니다. 그러나 개업식 프레젠테이션의 결과는 참담했습니다. 실패한 프레젠테이션이 되고 말았습니다. 무엇이 잘못되었나요? 목적 분석이 잘못되었죠. 마치 체인점 개설을 위한 목적의 프레젠테이션이 되어 버린 것입니다. 목적 분석이 잘못되면 이렇게 엉뚱한 내용의 프레젠테이션이 될 수 있답니다.

2) 청중 분석

프러포즈 성공의 출발점은 먼저 그녀(그이)를 잘 알아야 한다는 것입니다. 비즈니스에서 성공의 관건은 고객이 바라고 원하는 것이 무엇인지 경쟁사보다 신속하고 정확하게 파악하는 것입니다. 성공적인 프레젠테이션이 되려면 먼저 청중에 대해 잘 꿰고 있어야 합니다.

청중 분석이란 프레젠테이션에 참석할 청중이 누구인지, 어떤 성향과 기대 심리를 가졌는지, 프레젠테이션의 주제에 대해서 얼마나 잘 알고 있는지 등을 파악하는 과정입니다.

청중은 다음의 6가지 측면에서 분석해 봅니다.

① 청중의 인원수, 성별, 나이, 직업, 직위, 지역 등 인구 통계학(Demography)적 정보
② 청중의 성향(자발적, 비자발적 / 호의적, 중립적, 배타적 / 적극적, 소극적 등)
③ 주제에 대한 청중의 지적 이해 수준과 경험
④ 나와 주제에 대한 청중의 관심도와 태도
⑤ 핵심 인물(의사 결정권자), 유의할 인물
⑥ 청중이 프레젠테이션을 통해 기대하고 원하는 것

손님을 제대로 파악해야 상차림 준비를 잘할 수 있듯이 청중 분석 과정을 제대로 거쳐야 성공적인 프레젠테이션을 준비할 수 있습니다. 청중은 프레젠테이션 성패 여부의 결정권자이니까요. 올바른 청중 분석을 통해 청중에 알맞고 적합한 내용을 선별해서 구성하고 프레젠테이션 근거 자료 및 시각 자료 또한 청중의 취향과 수준에 맞도록 준비해야 하겠습니다.

3) 환경 분석

　사랑하는 이에게 프러포즈하려고 합니다. 온 백화점을 발품을 팔아 다니며 예쁜 선물도 고르고, 멋진 시도 일주일이나 걸려 어렵게 한편 외웠고, 근사한 청혼 멘트도 준비했습니다. 그런데 프러포즈 장소를, 가보지도 않은 레스토랑을 인터넷 홈페이지만 믿고 덜컥 예약을 했습니다. 그날 막상 도착해 보니 인테리어도 볼품없고 서비스도 엉망이며 요리도 시원찮고 시끄러운 단체 손님으로 가득합니다. 결과는 어땠을까요? 보나마나겠죠.

　환경 분석은 프레젠테이션에 영향을 줄 수 있는 모든 물리적 환경 요소를 분석하는 것을 말합니다. 프레젠테이션을 하는 데 있어서 장소의 교통 편의성, 주차 편의성, 좌석 배치, 통행로, 엘리베이터, 화장실, 흡연 장소, 기상 조건, 소음 여부, 주변 여건 등의 물리적인 환경과 시기, 시간, 순서 등의 시간적 환경 등은 프레젠테이션 실행과 결과에 직간접적으로 영향을 주는 중요한 요소입니다.

　특히 디지털 프레젠테이션을 실행할 수 있는 조건이 되는지 컴퓨터, LCD 프로젝터, 전원, 조명, 장비, 스크린, 연단, 마이크, 포인터, 인터넷 등을 꼼꼼히 체크해야 합니다.

4) 자기 및 자사 분석

　소크라테스는 먼저 "너 자신을 알라."라고 설파했습니다. 노자는 "남을 아는 것을 '지혜(智慧)'라고 하고, 자신을 아는 것을 '현명(賢明)'이라 한다."라고 했습니다.
　자기 및 자사 분석은 프레젠터 자신은 물론 자신의 회사, 자사 제품, 자사 서비스 등을 제대로 파악하는 것입니다. 프레젠테이션의 주체인 프레젠터 자신 및 자사의 장단점을 정확히 파악하고 있어야 장점은 더욱 살려나갈 수 있으며 단점에 대한 보완점이나 방어 전략을 올바로 세울 수 있습니다. 더구나 경쟁 프레젠테이션인 경우는 경쟁사와의 차별적 우위가 성패를 결정하므로 자신과 자사에 대한 객관적인 파악이 무엇보다도 중요한 것입니다.

만일 자신이 프레젠터로서 적합하지 않다고 판단되면, 주제에 대해 더 전문적인 지식을 갖추고 내용을 가장 설득력 있게 풀어나갈 만한 사람을 프레젠터로 다시 선정할 필요가 있습니다.

5) 경쟁 분석

경쟁 분석은 경쟁 프레젠테이션 상황에서 상대 경쟁자에 대해 분석을 하는 것입니다. 경쟁 프레젠테이션인 경우는 자신이 아무리 프레젠테이션을 잘했다고 해도 상대방보다 우월하지 못하면 성공은 요원할 수밖에 없으니까요. 지피지기(知彼知己)면 백전불태(百戰不殆)라는 말처럼 타사를 능가하려면 먼저 타사에 대한 정보를 속속들이 잘 파악해야 함은 당연하겠습니다. 그 자료와 정보를 바탕으로 타사의 약점은 무엇인지 강점은 어떤 것인지를 미리 파악한 다음 그에 비한 우리의 차별적 우위 요소를 부각시키도록 콘텐츠를 구성하는 것입니다.

2. 프레젠테이션 기획 요령

성공적인 프레젠테이션이 되기 위한 기획 요령 7가지를 살펴봅니다.

1) CDP(무엇을, 어떻게, 누가)를 신중히 고려합시다.

(1) 무엇을 전달할 것인가? (contents)
- 청중이 듣고 싶은 이야기를 주제로 선정합니다.
- 내가 하고 싶은 얘기라도 청중이 듣고 싶어 하도록 재창조합시다.
- 핵심 메시지가 분명히 드러나게 내용을 전달합시다.

(2) 어떻게 전달할 것인가? (delivery)
- 분명하고 명쾌하게 전달합니다.
- 청중이 이해하기 쉽게 전달합니다.
- 청중이 받아들이기 편리하게 전달합니다.
- 제한된 시간 안에 전달합니다.

(3) 누가 전달할 것인가? (personality)
- 주제를 다룰 능력과 자격 있는 사람에게 프레젠테이션을 맡깁시다.
- 청중에게 호감을 얻을 수 있는 사람에게 프레젠테이션을 맡깁시다.
- 어느 정도 융통성을 발휘할 수 있는 직위의 사람에게 프레젠테이션을 맡깁시다.

2) 나무를 보기 전에 숲을 먼저 생각해야 합니다.

- 세부 내용을 먼저 다루다 보면 조리가 서지 않고 횡설수설하기 쉽습니다. 프레젠테이션 전체를 조망해 본 다음 세부적인 내용을 채워 나가야 합니다.

3) 자기주장보다는 청중의 편익을 강조해야 합니다.

- 이렇다저렇다 많은 얘기를 쏟아내도 청중은 무심하기 일쑤입니다. 하지만, 청중 자신에게 도움이 될 만한 얘기면 눈을 반짝이며 듣게 됩니다. 그것이 바로 인지상정(人之常情)입니다. 자기주장이 아닌 청중의 편익을 중심으로 내용을 설계하시기 바랍니다.

4) 억지 주장이 아닌 근거 있는 주장을 해야 합니다.

- 누군가 이렇게 외칩니다. "우주인들은 모두 불교 신자입니다." 그러자 사람들이 고개를 갸우뚱하며 되묻습니다. "무슨 근거로 그런 말씀을 하십니까?" 그러자 그의 뜬금없는 대답 "우주인들은 모두 머리를 빡빡 밀었지 않습니까." 우스갯소리입니다만 억지 주장은 설득은커녕 프레젠테이션의 신뢰를 떨어뜨립니다. 주장은 반드시 그를 뒷받침하는 근거가 뒤따라야만 설득력이 있게 됨을 명심하시기 바랍

니다. 주장 항목을 구성하는 것보다 그에 따른 근거를 마련하기가 훨씬 더 힘겨운 작업이라는 것을 프로들은 절감하고 있습니다.

5) 일률적인 내용이 아니라 청중을 위한 맞춤식 내용이어야 합니다.

- 같은 주제의 프레젠테이션이라면 언제 어디서 누구 앞에서든 같은 내용과 같은 방식의 프레젠테이션을 해도 좋을까요? 대답은 'No'입니다. 성공적인 프레젠테이션은 때와 목적, 청중에 따라 달라져야 하며 특히 청중을 위한 맞춤식 내용이어야 합니다. A 청중 앞에서 프레젠테이션한 것을 B 청중 앞에서 똑같이 펼쳐낸다는 것은 현명하지 못한 일입니다. 이런 직원이 있다면 프레젠테이션을 잘하는 선배가 이렇게 말하겠죠. "왜 이래, 아마추어같이." 프로는 언제나 맞춤식입니다. 필자도 강의를 나갈 때마다 맞춤식 강의가 되도록 언제나 내용을 다시 수정하고 보완한답니다.

6) 다다익선(多多益善)이라고 자료는 최대한 많이 모읍니다.

- 충분한 자료가 바탕이 되어야만 올바른 정보를 더 쉽게 판별할 수 있습니다. 열 가지를 비교 검토하다 보면 오류를 걸러낼 수 있으니까요. 특히 최신 자료를 많이 수집하는데 발품을 많이 팔아야 합니다. 철 지난 자료는 프레젠테이션의 신뢰도를 떨어뜨릴 수 있습니다. 양의 축적에서 질의 개선이 이루어진다는 말처럼 일단 주제에 관련된 최신 자료를 많이 모으는 데 노력을 게을리하지 말아야 합니다. 10을 위해 1000을 모으는 정성을 가져야 성공적인 프레젠테이션이 됨을 유념합시다.

7) 버릴 것은 과감히 버립시다.

자료 하나하나엔 힘겨운 땀방울이 베여 있을 것입니다. 그래서 모으느라고 애쓴 정성이 아까워 버리지 못하고 어쨌든 프레젠테이션의 어느 부분에라도 무조건 끼워 맞추려는 분들을 보게 됩니다. 그러면 내용이 혼란스러워지고 복잡해지고 말죠. 버릴 때는 과감히 버려야 합니다. 가지치기를 통해서 나무가 더욱 보기 좋게 성장하듯 과감하게 내용의 가지치기를 해야 합니다. 프레젠테이션은 복잡이 아닌 간단함이 더 효과적임을 언제나 명심합시다.

3. 프레젠테이션 준비 단계

좋은 결과는 어디에서 나올까요?
그렇습니다. 좋은 결과는 좋은 준비에서 나옵니다.

성공적인 프레젠테이션을 위해서는 체계적이고 효과적인 준비가 선행되어야 합니다.

경우에 따라 약간은 달라질 수도 있겠지만, 개략적인 프레젠테이션 준비 단계를 살펴보면서 하나씩 짚어 보도록 합니다.

1) 3P 분석과 기획

3P 분석법은 앞에서 살펴본 바와 같이 People(누구에게), Place(어디서), Purpose(왜)를 말하며 이를 통해 효과적인 기획과 전략을 수립할 수 있습니다.

2) 자료와 아이디어의 수집 및 확정

자료와 아이디어의 수집은 서적, 논문, 통계, 인터넷, 신문, 잡지, 전문지 등뿐만 아니라 사내 브레인스토밍을 통해서 아이디어를 수집하기도 합니다.

3) 초안 작성

프레젠테이션의 초안을 작성해 봅니다. 초안은 프레젠테이션의 뼈대와 개략적 내용을 개략적으로 작성해 보는 것입니다. 초안 작성 시에 수집된 아이디어와 자료들도 참조합니다.

4) 자료와 아이디어 선별

초안의 틀에 맞춰 자료들을 선별합니다. 담을 것과 버릴 것을 구분하고 선정된 자료는 흐름에 맞게 적절히 배치해 봅니다.

버릴 것은 버리고 선택할 것은 선택해야 합니다. 어렵게 모은 자료들이지만 아까워해서는 안 됩니다. 하나의 프레젠테이션을 준비하려면 100가지의 생각과 100가지의 자료를 모으고 실전에서는 그 중 10가지 정도만 쓰게 된다고 생각하시기 바랍니다.

5) 내용 구성

배치된 초안을 바탕으로 내용에 대한 구체적인 설계를 해 봅니다. 이 때 시각 자료의 구성을 어떻게 할지도 함께 고려해 봅니다. 내용 구성은 중심 메시지가 명확히 잘 드러나게 하며 청중이 이해하기 쉽게 분명하고 조리 있게 합니다.

6) 시각 자료 제작

내용을 함축적으로 보기 좋게 표현할 수 있도록 시각 자료를 제작합니다. 시각 자료 제작의 흐름은 레이아웃(Layout) 및 스토리보드(Storyboard) 작성에서부터 디자인 작업까지 이루어집니다. 필요에 따라 동영상, 효과음 등을 삽입합니다.

7) 설명 시나리오 작성 및 메모 카드 제작

시각 자료에 따른 설명 시나리오를 작성합니다. 실제에서는 시나리오를 보지 않고 하더라도 준비할 때에 시나리오를 작성해 보는 것은 실제 프레젠테이션을 실행할 때에 횡설수설하지 않고 보다 함축적으로 표현할 수 있도록 도움을 줍니다. 프레젠테이션 실행 시에 실수를 사전에 방지하기 위해 손에 들기 좋은 단어장 크기의 메모 카드를 준비해 두는 것도 좋습니다. 메모 카드는 핵심 단어나 내용을 요약한 내용을 담고 시각 자료 순서와 매치된 번호를 기재하도록 합니다.

> **참고** **메모 카드 활용 요령**
> (1) 손에 가볍게 들고 편히 볼 수 있는 적당한 크기의 카드를 활용합니다.
> (2) 빼곡히 적지 말고 뼈대와 중요한 것만 기록합니다.
> (3) 들여쓰기를 해서 알아보기 쉽게 합니다.
> (4) 오른쪽 위에 번호를 매깁니다. 이때 시각 자료 순서를 고려합니다.
> (5) 도입부와 끝맺음은 따로 된 각각의 카드를 이용해 더 정성 들여 준비합니다.
> (6) 색깔이나 기호를 사용해서 시각 자료와 일치를 이루게 합니다.

8) 시간 측정 및 수정 보완

페이지마다 걸리는 시간을 고려하면서 혼자서 슬라이드를 넘겨가며 시나리오 내용을 표현해 봅니다. 시간이 초과하면 시각 자료와 시나리오 내용을 수정 보완합니다.

9) 리허설

프레젠테이션의 예행 연습을 합니다. 이때 다음의 4가지를 체크해 봅니다.

  -1 체크 항목 : 분명하고 명쾌한 음성과 적당한 속도로 말하는가? (음성)
  -2 체크 항목 : 바른 자세로 적절한 눈 맞춤과 제스처를 하고 있는가? (신체)
  -3 체크 항목 : 시각 자료와 설명 내용이 조화를 잘 이루는가? (시각 자

료)
-4 체크 항목 : 예상된 시간이 잘 지켜지는가? (시간)

혼자 리허설하기보다는 몇 명의 조언자를 두고 객관적인 조언을 받아 보는 것이 좋습니다. 예상 질문을 조언자에게 부탁해서 실제처럼 질의응답도 연습해 보는 것이 많은 도움이 됩니다.

리허설할 때는 지나치게 비판적이고 부정적인 사람 앞에서는 하지 맙시다. 자칫 의욕과 열정을 잃게 될 수 있으니까요. 긍정적인 격려와 허심탄회한 조언을 아끼지 않을 사람 앞에서 리허설을 합시다.

최종 리허설은 실제 상황과 같은 환경에서 하는 것이 좋습니다. 필자도 스피치 경연대회에서 대통령기와 국회 의장상을 받았을 때나 해

양수산부 장관상을 받을 때 전날 실제 대회장에 가서 리허설을 했답니다. 그렇게 하고 나니 실전에서는 훨씬 더 여유롭게 잘해낼 수 있었습니다.

4. 프레젠테이션 5단계 전개 방식

1) 환경 점검 및 분위기 조성

"분위기가 맞으면 무슨 말이든 할 수 있으나, 분위기가 맞지 않으면 아무 말도 할 수 없다. 알맞은 분위기의 조성이 가장 까다로운 일이다." 이는 조지 버나드 쇼의 말입니다.

분위기가 어수선한 상황에서 프레젠테이션을 바로 시작하게 되면 그 결과는 불을 보듯 뻔한 것입니다. 프레젠테이션 실행에 앞서 각종 기기가 잘 세팅되어 있는지 다른 문제는 없는지 꼼꼼히 확인해야 하며, 청중이 자리에 제대로 배석했는지도 살펴봐야 합니다. 앞자리가 휑하니 비어 있고 청중이 뒤쪽으로 몰려 있으면 앞쪽으로 자리를 옮겨주도록 양해를 구하는 것이 좋습니다.

사회자를 미리 선정해 두고 분위기 조성을 맡기면 원만한 진행에 도움이 됩니다.

프레젠터가 바로 직접 프레젠테이션을 실행하는 때도 있지만, 사회자가 미리 나와 청중에게 프레젠터를 소개하는 경우 프레젠터의 공신력을 높여 청중의 신뢰감을 더욱 얻을 수 있습니다. 강의에서도 강사가 바로 강의를 진행하는 때보다 사회자가 강사님을 잘 소개해 주면 강사에 대한 신뢰감과 긍정적인 이미지가 구축되어 더욱 효과적인 강의의 시작이 될 수 있습니다.

2) 청중의 주의와 관심 끌기

누군가에게 공을 받을 준비가 안 되었는데 공을 던져 보십시오. 그것은 폭력이 될 수도 있습니다. 프레젠터가 청중에게 메시지를 바로 던져대면 그와 같은 꼴이 됩니다. 청중으로 하여금 프레젠터의 말을 들을 준비를 시켜야 합니다. 청중에게 듣고 싶어 하는 관심을 자아내며 주의를 끌고서 전하고자 하는 메시지들을 펼쳐 나가야만 효과적인 전달이 됩니다. 시작이 반이라는 말이 있듯이 프레젠테이션에서도 좋은 시작은 정말 중요합니다.

3) 핵심 메시지 및 세부 내용 전달

이 단계는 프레젠테이션의 꽃이라고 할 수 있는 부분입니다. 프레젠테이션은 여러 잡동사니 꽃을 묶어 다발로 안겨 드리는 것보다 깔끔하게 한 송이 장미꽃을 드리는 것이 훨씬 효과적입니다. 장미꽃은 바로 핵심 메시지입니다. 핵심 메시지가 분명히 드러나게 해야 합니다. 세부 내용이나 관련 자료들도 핵심 메시지를 뒷받침하려는 것입니다.
　세부 내용을 풀어 나갈 때는 단순한 내용의 나열이 아닌 청중이 공감할 수 있도록 관련 근거 자료나 비유, 실례 등을 섞어가며 설명하는 것이 좋겠습니다.

4) 결론 및 마무리

이 단계는 프레젠테이션의 열매라고 할 수 있는 부분입니다. 유실수는 꽃을 피운 다음 열매를 반드시 맺어야 합니다. 만일 꽃만 피고 열매를 맺지 못한다면 유실수가 아니죠. 꽃은 열매를 맺기 위한 하나의 전 단계입니다. 본론의 내용이 결론으로 말끔하게 열매 맺을 수 있어야 합니다. 열매는 곧 프레젠테이션의 목표 달성이라고 볼 수도 있겠습니다. 프레젠터가 의도한 대로의 결과가 결론 부분에서 청중의 머리와 가슴에서 결실을 볼 수 있어야 하겠습니다. 프레젠테이션에서 결론 부분의 끝은 명확하고 구체적인 마무리가 되어야 합니다. 회원 가입이 목적이었다면 "회원 가입서를 꼭 작성해 주시기 바랍니다."라고, 혹은 투자 유치 목적의 프레젠테이션이라면 "투자해 주십시오."라고 분명하게 요청해야 합니다.

5) 질의응답 및 사후 처리

질의응답이 많이 나온다는 것은 청중의 궁금증이 많다는 얘기 같기도 하지만 그만큼 청중의 관심도가 높았다는 것을 반영하는 것입니다.

준비된 내용은 준비한 대로 잘 표현하면 되지만 질의응답은 예상 밖의 다양한 질문들이 나올 수 있습니다. 질의응답을 통해서 청중은 답변을 얻음과 동시에 프레젠터의 본래 면목을 알아볼 수도 있습니다. 따라서 주제에 대한 충분한 내용 파악과 준비가 없이는 질의응답에서 당당함을 가지기 어려운 것이죠. 나름대로 열심히 준비를 한 프레젠터도 모든 질의에 명답을 내 놓긴 어렵지만 프레젠터는 성심성의껏 질문에 대해 성실한 자세로 충실한 답변을 해야 합니다.

또한, 사후 처리도 순조롭게 이어져야 합니다. 사후 처리는 열매를 수확하는 것에 비유될 수도 있겠습니다. 열매가 탱글탱글 잘 맺혔는데 수확을 제대로 못 해 썩히고 만다면 정말 어리석은 경우가 되겠지요.

어떤 단체에서 회원 가입을 촉구하는 프레젠테이션을 했었는데 참여 청중도 많았고 프레젠테이션도 잘했습니다. 성공적이라 믿었지만, 사후 처리에 대한 준비가 소홀했습니다. 그러다 보니 퇴장하는 청중에게 가입서 작성 안내를 제대로 못 해 다 잡아 놓은 물고기를 놓쳐버리는 안타까운 결과를 빚은 경우를 필자는 직접 본 적이 있습니다. 프레젠테이션의 마지막은 끝 인사가 아니라 사후 처리임을 명심합시다.

5. 성공적인 기획과 준비를 위한 6가지 제언

1) 시간 약속은 모든 약속의 기본입니다.

약속 중의 가장 기본이 되는 약속은 시간 약속입니다. 프레젠테이션도 마찬가지입니다. 시간 약속이 지켜지지 않으면 신뢰에 손상을 받게 됩니다. 될 수 있는 대로 정해진 시간에 시작하고 정해진 시간에 끝낼 수 있어야 합니다. 정해진 시간보다 늦게 시작하게 되면 일찍 도착한 청중은 불만을 느끼게 될 것이고 시간 통제가 제대로 되지 않아 제한 시간을 넘겨버리면 프레젠테이션을 하는 사람이나 듣는 사람이나 마음이 급해지고 초조해 집니다.

예정된 시간에 시작할 수 있으려면 준비에 소홀하지 않도록 미리 대비를 잘해야 하며 참석자들에게 시간 공지를 분명하게 해서 제시간에 프레젠테이션이 행해질 수 있도록 해야 합니다. 예정된 시간에 마칠 수 있으려면 프레젠터는 반복 리허설을 통해 시간 가늠을 확실히 해 두도록 해야 합니다. 또한, 질의응답 시간도 장황해지지 않도록 잘 조정할 수 있어야 합니다.

만일 40분의 프레젠테이션을 하게 될 경우, 물론 상황에 따라 달라져야 하겠습니다만 개략적인 시간 배정을 살펴보면 다음과 같습니다.

- 인사말 및 배경 설명 : 2~3분
- 서론 : 5~8분

- 본론 : 15분
- 결론 : 5분
- 질의 시간 응답: 10분

2) 보충 자료나 세세한 내용은 유인물에 담으십시오.

프레젠테이션의 세세한 내용을 담은 유인물을 미리 준비해 두십시오. 시각 자료에 구체적인 내용을 모두 담을 수는 없습니다. 만일 그렇다면 가독성이 떨어지는 복잡하고 산만한 시각 자료가 되어 버리겠죠. 시각 자료에는 핵심적인 것만 담고 나머지 사항은 유인물에 담아 배부하는 것이 효율적입니다.

유인물 배부는 프레젠테이션이 끝나고 나서 하는 것이 좋습니다. 만일 미리 배부하면 청중의 시선은 유인물에 빼앗길 것입니다.

또한, 프레젠테이션을 하는 중에 청중이 시각 자료나 프레젠터의 말하는 내용을 노트에 메모하느라 정신이 없다면 프레젠테이션의 효율은 떨어질 것입니다. 처음부터 프레젠테이션 내용이 모두 담긴 자료를 프레젠테이션이 끝나면 배부해 드릴 것이라고 말해 놓으면 청중은 안심하고 프레젠터에 집중하게 됩니다.

3) 숫자와 통계를 잘 활용하십시오.

모호한 주장은 설득력이 없습니다.

"지구상에 많은 사람이 생존을 위협받을 정도의 기아에 허덕이고 있습니다."라는 주장보다 "지구상의 20%의 사람들이 생존을 위협받을 정도의 기아에 허덕이고 있습니다."라는 주장이 훨씬 더 신뢰를 줍니다.

숫자를 표현할 때는 보다 구체적이면 좋습니다.

P&G라는 회사가 아이보리 비누를 홍보할 때 "아이보리 비누는 99.44

퍼센트 순수합니다!"라는 문구를 내걸었습니다. 만일 무조건 순수하다고 했다거나 100퍼센트 순수하다고 주장했다면 덜 효과적이었을 것입니다. 구체적인 수치는 콘텐츠의 신뢰도를 높입니다.

"우리 회사의 A 제품은 시장 점유율이 업계 1위이며 2위보다 곱절이나 많은 점유율을 갖고 있습니다."라는 막연한 표현보다 "우리 회사의 A 제품 시장 점유율은 64.7%로 업계 1위입니다. 2위인 00회사의 32.2%에 비해 곱절이나 많은 점유율을 갖고 있습니다."라는 구체적인 수치를 제시한 표현이 더 신뢰감을 주게 될 것입니다.

그리고 숫자는 다시금 청중에게 더욱더 와 닿는 표현으로 재해석해 주는 것이 좋습니다.

예를 들어 "우리 회사에서 올해 건설한 다리의 길이를 합하면 141.6㎞나 됩니다."라는 표현을 하는 경우 "이 길이는 목포에서 제주도까지 이르는 거리와 같습니다."라고 덧붙여 설명해 주면 청중이 더 쉽게 이해하며 실감 나게 듣게 되겠죠.

4) 창의성을 발휘하십시오.

성공적인 프레젠테이션은 시각 자료 잘 만들고 설명 잘하면 된다고 생각해서는 안 됩니다. 현대 사회에서 경쟁력의 원천은 창의력입니다. 남과 똑같아서는 성공할 수 없는 시대입니다. 남다른 창의성을 발휘해야만 고객의 선택을 받을 수 있습니다.

프레젠테이션에서 창의성을 발휘할 부분은 어떤 부분일까요? 정답은 모든 부분입니다. 시각 자료와 내용은 물론이고 장소, 진행, 분위기 등 모든 것입니다.

인조 대리석을 생산하는 업체라면 연단 탁자를 인조 대리석으로 꾸며 본다든지, 의류 회사라면 프레젠터가 자사 제품을 입고 프레젠테이션한다든지, 여행사라면 강연장 벽을 이국적인 분위기로 연출해 본다든지, 외식 체인 본사라면 청중에게 자사 제품의 맛을 보여 준다든지 무수히 많은 아이디어가 있을 수 있겠습니다.

프레젠테이션을 기획, 준비할 때는 프레젠터 한 사람에게 모든 것을 맡기려고 하지 말고, 관련자들이 모두 모여 창의성 있는 프레젠테이션을 위한 브레인스토밍 전략 회의를 가져 보는 것도 좋겠습니다.

창의성을 발휘한 사례를 하나 살펴볼까요? 허츠(Hertz)라는 대형 렌터카 업체가 선두에서 우뚝 버티며 시장을 장악하고 있던 환경에서, 차이가 많이 나는 2위였던 렌터카 업체 AVIS는 어떻게 광고 캠페인을 펼칠까 고민하고 있었습니다. 보통 사람의 생각 같았으면 "우리는 언젠가 일등이 될 것입니다. 고객 여러분을 위해 온 힘을 다 쏟겠습니다."라는 식의 광고밖에 생각하지 못했을 것입니다. 그랬다면 아무런 관심도 끌지 못했을 것이죠. AVIS의 광고 캠페인을 의뢰받은 DDB란 광고 기획사는 남다른 창의성을 발휘했습니다. 그것은 바로 '2등 캠페인'이었습니다. "우리는 2등입니다. 그래서 더 열심히 일합니다."라는 기발한 광고 캠페인을 진행했습니다. 이는 소비자들에게 큰 주목과 관심을 끌었을 뿐만 아니라 AVIS 직원들의 열정과 의식마저도 고취하는 계기가 되었다고 합니다. AVIS는 2등 캠페인 덕택으로 13년간의 적자에서 벗어나 그해에 120만 달러의 흑자를 기록하게 되었고, 2년 차에는 260만 달러, 3년 차에는 무려 500만 달러 이상의 흑자를 내게 되었습니다.

참고(사람의 마음을 움직이는 설득심리 / 이현우 | 더난 출판 | 2002. 04.08)

5) 프레젠테이션이 끝난 후의 계획과 준비도 세우십시오.

연단위에서의 프레젠테이션만이 전부라고 생각해서는 안 됩니다. 연단에 오르기 전이나 내려오고 나서도 어찌 보면 프레젠테이션의 목적 달성을 위한 연속입니다.

프레젠테이션을 마친 프레젠터가 연단을 내려오고 나서 주요 청중에게 개별적으로 인사를 드릴 수 있으면 악수와 감사의 인사를 전하며 서로 연락할 수 있도록 명함을 교환하는 것도 좋겠습니다.

프레젠테이션이 끝나고서 개별 보충 설명, 상담 등이 이어질 경우는 이를 대비한 장소까지 미리 확보해 두고 담당 직원을 배치하도록 합니다.

조그만 기념품이나 판촉물도 경우에 따라 필요하다면 미리 준비해 둡니다.

프레젠테이션에 참석한 청중에게 감사장이나 감사의 메일을 보내는 것도 고려해 봅니다.

대외적 프레젠테이션이 아니라 사내의 상사나 동료 직원들을 대상으로 한 프레젠테이션이었다면 청중 중의 친한 분에게 자신의 프레젠테이션에 대해 조언을 받아 보도록 하십시오. 앞으로 더욱 발전한 프레젠테이션을 하는 데 큰 도움이 될 것입니다. 프레젠테이션 평가표를 동료에게 미리 건네주고 체크를 부탁하는 것도 좋은 방법이겠습니다.

프레젠테이션 성공 유형 VS 실패 유형

1. 스티브 잡스는 왜 프레젠테이션의 달인인가?

 스티브 잡스는 프레젠테이션의 달인으로 일컬어지고 있습니다. 그 비결은 무엇일까요?
 스티브 잡스와 빌 게이츠의 프레젠테이션을 필자가 분석 비교해 보았습니다.

- 스티브 잡스는 공명 있고 약간은 허스키한 목소리이나 빌 게이츠는 그에 비해 맑고 명료한 목소리입니다.
- 스티브 잡스는 빌 게이츠에 비해 동선의 폭이 큰 편입니다. 무대를 가로질러 걸어 다니며 말하기도 합니다.
- 미국인답게 적극적 제스처를 수사하는 것은 둘의 공통점입니다.
- 강약을 잘 살리거나 포즈를 활용하는 면에서는 스티브 잡스가 더 돋보입니다.
- 비주얼 시각 자료를 활용하는 면에서는 스티브 잡스가 더 앞서고 있습니다.

- 스티브 잡스가 열정적인 카리스마를 뿜어내는 데 비해 빌 게이츠는 친근하고 자연스러운 느낌이 듭니다.
- 스티브 잡스가 쇼 스타일이라면 빌 게이츠는 강의 스타일에 가까워 보입니다.

스티브 잡스의 프레젠테이션을 돋보이게 하는 것은 언뜻 보기에는 깔끔하고 세련된 비주얼 자료인 것 같지만, 무엇보다도 탁월한 점은 여유롭게 청중과 교감을 이뤄 나가며 특유의 쇼맨십으로 마치 공연처럼 청중의 주의와 마음을 확 끌어당기는 프레젠테이션이라는 데 있습니다.

우리가 스티브 잡스를 통해 배울 점이 많지만, 그 중 하나를 꼽으라면 프레젠테이션이 준비된 메시지의 일방적인 쏟아내기가 아니라 청중의 생각과 마음을 읽어내고 그에 걸맞은 내용과 표현을 해내는 프레젠터와 청중이 잘 연결된 커뮤니케이션이어야 한다는 것입니다. 다시 말하면 프레젠테이션 성공의 화두는 역시 인간인 청중의 마음입니다.

2. 흔히 범하는 프레젠테이션의 7가지 실수

1) 청중을 고려하지 않은 프레젠테이션

물고기를 잡으려면 물고기의 마음을 잘 알아야 합니다. 프레젠테이션을 잘하려면 누구의 마음을 잘 읽어야 할까요? 바로 청중의 마음입니다. 당연한 얘기인데도 불구하고 많은 프레젠터가 프레젠테이션을 준비할 때는 물론이고 실행을 할 때마저도 자신 위주로 합니다. 판매를 위한 프레젠테이션일 때 '하나라도 더 팔아서 실적을 올려야지.'라는 자기중심적 마음으로 프레젠테이션을 준비하고 실행한다면 성공적인 프레젠테이션이 될 수 없습니다. 청중은 그렇게 멍청하지 않습니다. 고객의 마음이 과연 어디를 향해 있는지 무엇을 절실히 원하고 있는지를 잘 파악한 다음 그에 상응하는 방향과 내용으로 프레젠테이션을 준비 실행해야만 할 것입니다. 나의 관점이 아닌 청중의 관점에서 프레젠테이션해야 함을 항상 명심해야 합니다.

2) 핵심 메시지가 불명확한 프레젠테이션

하나의 프레젠테이션에서도 많은 메시지가 전달됩니다. 그리고 많은 설명이 곁들여집니다. 그런 내용을 모두 경청한 청중에게 "당신은 어떤 내용을 들었습니까?"라는 질문을 했을 때 "여러 가지 내용을 듣긴 했는데 딱히 생각나는 것은 별로 없습니다."란 답변이 들려온다면 그 프레젠테이션은 실패한 것입니다.

성우보다 좋은 목소리에 무용수보다 우아한 제스처를 써가며 예술 작품처럼 멋지고 세련된 시각 자료를 펼쳐보였다고 해도 청중에게 핵심 메시지가 전달되지 못한다면 속 빈 강정처럼 공허한 프레젠테이션이 될 것입니다.

프레젠테이션이 성공을 거두려면 프레젠터가 전달하고자 하는 핵심 메시지가 청중에게 명확히 전해질 수 있어야 합니다. 그런데 간혹 보면 핵심 메시지가 뭔지 프레젠터 자신도 잘 모르는 경우가 있습니다.
 언젠가 "과장님, 이번 프레젠테이션의 핵심 메시지가 뭐죠?"라고 필자가 어떤 분께 물었을 때 들려온 대답은 바로 "글쎄요."였습니다. 프레젠테이션을 앞두고 있다면 스스로 자문해 보시기 바랍니다. "이번 프레젠테이션에서 내가 청중에게 전하고자 하는 핵심 메시지가 뭐지?" 이에 대한 답을 한 문장으로 정리해 보시기 바랍니다.

3) 시각 자료 위주의 프레젠테이션

 시각 자료에 적혀 있는 내용을 그대로 낭독해 버리는 프레젠테이션을 하시는 분들이 아직도 적잖이 보입니다. 그럴 것이라면 시각 자료를 인쇄해서 나눠주면 될 일이지 굳이 프레젠테이션할 필요가 없죠.
 설명을 곁들인다고 해도 설명을 덧붙이나 안 붙이나 다름없는 정도의 설명을 해나가는 프레젠터들도 꽤 볼 수 있습니다. 설명은 설명을 위한 설명이 아니라 청중이 좀 더 쉽게 이해하고 제대로 수긍할 수 있는 설명이어야 할 것입니다.
 '시각 자료만 잘 만들어 놓으면 내용 부분 준비는 끝이다.' 이 생각은 천부당만부당한 것입니다. 시각 자료는 시각 보조 자료일 뿐입니다. 시각 자료 자체로는 큰 설득력이 있을 수 없습니다. 시각 자료의 내용이 프레젠터의 눈빛과 몸과 입을 통해 현장에서 다시금 재창조되어야만 설득력을 발휘하며 청중의 가슴과 뇌리에 전해질 수 있는 것입니다.
 프레젠테이션의 주체는 시각 자료가 아니라 프레젠터 자신이라는 것을 항상 인식해야 합니다.

4) 자신 없이 위축된 프레젠테이션

 프레젠테이션에서 보이는 것은 시각 자료만이 아닙니다. 프레젠터 자신도 살아있는 비주얼입니다. 아무리 설득력 있고 신뢰할 만한 자료들로 가득한 시각 자료를 준비했다고 해도 정작 이를 실행하고 표현하는 프레젠터가 자신 없는 태도, 위축된 모습을 보인다면 청중은 신뢰하기 어려울 것입니다. '자신도 확신하지 못하는 내용을 우리더러 믿으라고 하는 거 아니야.'하는 심정이 청중의 마음속에서 꿈틀거리게 될 것입니다.

똑같은 메시지도 누가 어떻게 표현하느냐에 따라 설득력이 달라집니다. 프레젠터는 자신이 전하고자 하는 내용에 대해 확신을 하고 자신 있고 당당하게 표현해야 합니다.

그런데 그러고 싶은 프레젠터도 긴장과 불안 때문에 어쩔 수 없이 위축된 표현을 할 수밖에 없다고 변명합니다. 프로는 변명하지 않습니다. 결과로 경쟁할 뿐입니다.

핑계만 대며 자신 없고 위축된 표현으로 늘 고민만 할 것이 아니라 긴장 불안을 떨쳐내는 자신만의 방법을 찾고 극복하기 위한 노력이 따라야 합니다.

5) 여유가 없이 급한 프레젠테이션 - 속전 속행

누가 쫓아오는 것도 아닌데 급하게 프레젠테이션을 실행해 나가는 프레젠터들도 자주 눈에 들어옵니다. 말의 속도도 빠르고 진행도 속전 속행입니다. 그러다 보니 실수도 잦아집니다.

청중은 무슨 말인지 알아듣기 어렵습니다. 설득 메시지도 힘을 발휘하지 못합니다. 프레젠터의 이미지도 경박해 보입니다.

아마추어는 급합니다. 프로는 여유롭습니다. "급할수록 돌아가라."라는 속담처럼 마음이 급할수록 오히려 침착하게 여유를 찾아야 합니다.

여유가 없는 프레젠테이션이 되는 이유를 간단히 정리해 봅니다.

(1) 프레젠터가 지나치게 긴장한 경우입니다.

(2) 너무 많은 내용을 담았을 경우입니다.
　　제한된 시간에 많은 내용을 풀어내려니 여유가 없는 것은 당연하겠죠.

(3) 시간 컨트롤을 제대로 하지 못한 경우입니다.
　　시작은 늦었는데 예고된 시간에 마쳐야 하는 경우 급해지게 되고, 앞부분에서 장황하게 풀어나갔다면 후반부에서 급해질 수밖에 없죠.

(4) 평소의 언어 습관이 빠른 경우입니다.
　　이런 분은 적절한 속도로 말하는 훈련을 쌓아야 하겠습니다.

6) 형식적이고 딱딱한 일방적 프레젠테이션

　대화할 때는 자연스럽게 말씀을 하시던 분이 프레젠테이션을 실행할 때는 마치 로봇처럼 딱딱한 느낌의 표현을 하는 경우를 종종 볼 수 있습니다. 이는 격식을 차려서 말해야 한다는 부담감에서 비롯되기도 하고, 연단 공포가 원인일 수도 있습니다.

　격식을 차린 표현과 형식적이고 딱딱한 표현은 별개의 것입니다. 격식을 차리면서도 얼마든지 자연스럽고 부드러운 진행과 표현이 될 수 있는 것입니다.

　자신의 프레젠테이션이 경직된 스타일이라면 훈련과 경험을 많이 쌓는 것이 무엇보다도 중요합니다.

　프레젠터가 말은 쏟아내고 있는데 그 말이 마치 혼자 말을 하는 것처럼 형식적이고 기계적이어서 청중의 가슴에는 전혀 느낌이 들게 하지 못하는 경우들도 자주 보게 됩니다.

프레젠테이션은 커뮤니케이션입니다.

프레젠테이션에 있어서 메시지 전달은 일방적인 모양새를 보이지만 청중과의 교감을 이루며 상호 호흡과 마음을 맞춰 나가는 쌍방 커뮤니케이션이 되어야만 성공적인 프레젠테이션이 될 수 있습니다.

청중과 아이 콘택트(Eye Contact)도 하지 않고, 시각 자료만 보면서 혼자 읊어 대는 나 홀로 프레젠테이션은 성공적인 결과를 낼 수 없습니다. 프레젠테이션을 위한 형식적인 프레젠테이션이 되어선 안 됩니다. 청중과 더불어 생각과 마음을 교통하는 프레젠테이션이 되어야 합니다.

어쩔 수 없이 때워야만 한다는 생각으로 프레젠테이션을 잘해낼 수 없습니다. 소중하고 귀중한 기회라고 생각하며 열정을 다해 프레젠테이션 해야 합니다.

7) 리허설이 부족한 프레젠테이션

프레젠터들이 겪는 실수 중의 최대의 실수는 자료 준비에만 급급하고 리허설을 제대로 하지 않는다는 것입니다. 리허설 없는 프레젠테이션은 운전 연습은 하지 않고 책으로만 운전을 익히려고 하는 것과 같습니다.

그럼 얼마만큼의 리허설을 해야 할까요? 자료 수집과 내용 준비, 시각 자료를 제작하는 데 쏟은 시간 이상으로 리허설을 해야 합니다.

리허설의 효용을 간략히 살펴보면 리허설을 통해 생각지도 못한 문제점들을 새롭게 발견할 수 있고, 시간 배분을 실제로 정확히 측정할 수 있으며, 프레젠터의 실수를 줄여주는 것은 물론 표현력과 자신감마저 향상시킬 수 있습니다.

　리허설을 할 때는 자신의 프레젠테이션 모습을 영상 촬영을 해서 객관적으로 리뷰해 보는 것이 가장 좋은 방법입니다. 그리고 잘 풀리지 않는 부분은 반복적으로 가다듬고 가까운 몇 분 앞에서 총체적인 예행연습을 해보며 자문해 봅니다.

　정상급 가수들도 콘서트를 앞두고 밤새워 가며 리허설을 한다는 사실을 떠올리며 열심히 리허설하시기 바랍니다.

3. 디지털 프레젠터 VS 아날로그 프레젠터

　김 부장과 이 부장 모두 프레젠테이션을 잘한다고 소문이 자자한 사람들입니다.
　하지만, 둘의 프레젠테이션 방식은 차이를 보입니다.
　김 부장은 파워포인트 실력이 초보 수준입니다. 하지만, 입담이 좋아 설명을 구수하고 맛깔나게 합니다. 그림도 쓱쓱 즉석에서 그려가며 반듯한 정자체 글씨로 판서를 잘 활용합니다. 직접 상품을 보여주기도 하고 청중과 대화도 잘 나누는 편입니다. 즉흥적인 말도 잘하고 임기응변에도 능합니다. 자연스럽고 정감 있게 술술 이어 나가는 그의 프레젠테이션을 많은 이들이 부러워합니다.

이 부장은 파워포인트 실력도 수준급이며 동영상 편집에 다양한 음향 효과를 내는데도 탁월합니다. 그래픽, 애니메이션, 인터넷 등을 가미한 세련되고 다채로운 시각 자료에 청중은 넋이 나갈 정도입니다. 첨단 기술을 활용해 시대를 앞서가는 이미지를 풍기며 단정하고 깔끔하게 진행하는 그의 프레젠테이션을 많은 이들이 배우고 싶어 합니다.

누구의 프레젠테이션이 더 훌륭해 보이나요?
시대의 발전 방향으로 본다면 당연히 이 부장의 프레젠테이션에 손을 들어줘야 할 것 같지만, 반드시 그렇다고 할 수만은 없을 것입니다. 김 부장의 역량과 장점도 성공 프레젠테이션을 위해선 꼭 필요한 것이니까요. 둘의 능력이 접목되면 더할 나위 없이 좋은 프레젠테이션이 될 것입니다.

디지털은 편리하기도 하고 많은 기능을 활용할 수 있지만, 자칫 디지털에 지나친 집착을 하다 보면 소중한 다른 것들을 놓칠 수 있다는 것입니다. 아무리 디지털이 좋다고 해도 결국 디지털은 인간을 위해 활용되어야 할 편리한 도구 중 하나일 뿐이니까요.

4. 디지로그 프레젠터의 성공 프레젠테이션

1) 기술이 더욱 발전하여 가고 첨단 기기들이 세상을 메워 나갈수록

더욱더 그리워지는 것이 바로 인간적인 따뜻함입니다. 디지털의 첨단 기술을 유감없이 편리하게 발휘하더라도 그 바탕에 따뜻한 사람의 온기와 체취가 느껴지는 프레젠테이션이 된다면 그야말로 디지로그 프레젠테이션이라 할 수 있겠습니다.

2) 파워포인트 시각 자료에만 의존하지 말고 상황에 따라 판서나 그림판 사진판 등 전통적인 방법도 병행해 봅니다.

3) 숫자와 통계, 사실 자료 등에만 의존할 것이 아니라 비유나 예화 등 전통적인 스피치 기법도 활용해 봅니다.

4) 디지털 자료 안에 아날로그적 감성을 담아 봅니다. 마음에 와 닿는 감동적인 동영상, 가슴을 탁 트이게 하는 아름다운 음악, 바라만 봐도 자연의 정취가 물씬 풍기는 그림 등을 활용해 봅니다.

5) 첫인사와 끝 인사 부분은 디지털 시작 자료에서 벗어나 청중과 서로 마음이 통함을 느끼며 인사를 나누는 아날로그적 커뮤니케이션이 좋겠습니다.

6) 프레젠테이션 중간에라도 청중과 직접적 커뮤니케이션이 필요할 때는 시각 자료를 끄거나 검은색으로 변환시켜 시각 자료에 시선이 빼앗기지 않고 상호 커뮤니케이션에 집중하도록 합니다.

7) 디지털 프레젠테이션이 대세이긴 하지만 프레젠터의 목소리 톤, 말의 속도, 정확한 발음, 정감 어린 감정 표현, 눈 맞춤, 표정, 자세 등도 프레젠테이션의 중요한 성공 요인임을 깨닫고 스피치 능력 향상을 위해 지

속적인 노력을 하는 것도 잊지 않도록 합니다.

   8) 디지털에 익숙지 않은 분들은 하루빨리 필요한 디지털 기능과 기술을 익혀 시대에 뒤처지지 않도록 해야 합니다. 할 수 있지만 특별한 이유로 쓰지 않는 경우와 할 수 없어서 못 쓰는 경우와는 천양지차입니다.

   9) 디지로그 프레젠터는 디지털 기술 활용 능력도 높여 나가야 하지만 인간의 마음을 움직이고 행동을 이끌어 내는 설득력도 향상시켜 나가야 하겠습니다.

   10) 냉철한 이성과 논리, 따뜻한 감성과 인간미, 앞서가는 디지털 기술과 명쾌한 스피치 능력을 골고루 갖춘 디지로그 프레젠터가 되도록 해야 합니다.

5. 프레젠테이션을 잘하기 위해 갈고 닦아야 할 것들

프레젠테이션을 잘하기 위해 갖추면 좋은 능력을 열거해 보자면 정보력, 기획력, 설득력, 표현력, 시각 자료 제작 기술과 매체 활용 기술, 판단력, 임기응변 능력 등 수없이 많겠습니다. 여기서는 대략 8가지 중요한 요소만을 예로 들겠습니다.

1) 정보력

정보는 곧 성공의 열쇠입니다. 현대 비즈니스의 경쟁 구도는 어찌 보면 정보전이라 할 수 있습니다. 다양하고 많은 정보를 가진 쪽과 빈약한 정보를 가진 쪽의 대결 결과는 보지 않아도 알 수 있습니다. 정보는 일단 양적으로 풍부해야 할 필요가 있습니다. 그래야 그중에서 옥석을 가리는 작업을 할 수 있게 됩니다. 한 줌의 모래에서는 사금을 채취하기 어려운 법이죠.

그리고 정보의 질적인 측면을 고려해야 합니다. 많기는 한데 쓸모가 없는 것들이라면 정말 허무하기 그지없는 것이죠. 최신의 정보와 이미 지난 정보, 중요한 정보와 불필요한 정보를 가릴 줄 아는 눈을 가지고 정보의 바다에서 핵심 정보, 유용 정보를 수집할 수 있어야겠습니다. 평소에 관련 주제나 업계 상황 등에 대한 정보 수집을 게을리하지 않는 프레젠터가 됩시다.

2) 기획력

많은 정보를 산처럼 쌓아 놓아도 그 정보를 올바로 분석해서 올바른 방향을 잡지 못한다면 정보도 쓸모가 없습니다. 올바른 방향을 잡는 것이 바로 기획입니다. 제대로 겨누어야 제대로 맞출 수 있는 법이죠.
　건물을 짓는다면 어떤 집을 어디에 어떻게 지을지를 미리 설계하는 청사진이라고 할 수 있겠습니다.
　기획력을 기르려면 평소에 창의적인 사고를 하는 습관을 가지고, 동료 팀원들과의 브레인스토밍도 자주 해보며, 기획서 작성도 자신이 직접 도맡아 해 봅니다.
　또한, 사물이나 현상을 볼 때 고정관념에서 탈피하도록 하며, 더해 보기도 하고 빼 보기도 하고, 결합해 보기도 하고, 나눠 보기도 하는 등 상상력을 발휘하여 다양한 지적 시도를 해 봅니다.

3) 설득력

　좋은 아이디어와 계획을 하고 있어도 상대방이나 고객을 설득하지 못하면 뜻한 바를 제대로 실현할 수 없겠습니다.
　우리가 사는 세상은 독불장군이 성공할 수 없는 세상입니다. 다른 사람의 협조와 협력이 반드시 필요합니다. 그러한 협조와 협력을 끌어내기 위한 능력이 바로 설득력이죠.
　설득력은 그냥 얻어지는 것이 아닙니다. 설득 원리와 기법을 익히고 실전에서 적용해 보려는 노력이 필요합니다.

4) 표현력

　사람들은 표현된 것만 받아들일 수밖에 없습니다. 누가 나의 마음을 잘 읽어주며 표현하지 않은 것까지 잘 챙겨주겠습니까?
　프레젠테이션에서는 내용도 중요하지만, 표현력이 정말 중요합니다.

프레젠테이션 점수를 매긴다면 '프레젠테이션 점수 = 표현력 X 내용'으로 평가할 수 있겠습니다. 내용이 100점이어도 표현력이 0점이면 0점인 것입니다.

대화 표현과 비교하면 프레젠테이션 표현은 약간의 차이가 있습니다. 더욱더 조리 있게 논리적으로 내용을 표현해야 하고, 좀 더 분명하고 명쾌하게 전달할 수 있어야 합니다.

일반적으로 많은 사람 앞에서 자신의 생각과 주장을 표현하는 것을 대중 스피치라고 하죠. 대중 스피치 능력은 프레젠테이션을 잘하고자 반드시 갈고 닦아야 하는 능력입니다.

5) 시각 자료 제작과 매체 활용 기술

프레젠테이션에서는 시각 자료를 주로 활용합니다. 자신의 콘텐츠를 시각 자료에 잘 담을 수 있는 기술과 능력이 필요합니다. 동료나 부하 직원에게 부탁할 수도 있고 전문가에게 돈을 주고 맡길 수도 있겠지만, 프레젠테이션을 할 때마다 그렇게 의존만 할 수 없죠. 타인은 나만큼 콘텐츠에 대해 깊이 알지 못하고 나의 의도를 100% 알 수 없습니다.

될 수 있으면 자신의 시각 자료는 자신이 제작할 수 있도록 해야 합니다.

파워포인트는 그리 어렵지 않습니다. 조금만 관심과 시간을 투자하면 잘해낼 수 있습니다. 소프트웨어들은 점점 더 사용자가 쉽고 편리하게 다룰 수 있게 발전하여 가고 있습니다. 하지만, 자신이 직접 해보려는 의지가 없으면 그림의 떡이나 다름없겠소 발전은 요원한 것이죠.

첨단 기기와 장비들이 하루가 다르게 새로운 모습으로 우리 앞에 등장하고 있습니다. 첨단 기기들은 프레젠테이션의 훌륭한 무기가 됩니다.

현대전에서는 첨단 무기들을 잘 활용하는 나라가 승리하기 마련입니다. 아직도 창과 방패만 고집하고 있다면 패배는 불을 보듯 뻔한 것입니다. 텍스트, 그림, 표, 그래프, 소리, 동영상, 애니메이션 등 프레젠테이션을 효과적으로 실행할 다양한 매체를 잘 활용할 수 있도록 정성과 노력을 쏟아야 하겠습니다.

6) 판단력

어떤 여성분에게 누군가 "왜 아직 결혼을 안 하고 미스로 사시나요?"라고 묻습니다.

그러자 그 여성분의 대답.

"정말 좋은 사람이 저를 따라다녔었는데 그때는 **판단 미스**로 제대로 알아보질 못했거든요."

인생은 판단의 연속입니다. 선현들도 성공하기 위한 자질로 신언서판(身言書判)이라 하여 판단의 중요성을 빠뜨리지 않았습니다. 성공과 실패는 판단의 순간에 50%는 결정되어 버립니다. 잘못된 판단은 많은 아쉬움을 남기게 되죠. 업무에서도 잘못 판단해서 일 처리를 하게 되면 나중에 고치려고 할 때 많은 에너지를 낭비해야 합니다.

프레젠테이션에서도 마찬가지입니다. 프레젠테이션의 시행 여부, 시기, 장소 결정, 메시지 선택 등 판단의 연속입니다. 좋은 판단은 성공적인 프레젠테이션의 바탕입니다.

판단을 할 때는 먼저 해야 할 것과 하지 않아야 할 것을 잘 판단해야 합니다.

무엇인가 해야 할 것은 해야 합니다. 해야 할 타이밍을 제대로 파악하지 못하고 시기를 놓쳐버리면 호미로 막을 것을 가래로 막게 되죠.

또한, 하지 않아야 할 것은 하지 않아야 합니다. 하지 않아야 할 것을 하게 되어 쓸데없는 손실과 번거로움으로 고생하는 우를 범해서는 안 되겠습니다.

따라서 만일 하기로 판단한 경우는 어떤 대안이 최적의 선택일지를 잘 판단하고 결정해야 합니다.

판단력은 정보 분석, 상황 분석, 자기와 타인 분석, 결과 예측 분석 등 종합적인 분석 능력과 문제해결 사고 능력, 다양한 경험을 통해서 나온 직관과 경륜 등이 필요하겠습니다.

7) 임기응변 능력

임기응변이란 상황에 대처를 잘한다는 것입니다.

현대 비즈니스는 정적인 세계가 아닙니다. 끊임없이 움직이는 역동적인 세계입니다. 생각한 바와 실제 상황이 같은 경우는 거의 드뭅니다. 프레젠테이션에서도 마찬가지입니다. 갖가지 돌발 상황이 생기기 쉬운 것입니다. 이럴 때 임기응변 능력이 꼭 필요해지죠. 임기응변 능력은 다양한 경험의 축적이 무엇보다도 중요합니다만 준비과정에서 다양한 돌발 상황을 예측해 보고 그에 따른 대안들을 미리 탐색해 두면 훨씬 유연한 상황 대처를 할 수 있습니다.

또한, 동료의 실전 경험이나 에피소드를 잘 들어두는 것도 많은 도움이 됩니다. 간접 경험 또한 직접 경험 못지않은 효과를 발휘할 때가 잦으니까요.

8) 경험

경험은 최고의 자산입니다. 프레젠테이션을 잘하는 비결 중 최고의 비결은 바로 경험을 많이 쌓아야 한다는 것입니다.

생각으로만 수영을 익힐 수 없습니다. 물에 들어가서 직접 팔과 다리를 배운 대로 휘저어 봐야 합니다. 프레젠테이션도 마찬가지로 책만 보고 익힐 수 없습니다. 연습이 중요한 것입니다. 직접 하나씩 연습을 해봐야 합니다. 그래야 자신의 것이 됩니다.

그리고 실전에서 펼쳐봐야 합니다. 프레젠테이션의 연습 장소가 수영장이라면 실전 장소는 바다나 강물입니다. 비슷한 것 같지만 다르죠.

그래서 많은 연습도 중요하지만, 실전 경험이 더욱 중요한 것입니다.

프레젠테이션할 기회가 생기면 피하거나 미루지 마십시오. 오히려 적극적으로 맡도록 합니다. 경험을 쌓아 나갈수록 자신감도 더욱 높아질 것이며 책에서는 익힐 수 없는 섬세한 노하우들도 갖추게 될 것입니다.

지금까지 살펴본 여러 요소 모두가 잘 갈고 닦아야 할 중요한 것들이지만 이 중에서 가장 중요한 것 두 가지를 꼽으라면 필자는 설득력과 표현력을 택하고 싶습니다. 따라서 이 두 가지 부분은 따로 좀 더 상세하게 다루도록 하겠습니다.

제 2 편
프레젠테이션 공포 극복

- 제1강 프레젠테이션 공포에 대한 이해
- 제2강 패러다임의 5가지 변환
- 제3강 당장 그만두어야 할 6가지 습관
- 제4강 자신감을 위한 7가지 지혜의 메시지
- 제5강 마인드 트레이닝

경기대학교 사회교육원에서 필자의 스피치 과정을 수강하는 모 대기업 간부가 어느 날 필자에게 물어왔습니다.

"교수님은 스티브 잡스의 프레젠테이에 대해 어떻게 생각하십니까?"

"네, 정말 최고라 할 만하죠."

"스티브 잡스는 연단에서 긴장하지 않을까요?"

"그도 인간인데 왜 긴장하지 않겠습니까?"

"그렇겠죠? 프레젠테이션의 달인 스티브 잡스가 프레젠테이션 공포 때문인지 요즘 살이 14킬로그램이나 빠져 엄청나게 수척해졌답니다."

"설마 그럴 리가 있겠습니까?"

그날 필자가 집에 돌아와 뉴스를 검색해 보니 스티브 잡스의 건강 이상설로 애플사의 주가가 매우 많이 하락했다는 기사를 접하게 되었습니다.

필자마저도 순간 '정말 그런 것인가?' 하는 생각을 얼핏 떠올렸다가 지레짐작하는 자신의 모습에 혼자 웃음을 지었습니다.

수개월이 지나고 나서 스티브 잡스가 간 이식을 받고 경영에 복귀했다는 소식을 듣게 되었지만, 많은 분이 프레젠테이션과 관련해서 가장 관심을 두는 부분이 바로 프레젠테이션 공포 극복이 아닌가 합니다. 필자를 웃음 짓게 했던 그분도 얼마나 공포에 집착했으면 스티브 잡스에게 마저 오해를 하게 되었을까요?

프레젠테이션 공포는 프레젠테이션의 성공을 가로막는 가장 큰 장애물입니다. 정성 들여 준비한 시각 자료와 고생스런 연습이 프레젠테이션 공포로 말미암아 엉망이 된다면 얼마나 안타까울까요? 하지만 실제에서는 이런 일이 많이 일어나고 있습니다. 프레젠테이션을 잘하기 위해 프레젠테이션 공포 극복과 자신감 확립은 정말 중요한 부분입니다. 프레젠테이션 공포는 극복해 나갈 수 있을까요? 결론부터 말씀드리면 "있습니다." 프레젠테이션 공포 극복 방안을 살펴보도록 합니다.

 # 프레젠테이션 공포에 대한 이해

1. 프레젠테이션 공포 지수 측정

모든 변화의 출발점은 자기 자신을 잘 아는 데서부터 출발합니다. 소크라테스도 먼저 "너 자신을 알라."라고 하지 않았습니까? 아래의 질문지를 통해 자신의 마음을 찬찬히 성찰해 보도록 합니다. 우리의 마음은 자신의 마음을 분명히 알아차리게 될 때 공포나 불안으로부터 훨씬 자유로워집니다.

자신의 프레젠테이션 공포가 얼마나 심한지 대수롭지 않은 것인지 공포 지수를 측정해 봅니다.

아래의 질문을 읽고 그렇지 않다는 - (0) / 약간 그렇다는 - (1) / 그렇다는 - (2) / 심하게 그렇다는 - (3)을 기재하도록 합니다.

측정 문항

1) 프레젠테이션을 앞두고 걱정이 되어 업무나 생활에 방해를 받는다. (   )

2) 프레젠테이션을 다른 분에게 미루게 된다. (   )

3) 프레젠테이션을 맡게 된 순간부터 가슴이 두근거린다. (   )

4) 프레젠테이션을 하느니 일주일 동안 야근을 하는 것이 좋겠다. (   )

5) 다른 사람들이 나의 떨림을 분명히 알아차릴 것이다. (   )

6) 프레젠테이션 공포로 프레젠테이션 실패를 경험한 적은? (   )

7) 프레젠테이션을 마치고 나면 창피해서 도망가고 싶다. (   )

8) 나는 내성적이고 소심한 편이다. (   )

9) 나는 연단에 서면 많이 더듬게 된다. (   )

10) 연단에 서면 생각이 안 나고 머릿속이 멍해진다. (   )

> 결과 보기

(답변한 모든 숫자를 합해보시기 바랍니다.)

26~30 : 심한 편입니다. 많은 노력이 필요하며 전문가의 도움을 받으면 더욱 좋겠습니다.
18~25 : 극복을 위한 노력이 필요합니다. 하지만 열심히 노력하면 극복할 수 있습니다.
11~17 : 이 정도의 긴장과 공포는 누구나 가질 수 있습니다. 자신감을 가지세요.
10이하 : 크게 걱정할 필요 없습니다.

* 결과에 지나치게 집착하지 마시고 성찰을 위한 참고로만 활용하세요.

2. 프레젠테이션 공포 증상 체크

사람마다 프레젠테이션 공포에 대한 증상이나 반응이 다르기도 하며 공통된 점도 보입니다. 자신이 프레젠테이션할 때는 과연 어떠했는지 아래 질문지를 통해 체크해 봅니다.

구 분	증 상
내용적 측면	횡설수설한다.
	말이 막힌다.
	간단히 핵심만 말하고 만다.
	생각지도 않은 말들이 튀어나온다.
	갑자기 머릿속이 하얘진다.
	형식적인 말을 한다.
	마치고 나서도 무슨 말을 했는지 모른다.
음성적 측면	목소리가 떨린다.
	목소리가 약하다.
	들뜬 목소리가 나온다.
	말이 빨라진다.
	끝말을 흐린다.
	쉼 없이 말이 이어진다.
	말이 자주 끊어지고 저~, 에~, 어~ 하는 군더더기 말이 많아진다.
신체적 측면	심장이 두근거린다.
	호흡이 불안정해진다.
	얼굴이 붉어지거나 화끈거린다.
	입속의 침이 마른다.
	얼굴이 붉어지거나 화끈거린다.
	표정이 굳어지거나 얼굴 근육이 떨린다.
	부자연스러운 신체 동작을 한다.
	현기증이 나거나 꿈을 꾸는 것처럼 몽롱한 느낌이 든다.
	배 속이 불편해지고 토할 것 같다.
	식은땀이 난다.
	눈을 자주 깜빡거린다.
	손이나 다리 등 신체가 떨린다.
정서적 측면	모두 나보다 훌륭해 보여. 나는 별로 내세울 것도 없어.
	나는 심리적으로도 큰 문제가 있어.
	나는 이곳에 어울리지 않아. 빨리 이 자리를 뜨고 싶다.

	내가 할 말은 가치가 없을 거야. 청중이 우습게 생각할지도 몰라.
	내가 말할 주제에 대해 청중은 이미 더 잘 알고 있을지도 몰라.
	창피당하기 전에 빨리 끝내야 해. 이 시간이 빨리 지나갔으면 좋겠다.
	내가 떠는 것을 다른 사람들이 알아차리면 큰일인데.
	지금 내 모습은 부자연스럽고 어색하게 비칠 거야.
	청중은 내가 떠는 걸 벌써 알아차렸을 거야.
	모두 날 소심한 사람이나 무능력한 사람으로 볼 것이 틀림없어.
	큰일이다. 말을 어떻게 풀어나가야 할지 생각이 잘 나지 않아.
	과연 끝까지 무사히 해낼 수 있을까?
	멍청해 보이거나 우습게 비치지 않을까?
	청중의 반응을 보니 모두 내 스피치가 형편없다고 생각하는 게 틀림없어.
	나는 왜 이럴까? 너무너무 창피하고 속상하고 화가 난다.
준비적 측면	준비를 하지 않는다.
	준비를 대충 한다.
	지나치게 과도한 준비를 한다.
기술적 측면	나는 독서를 별로 하지 않아서 상식이 부족해.
	나의 목소리는 스피치에 적합지 않은 것 같아.
	나는 발음이 불분명해서 걱정이야.
	나는 사투리가 심해서 창피해.
	나는 스피치할 자격이 없어.

3. 프레젠테이션 공포의 원인

　어떤 곤란한 문제가 발생했을 때 가장 먼저 해야 할 일은 그 문제를 일으킨 원인을 찾는 일일 것입니다. 프레젠테이션의 공포를 극복하기 위해서도 마찬가지입니다. 원인을 먼저 찾아보아야 하겠죠. 프레젠테이션의 원인은 다양하겠습니다만 다음의 항목들을 살펴보며 자신의 원인을 짚어 보도록 합니다.

1) 경험이 부족하지 않았나요?

그동안 얼마나 많은 프레젠테이션을 하셨습니까?

우리 인간은 익숙하지 않은 환경에 놓이게 되면 긴장과 불안을 경험하게 됩니다. 연단에 서 본 경험이 없는 분들은 낯선 환경에서 익숙하지 않은 뭔가(프레젠테이션)를 해야 하기 때문에 긴장하고 떨리게 될 수 있습니다. 특히 연단 경험이 풍부하더라도 디지털 시각 자료를 활용한 프레젠테이션에 익숙하지 않으신 분은 공포를 느낄 수 있습니다.

프레젠테이션의 달인으로 일컬어지는 광고 회사의 어떤 임원 분에게 부하 직원이 질문했습니다.

"상무님은 어쩌면 그렇게 프레젠테이션을 자신 있고 멋있게 하시는지요? 그 비결이 뭡니까?" 그러자 그 상무님은 다음과 같이 답변합니다.

"나는 연단에 수백 번 이상 섰었잖아."

뭐든지 많이 해보는 것이 기량 향상을 위해서나 자신감을 갖기 위해서나 중요한 비결입니다.

2) 준비와 연습이 부족하지는 않았나요?

프로 골퍼들도 조금만 준비와 연습을 게을리하면 스윙이 흐트러진다고 합니다. 하물며 아마추어는 말할 나위도 없겠죠. 프레젠테이션 성공을 위해서 준비와 연습은 가장 필수적인 요소입니다.

준비를 제대로 하지 않고 연습을 게을리하면 전문 프레젠터라도 자신감을 잃어버릴 수 있습니다. 프레젠테이션 성공의 기본 중의 기본이 준비와 연습입니다.

준비하지 않으면 엉성한 시각 자료를 마치 국어책 읽듯이 죽 읽어 내려가는 형편없는 프레젠테이션이 될 수 있으며, 연습하지 않으면 생각처럼 말이 잘 풀려나오지 않고 횡설수설하기 쉽습니다.

3) 민감하고 예민한 성격은 아닌가요?

무딘 성격의 사람이 가장 부러울 때가 프레젠테이션하기 위해 연단에 서는 경우일 것입니다. 무딘 성격은 그냥 넘어갈 수 있는 일도 기질적으로 너무 민감하고 예민한 분은 심리적으로 자극을 받고 부담을 가지며 더 긴장하게 되죠.

연단에 설 때면 청중을 지나치게 의식하고 자의식이 강하기 때문에 쉽게 공포에 빠질 수 있는 것입니다. 하지만, 민감하고 예민한 성격이 프레젠테이션하는데 도움을 주기도 합니다. 왜냐하면 청중의 반응을 섬세하게 살필 수 있기 때문입니다.

청중의 시선이 자신에게만 집중되는 발표에 비해서는 시각 자료를 활용한 프레젠테이션은 비교적 부담이 덜 할 수 있으니 이를 잘 활용하는 것도 좋은 방법이 되겠습니다.

4) 완벽주의 사고방식을 가진 것은 아닌가요?

완벽주의는 매사에 빈틈없이 임하는 마음을 가지고 늘 속으로 '실수하면 안 돼.'하며 스스로를 들볶습니다. 완벽주의는 본인의 마음을 괴롭히는 마음의 바이러스이기도 하며 성취를 방해하는 주범이기도 합니다.

매사에 완벽주의적인 사고방식을 가진 분은 프레젠테이션마저도 완벽하게 하려고 하고, 그로 말미암아 부담이 커지고 긴장과 불안은 더 하게 됩니다.

5) 과거의 창피한 실패 경험이 있나요?

프로이트의 정신분석 이론을 굳이 언급하지 않아도 우리 인간은 과거의 경험으로부터 자유롭기가 쉽지 않습니다.

과거에 프레젠테이션을 하다가 실패를 해서 창피를 당한 경험이 있으면 그 생각이 계속 자신을 따라다니면서 프레젠테이션에 대한 자신감을 잃어버리게 합니다. '또 그런 경우가 발생하면 어떡하나.'하고 전전긍긍하게 됩니다.

6) 열등감을 느끼고 계신가요?

타인과 비교해서 자신이 부족하고 열등하다고 생각하시는 분들은 청중 앞에 섰을 때 당연히 위축될 수밖에 없겠습니다. 자신에 대한 열등감은 열등한 결과를 불러오기 마련입니다.

세상 모든 일에 자신감이 필요하지만, 프레젠테이션은 자신감을 더욱 필요로 합니다.

7) 특수한 평가 상황에서 더 떨리나요?

만일 그렇다면 그것은 당연합니다.

평가를 받는 진지한 상황에서 평온한 마음을 가질 수 있는 사람이 과연 몇이나 될까요?

아주 중요한 자리, 특히 평가받는 자리에서의 프레젠테이션은 누구든지 긴장과 불안의 정도가 심해집니다. 잘 해내야만 하는 부담감이 긴장과 불안을 부추기게 됩니다.

4. 프레젠테이션의 프로들은 떨지 않을까?

1) 프로들도 마찬가지입니다.

프로들도 마찬가지로 긴장하고 불안해하며 공포를 느끼기도 합니다.
가수 양희은 씨도 무대 공포증을 고백해 팬들을 깜짝 놀라게 하였습니다.

제가 많이 받는 질문 중의 하나가 바로 "교수님은 떨리지 않습니까?" 하는 것입니다.

그럴 때 저는 이렇게 대답합니다.
"저도 떨리죠. 처음엔 저도 떨지 않으려고 노력을 많이 했습니다. 하지만, 이젠 안 떨리면 오히려 걱정됩니다. 왜냐하면 떨림은 저의 에너지이니까요."

2) 프로는 떨림을 에너지로 삼습니다.

불안이나 긴장감이 하나도 없다는 것은 오히려 큰 문제가 될 수도 있습니다. 우리 인간이 불안함을 느끼지 않는다면 미래에 대한 대비책을 세우려고 하지 않을 것입니다.

스포츠 선수들이 대회에 나가서 긴장감이 없이 시합에 임한다면 좋은 성적을 내기 어려울 것입니다. 전쟁에서 군인이 긴장감을 잃어버리면 부상을 당하거나 목숨을 잃기 십상일 것입니다. 정년퇴직을 한 분들이 갑자기 건강을 잃어버리고 갑자기 돌아가시는 원인도 긴장감을 잃어버렸기 때문입니다.

불안을 느끼니까 더 준비를 하게 되고, 긴장이 되니까 더 의욕적으로 집중할 수 있는 것입니다. 적당한 긴장이나 불안은 우리를 더 잘할 수 있게 준비시켜주는 에너지가 되어주고 활력을 주는 에너지입니다.

불안이나 긴장은 중요한 상황에서 잘 대처할 수 있도록 신께서 우리에게 내려준 고귀한 선물이라고 생각하고 불안과 긴장을 에너지 삼아 열정적인 프레젠테이션을 하시기 바랍니다.

3) 단, 과유불급(過猶不及)이 되지 않도록 해야 합니다.

떨림은 에너지일 수 있지만 문제는 과도하게 지나치면 큰 어려움을 겪게 된다는 것입니다.

아무리 몸에 좋은 보약이라도 지나치게 많이 먹으면 독이 될 수도 있듯이 불안도 우리가 불안을 느낀다는 게 문제가 아니라, 지나치게 느끼게 되면 문제라는 것입니다. 불안과 긴장이 너무 지나치지 않도록 조절하는 지혜가 필요한 것입니다. 다음 장에서 그 지혜들을 찾아보도록 합니다.

 패러다임의 5가지 변환

패러다임은 일종의 인식 체계입니다. 어떤 식으로 생각하고 마음가짐을 가지느냐에 따라 똑같은 상황도 다르게 여겨지게 됩니다. 생각의 잘못된 패러다임은 공포를 불러오게 됩니다. 바람직한 패러다임을 가질 수 있을 때 우리는 공포에서 벗어날 수 있는 것입니다.

다음에 제시된 5가지의 패러다임의 변화를 통해 공포에 더 이상 휘둘리지 말고 공포를 뛰어넘어 봅시다.

1. 나를 위해 → 청중을 위해

프레젠테이션 공포의 뿌리는 '다른 사람들이 자신의 프레젠테이션을 어떻게 볼까?' 하는 마음입니다. 즉, 타인으로부터 받게 되는 자기 자신에 대한 평가가 두려운 것입니다.

다시 말하면 프레젠테이션 공포는 다른 사람들이 나를 어떻게 평가할지에 대한 '평가 불안'인 것입니다.

　우리 인간은 사회적 동물이며 사회생활을 잘 해 나가기 위해서는 타인으로부터 좋은 평가를 받을 필요가 있습니다. 따라서 평가를 받아야 할 때에는 누구나 긴장을 느끼고 부담을 가지게 됩니다. 특히나 많은 사람 앞에서 하게 되는 프레젠테이션은, 무슨 경연 대회가 아니더라도, 채점하는 사람이 없더라도 은연중에 청중으로부터 평가를 받는 듯한 느낌이 들게 됩니다. 하지만 프레젠테이션을 하는 상황이 언제나 다른 사람들이 나를 평가하는 자리이진 않습니다. 프레젠테이션은 청중에게 따뜻한 마음을 전하거나, 정보를 제공하거나, 격려를 해주거나, 즐거움을 주는 베풂과 나눔의 장이기도 한 것입니다.

　'청중이 나를 어떻게 생각할까?' 하는 마음은 '나' 위주의 이기적인 마음이며 결국 나를 멋스럽게 뽐내고 잘난 체하려는 것입니다. 이 마음을 바꿔보십시오.

　'청중에게 도움이 되고, 즐거움을 드려야지.' 하는 마음으로 연단에 서

보십시오. 청중을 사랑하고 청중을 위한 프레젠테이션이 최고의 프레젠테이션입니다.

2. 완벽하게 → 최선을 다해

여린 성격 때문에 여자에게 말 한마디 건네지 못해 장가도 못 가고 고민하던 노총각이 있었습니다. 자신이 너무 부족하다고 생각해서 그는 늘 완벽한 남자를 꿈꾸었습니다. 어느 날 그에게 산신령님이 꿈에 나타나 소원 한 가지를 들어주겠다고 했습니다. 노총각은 '완벽한 남자'가 되게 해 달라고 빌었습니다. 다음 날 아침 그 노총각은 자신의 소원대로 완벽한 남자로 변신했습니다.

그리고 수많은 여성과 맞선을 보기 시작했습니다. 그런데 번번이 퇴짜를 맞았습니다. '왜 이럴까? 나는 완벽한 남자인데.' 그는 도무지 이해를 할 수 없었습니다. 그의 마음은 마치 절벽 앞에 선 심정이었습니다. 그러던 어느 날 100번째 맞선을 보러 나간 상대 여성에게 그 이유를 들을 수 있었습니다.

"당신은 너무 완벽해서 제가 들어갈 틈이 없습니다. 오히려 혼자 사시는 게 좋을 것 같네요. 부족한 부분을 서로 채워 주는 게 아니라면 함께 하는 것이 무슨 소용이 있겠어요."

이 말을 듣고 깨달은 노총각은 '완벽'을 버리고 자신의 부족함도 이해하고 사랑할 줄 알게 되었습니다. 그리고 101번째 맞선에서 서로의 부족함을 채워 주며 깊이 사랑할 멋진 신부를 얻었습니다.

이 노총각의 '완벽증'처럼 프레젠테이션을 완벽하게 잘 해내려는 분들이 많이 있습니다.

평소 생활에서도 무슨 일을 하든지 완벽하게 해야 한다는 '완벽증'을 가지는 분들이 프레젠테이션 공포에 시달리게 되는 경우가 많습니다. 완벽하지 않은 불완전한 인간이면서도 완벽하게 해내려고 욕심을 내다보니 여러 가지 문제가 발생하지 않을 수 없습니다.

실수하지 않고 완벽하게 잘하려는 욕심, 완벽하게 잘 해내야만 하는 강박적인 부담감은 프레젠테이션 공포의 가장 큰 주범입니다.

그럼 왜 완벽해지려는 마음이 생길까요?

'나는 남들에게 잘 보여야 한다.', '나는 남들로부터 좋은 평가를 얻어야 한다.'라는 욕심이 속마음에 자리하고 있습니다. 또, 남들이 자기를 부정적으로 생각할까 봐, 하찮게 볼까 봐, 우습게 볼까 봐 걱정하고 두려워합니다. 즉, 자신에 대한 타인의 평가에 대한 두려움이 큰 부담으로 다가오는 것이지요. 그러다가 보니 남들에게 흠 하나 잡히지 않는 프레젠테이션을 하려고 하고, 자꾸 완벽을 추구하게 됩니다.

완벽해지려는 욕심의 크기와 두근거리는 가슴의 진동수와는 비례합니다. 완벽은 절벽입니다. 완벽해지려는 욕심을 버리고 최선을 다하는 각오로 프레젠테이션을 준비하고 연습하고 연단에 서기 바랍니다.

3. 안 될 거야 → 잘 될 거야

"이번 프레젠테이션이 어떻게 될 것 같습니까?"

이 질문에 대한 대답이 만일 "안 될 것 같습니다. 힘들 것 같아요."라면 십중팔구 그러한 결과가 빚어질 것입니다.

프레젠테이션 공포가 심한 분은 프레젠테이션하기 전에는 '잘 안될 거야.', '또 떨고 말거야.', '또 얼굴이 빨개질 거야.' 하면서 미리 부정적인 상상을 떠올립니다. 성공이냐 실패냐 하는 것은 해봐야 하는 것일 텐데 항상 최악의 상황을 미리 머릿속에 그려 놓고서는 반드시 그렇게 부정적으로 끝나게 될 것이라고 무의식적으로 자기 암시를 하는 것이지요.

그리고 프레젠테이션을 하고 난 다음에도 자신의 프레젠테이션에 대해 부정적인 평가를 합니다. 부정적인 예상은 부정적인 결과를 빚어내고 프레젠테이션을 마치고 난 다음에 자신의 프레젠테이션에 대해 내리는 부정적인 평가는 자신의 잠재의식에 실패 경험으로 새겨지게 되고 다음에 프레젠테이션하게 될 때는 더 힘들어집니다.

사막에서 낙타를 잃어버려서 걸어가야만 하게 된 두 나그네가 있었는데 둘 다 반 정도 물이 담긴 물통을 하나씩 가지고 있습니다.
한 사람은 "물통에 물이 반밖에 남지 않아서 큰일 났다. 나는 얼마 되지 않아서 죽을지도 몰라, 어떡하나? 큰일 났네!" 하면서 안절부절못합니다. 벌써 죽음에 대한 공포로 얼굴이 사색이 되었습니다.
그런데 다른 한 사람은 "아직도 물통에는 물이 반이나 남아있어. 자, 힘을 내서 열심히 가보는 거야." 하면서 힘찬 발걸음을 내 딛습니다.
과연 누가 살아날까요?

부정적인 사람은 햇볕 쨍쨍한 맑은 날에도 혹시나 비가 내리지나 않을까 걱정합니다. 긍정적인 사람은 먹구름 낀 날씨에도 그 먹구름 너머 찬란히 빛나는 태양을 바라봅니다.
걱정과 근심이 떠올라서 자꾸 부정적으로 생각되면, 생각을 계속 진행하지 말고, 일단 멈춘 다음에 긍정적인 생각으로 바꾸시기 바랍니다.

프레젠테이션할 때도 '연습을 한 시간밖에 못 했어. 중간에 까먹을지도 몰라. 아무래도, 프레젠테이션을 망치게 될 것 같아.' 하며 부정적으로 생각하는 사람은 프레젠테이션을 망치고 맙니다. '그래, 열심히 해 보는 거야, 그래도 한 시간 동안이나 준비를 했잖아. 열심히 최선을 다한다면 아마 잘 될 거야.'라고 긍정적으로 생각하는 사람이 실제도 잘하게 됩니다. 프레젠테이션을 앞두고 있다면 '잘 될 거야.', '난 잘해낼 수 있어.'라고 자신에게 긍정적인 예언을 해주십시오. 그리고 프레젠테이션을 마치고 난 다음에는 아쉬운 점이 있더라도 '그런대로 최선을 다했어. 아쉬운 점이 있지만, 다음에 더 잘하면 되지 뭐.' 하고 자신을 격려해 주시기 바랍니다.

헨리 포드는 "당신이 할 수 있다고 생각하든 할 수 없다고 생각하든 당신의 생각이 옳다."라고 했습니다. 예수님께서도 "믿는 대로 되리라."라고 하셨습니다.

우리의 생각이 우리의 결과를 낳습니다. 그래서 긍정적인 결과를 바라면 긍정적인 생각을 해야 합니다. 부정적인 생각이 떠오르면 긍정적인 생각으로 바꿔야 합니다. 긍정적인 생각은 우리 마음의 119입니다.

4. 완전히 망쳤다 → 잘한 부분도 있다

김 대리가 전체 직원들 앞에서 프레젠테이션을 했습니다.

다른 회사 구매 담당자들도 몇 분 오셔서 부담이 많이 된 프레젠테이션이었습니다. 긴장을 많이 한 탓인지 목소리가 조금 떨렸습니다. 그리고 준비했던 것 중에서 몇 가지를 빠트리기도 했습니다. 그렇지만, 어쨌든 처음부터 끝까지 프레젠테이션을 해냈습니다.

다른 사람들 보기에 아주 잘한 것은 아니지만, 그렇다고 그렇게 못 한 것도 아닌 프레젠테이션이었습니다. 그런데 김 대리 생각은 다릅니다.

프레젠테이션을 완전히 망쳤다는 것이죠.

'전 직원 앞에서의 프레젠테이션이었는데, 진짜 잘했어야 했었는데 이게 무슨 꼴이야. 완전히 망쳤잖아. 그렇게 외워 놓은 것도 중간에 다 빠트려 버리고 거기다가 목소리까지 떨어 버리고, 아이고 완전히 망쳐버렸어. 난 왜 이 모양이지. 왜 이렇게 멍청하지.'

부정적인 생각이 꼬리에 꼬리를 물고 일파만파로 번져나갑니다.

그냥 봐서는 최소한 65점 정도는 줄 수 있었겠는데 김 대리는 완전히 망쳐버린 빵점이라고 생각하는 것입니다. 완벽 아니면, 실패, 100점 아니면 빵점, 완전히 '흑백논리'인 것이죠.

심지어는 다른 사람들이 그런대로 잘했다고 칭찬을 해주어도 '격려 차원에서 해주는 말이겠지 뭐.' 하면서 곧이곧대로 받아들이지 않습니다.

어떤 프레젠테이션이라도 완벽한 프레젠테이션은 없고, 어떤 프레젠테이션이라도 어느 정도 잘한 점이 분명히 있는 것입니다. 잘한 점은 앞으로 더욱 잘 살려나가고, 아쉬운 부분은 보완해서 다음엔 더 잘할 수 있도록 노력하는 자세를 가지도록 해야 합니다.

5. 긴장하지 말아야지 → 긴장이 좀 되는구나

긴장과 공포에 사로잡힌 프레젠터는 불안이나 긴장을 없애려고 모든 에너지를 씁니다. 그러나 결과는 대개 반대로 가게 됩니다. 공포는 커지고 프레젠테이션은 실패하게 됩니다.

자동차가 발명되던 당시 연구진들의 가장 큰 고민은 다름 아닌 타이어였습니다.

조금 굴러가다가 보면 타이어가 금방 찢어지곤 해서 자동차 바퀴로서의 제 기능을 하지 못한 거죠. 그래서 연구진은 땅의 충격에 잘 저항할 수 있는 바퀴를 만들고자 심혈을 기울여 연구에 연구를 거듭하며 타이어의 저항력을 계속 높여 나갔습니다. 그러나 실패만 반복될 뿐이었습니다. 모두가 허탈해하고 있을 때 한 연구원이 뭔가 깨닫고서 소리를 질렀습니다.

"그동안 우리의 연구 방향이 잘못되었던 거예요. 땅의 충격에 맞서는 저항력을 높일 게 아니라 오히려 땅의 충격을 잘 흡수하는 데 초점을 맞추었어야 했어요."

그리고 머지않아 안정감 있고 오래가는 멋진 타이어가 개발되었습니다.

프레젠테이션에 임하는 마음가짐도 마찬가지입니다.
불안이나 긴장에 맞서 싸우며 없애려고 하면 오히려 더 불안과 긴장에 휩싸이게 됩니다.
저항하지 말고, 마음을 열고 흡수하는 것이 좋습니다.
만일 프레젠테이션을 앞두고 떨리면 '떨지 말아야지. 떨림을 빨리 없애야지.' 하며 저항하지 말고 '아, 내가 좀 떨고 있구나.' 하며 있는 그대로 받아들이는 게 좋습니다. 흡수란 인정하고 받아들이는 것입니다. 그러면 신기하게도 불안이 완화되어 갑니다.

긴장이 많이 되면 '아, 지금 내가 긴장을 하고 있구나!' 하고 마음을 열고 받아들이십시오.
그리고 '나는 지금 긴장에 저항하지 않고, 있는 그대로 흡수하고 있어!'라고 생각하며 최선을 다해 열심히 프레젠테이션을 하세요. 그럼 공포는 우리의 몸에 머물지 않고 투과하면서 사라져 갑니다.

 제3강 당장 그만두어야 할 6가지 습관

1. 피하려는 습관

일단 자리를 피해서 어려운 상황을 모면하고 보자는 심리는 공포에 휩싸인 프레젠터의 공통의 마음입니다. 그런 상황이라도 당당히 맞서 헤쳐 나가는 프레젠터는 프레젠테이션의 발전과 성공의 길을 가게 될 것이고 그렇지 못한 프레젠터는 앞으로도 프레젠테이션 공포를 벗어나기 어려울 것입니다.

한 번은 용케 피했어도 영원히 프레젠테이션을 피할 수는 없습니다. 사회생활을 하는 동안 프레젠테이션과 담쌓고 지내기란 불가능하기 때문입니다. 어쨌든 극복해야만 하는 것입니다. 그리고 피하고 말았을 때 본인의 잠재의식은 자기 자신을 비참하게 생각하게 되고 무능력한 사람으로 인정하게 됩니다. "실패 없는 성공 없고 도전 없는 성취 없습니다."

프레젠테이션 공포가 심하신 분들이 프레젠테이션을 피한다는 것은 결국 기회를 피하는 것입니다. 우리 인간은 부딪혀 가면서 실수도 해가면서 배우는 법인데 시도조차 하지 않고 피해 버린다면 극복할 기회는 영영 오질 않습니다. 물을 피해 버리는 사람이 언제 수영을 익힐 날이 오겠습니까?

피하지 말고 용기를 갖고 시도하고 도전해야 합니다. "용기란 두려워하지 않는 것이 아니라 두렵지만 해내는 것입니다."

2. 지나치게 의식하는 습관

무심코 하던 일도 의식하면서 해보려고 하면 왠지 어색하고 잘 안될 수가 있습니다. 자연스럽게 하던 일도 의식을 하게 되면 부자연스러워집니다. 사진을 찍을 때도 그냥 즐거운 마음으로 찍으면 되는데 '나의 표정이 자연스러울까?'하고 의식하는 순간 부자연스러워집니다. 자연스런 표정을 지으려고 의식적인 노력을 할수록 얼굴이 굳어집니다.
자연스러워지려고 노력하면 할수록 더욱더 부자연스러워지는 것이죠.

프레젠테이션 공포는 타인을 심하게 의식하고 자신을 지나치게 의식하는 데서 빚어지고 심화됩니다. 타인을 의식하다가 보니 '남들이 지금 나를 어떻게 보고 있을까?', '저 사람들이 내 프레젠테이션을 형편없다고 생각하지나 않을까?' 하는 생각으로 가득 차 있어 프레젠테이션 내용에 집중하기가 어려워집니다. 또한, 자신을 너무 의식하다가 보니 '내 목소리가 떨려 나오는 것 같은데.', '내 얼굴이 빨개진 것 같은데.' 하는 생각으로 가득 차 있어 더더욱 불안 증상을 부추깁니다.
이런 쓸데없는 번민과 집착으로 가득 차 있는데 어떻게 프레젠테이션이 잘될 수 있겠습니까? 지나친 의식은 자신에 대해 과도한 집중을 하게 하고 프레젠테이션에 몰입하지 못하게 방해합니다.
지나치게 의식하는 마음은 부자연스러움을 만들어 냅니다.

자연스러움이란 의식적으로 뭔가를 하려는 것이 아니라 그냥 물 흘러가듯이 흐름에 맡기는 것입니다. 어떤 상황에서 긴장되어 잠시 어색한 마음이 들면 그냥 어색한 대로, 부자연스러운 대로 잠깐 내 버려두는 것이 좋습니다. 그러면 다시 자연스러움을 찾습니다.

그런데 '자연스러워져야지.' 하며 뭔가 의식적인 노력을 기울이는 순간, 우리는 부자연스러움의 늪에 빠져들게 됩니다.

이는 웅덩이의 흙탕물을 맑게 한답시고 이리저리 손을 넣어 젓는 것과 마찬가지입니다. 그러면 오히려 더 흐려지게 되죠. 오히려 그대로 내버려두면 자연적으로 곧 맑아지게 되지 않습니까? 우리의 자연스러운 마음도 그러한 것입니다.

3. 비교하는 습관

필자가 수업에서 실습을 시키는 상황에서 연단에 오르자마자 "앞에 분이 너무 잘해서 더 떨리네요." 하고 말을 꺼내는 분들을 자주 볼 수 있습니다. "다른 분들은 다들 잘하시는데 저만 왜 이런지 모르겠네요." 하는 말들도 심심치 않게 듣습니다. 그러면 저는 "비교하지 맙시다." 라고 일깨워 드립니다.

우리 인간은 자신에 대한 평가는 짜게 하고 다른 사람에 대한 평가는 후하게 하는 심리가 있습니다. 그래서 비교를 하게 되면 명확한 비교를 하지 못하고 자신을 주눅이 들게 하는 쪽으로 몰아가게 됩니다. 이를 뒷받침 해주는 재미있는 연구가 있었습니다.

호주에 있는 퀸스랜드 대학의 래피 박사와 림 박사는 사회 공포증 환자 28명과 일반인을 대상으로 즉석에서 '3분 스피치'를 하게 한 뒤 자신과 타인의 스피치를 평가하게 한 실험을 했는데 모든 참가자가 청중의 평가보다 자신을 더 부정적으로 평가했으며 특히 사회 공포증 환자가 훨씬 더 자신을 부정적으로 평가했다고 합니다. 연단 공포가 심한 사람들은 자기 자신의 스피치에 대한 평가를 할 때 점수를 무척 짜게 매깁니다. 그런데 다른 사람들의 스피치에 대해서는 높게 점수를 매깁니다. 그래서 그런대로 해내고서도 의기소침해지고 주눅이 들고 맙니다.

프레젠테이션할 때는 비교하는 마음을 버리고 오직 자신이 할 바에만 충실하도록 해야 합니다. '내가 할 것은 내가 최선을 다할 뿐, 다른 사람이 할 것은 그들이 알아서 최선을 다할 것.'이란 생각을 하시기 바랍니다.

4. 지레짐작하는 습관

프레젠테이션 공포가 심한 분 중에는 어떤 상황이 실제 그런지 확실하지 않은데도 불구하고 마치 그런 것처럼 자기 멋대로 넘겨짚어 부정적인 지레짐작을 해버리곤 합니다.

김 대리는 그런대로 프레젠테이션을 잘해 나갔습니다. 그런데 중간에 사장님이 나가시는 모습을 보게 됩니다. 그 모습을 본 김 대리는 '나의 프레젠테이션이 오죽이나 마음에 안 들었으면 사장님이 자리를 박차고 나가버릴까.' 하는 마음이 듭니다. '내 프레젠테이션이 마음에 들지 않아 사장님이 나가신 게 틀림없어.' 하고 지레짐작한 것이죠.

그러고 보니 상무님 표정도 그리 밝지 않았는데, '역시 내 프레젠테이션이 마음에 들지 않아서 그런 것일 거야.' 하며 근거 없는 속단을 이어 나갑니다. 그러자 갑자기 긴장이 증폭되고 눈앞이 캄캄해지면서 아무 생각도 나지 않고 말문이 막혀 버립니다.

　실제로 사장님은 거래처와 급한 약속이 있었고, 상무님은 집에 뭔가 걱정거리가 있어서 그런 것인데 김 대리는 제멋대로 부정적으로 지레짐작한 것입니다.

　확인되지도 않은 것을 미리 지레짐작해서 부정적으로 판단해 버리는 이런 습성은 반드시 바꿔야 합니다. 정 미심쩍은 경우 확인을 해보면 실제는 그렇지 않음을 깨닫게 됩니다.

5. 걱정하는 습관

　"걱정도 팔자다."라는 말이 있습니다. 쓸데없는 걱정을 하는 사람에게 하는 말이지요. 매사에 걱정하는 마음이 지나친 분은 프레젠테이션할 때도 여전히 걱정 실력(?)이 발휘됩니다.

'만약에 떨리면 어쩌지?', '만약에 실수하면 어쩌지?', '만약에 잊어버리면 어떡하지?' 하면서 온갖 걱정을 만들어 냅니다.

'만약에'라는 말은 일어날지 일어나지 않을지 확실하지 않을 때에 쓰는 가정입니다. 그런데 이런 경우엔 꼭 부정적인 가정을 떠올립니다. 그래서 걱정으로 이어집니다. 결국은 걱정을 만든 것입니다.

'만약에 너무 잘하면 어쩌지?', '만약에 청중이 열광적으로 환호하면 어떡하지?', '만약에 기립박수를 받으면 어쩌나?' 하는 이런 긍정적인 가정을 떠올리진 않습니다.

만약에 이런 긍정적인 가정을 떠올린다면 걱정할 일도 없겠지요.

인도의 어떤 성자는 이런 말을 했답니다.

"세상의 모든 걱정거리는 두 가지로 나눌 수 있다. 첫째는 바꿀 수 있는 걱정이고, 둘째는 바꿀 수 없는 걱정이다. 그런데 이 두 가지 모두 걱정할 필요가 없다. 바꿀 수 있는 것은 바꾸면 될 것이고 바꿀 수 없는 것은 걱정해 봐야 바뀌지 않을 테니까."

지금까지 우리는 버려야 할 마음에 대해 살펴보았습니다. 마음 수행 달인의 경지에 오른 옛 성현들은 "놓아버려라.", "끊어버려라."라는 말씀을 많이 하셨습니다. 함께 살펴보았던 버려야 할 마음들을 과감히 휴지통에 넣고 Delete 키를 눌러 없애 버리시기 바랍니다.

6. 부담 가지는 습관

프레젠테이션에 부담을 가지는 것도 습관입니다. 프레젠테이션이란 말만 들어도 털컥 겁이 나고 심장이 뛰기 시작합니다. 마치 종소리만 들리면 침을 흘리는 파블로프의 개처럼 프레젠테이션에 대한 부담이 조건화되어 버린 것입니다.

물론 프레젠테이션은 대개 중요한 상황입니다. 하지만 우리 목숨이 달린 정도로 그렇게 중요하고 심각한 경우는 별로 없습니다.

상황이 지나치게 부담스럽게 느껴질 때에는 이번 프레젠테이션이 목숨을 걸 만큼 그렇게 중요한 것은 아니라고 자신에게 말해주는 겁니다. '못하면 어때? 실패한다고 인생이 끝나는 것은 아니야.'라고 자신을 다독거려 주시기 바랍니다.

그래도 프레젠테이션이 여전히 큰 부담으로 다가올 때는 만약에 프레젠테이션에 실패했을 때 초래될 최악의 상황은 무엇인지 객관적으로 기술해 봅니다. 그리고 그러한 최악의 상황이 일어날 확률이 어느 정도나 될지 냉정하게 가늠해 봅니다. 그리고 성공할 수 있는 확률, 보통 정도는 해 낼 확률도 따져봅니다. 그리고 성공 확률을 높이기 위해서는 어떻게 준비하고 연습하는 것이 좋을지를 생각해 봅니다. 그런 다음엔 온 힘을 다해 열심히 준비하고 연습하는 것입니다.

 자신감을 위한 7가지 지혜의 메시지

1. 긍정적인 생각과 즐거운 마음을 가집시다.

어떤 사람이 현자에게 물었습니다.
"선생님, 행복과 성공의 비결은 무엇일까요? 그 비결에 대해 한 말씀만 해주십시오."
그러자 현자는 이렇게 대답했습니다.
"언제나 긍정적인 생각을 하고 당신의 일을 즐기십시오."

긍정적인 생각과 즐거운 마음가짐은 프레젠테이션에 있어서도 성공의 바탕이 됩니다.

어떤 사람이 밤중에 눈 덮인 허허벌판을 편안한 마음으로 걸어서 지나왔는데 다음날 아침에 다시 보니까, 자기가 걸어온 곳이 벌판이 아니었고 눈 덮인 얼어붙은 강이었다는 것을 알고 깜짝 놀랍니다. 눈 덮인 벌판이라고 생각했을 때는 편안하게 건너온 것이지요.

반대로 안전한 벌판이라도, 눈 덮인 얼음 강이라고 생각해 버리면 제대로 걸을 수 없을 만큼 불안에 휩싸이게 되는 것이 바로 우리 인간의 마음입니다.

우리가 프레젠테이션하게 되는 상황도 마찬가지입니다. 우리가 어떻게 생각하느냐에 따라서 프레젠테이션을 해야만 하는 상황이, 안전한 들판 위일 수도 있고, 금방 얼음이 쩍 하고 갈라질 것 같은 불안한 살얼음판 위일 수도 있는 것입니다.

다시 말하면 상황은 상황 자체가 중요한 것이 아니라 우리가 어떻게 느끼고 있느냐가 중요한 것입니다. 결국은 마음에 달린 것이죠.

'난 안될 거야.'라고 생각하면 진짜 실패하고 맙니다.
'난 반드시 잘해낼 거야.'라고 생각하면 성공적인 프레젠테이션이 될 것입니다.
'프레젠테이션은 두려운 것이야.'라고 생각하면 공포로 다가올 것입니다.
그러나 '프레젠테이션은 즐거움이야.'라고 생각하시면 프레젠테이션이 즐거워질 것입니다.

2. 목표를 낮추고 자신감을 높입시다.

프레젠테이션을 할 때 불안과 공포를 느끼게 되는 이유는 정말 잘 해내야만 하는데 '내가 과연 잘해낼 수 있을까?'하는 의심과 걱정 때문입니다. 즉, 자기가 바라는 목표와 그 목표를 이뤄낼 자신의 능력에 대한 믿음 다시 말해서 자신감과의 차이에서 생긴 불안과 걱정입니다.

우리가 불안과 긴장을 완화하려면 목표를 낮추든지 아니면 자신감을 높이든지 해야 합니다.

1) 실현 가능한 현실적인 목표를 세워야 합니다.

뭐든지 완벽하게 하려고 하는 사람은, 불가능한 목표를 세우는 사람입니다. 프레젠테이션을 완벽하게 해내려고 하는 사람은 불안할 수밖에 없습니다. 아무리 경험이 많고, 유능한 프레젠터라 해도 완벽한 프레젠테이션을 할 수는 없지요. 그런 불가능한 목표를 세워 놓고, 무리한 욕심으로 잘해 내려고 하다가 보면 결국에는 심한 부담과 불안 때문에 좌절하게 되고 맙니다. 그런데도 우리는 연단에서 멋있게 보이려고 욕심을 부리게 됩니다. '한 마디도 틀리지 않고, 유창하게 말을 잘해야지. 절대 더듬는다거나, 횡설수설해서는 안 돼.' 하며 은연중에 완벽한 목표를 세웁니다. 이런 비정상적인 높은 목표는 우리를 위축되게 하고 불안과 공포로 몰아갑니다.

2) 자신감을 높여야 합니다.

자신감의 감(感)은 느낌을 말합니다. '자신을 얼마나 믿고 있느냐?' 하는 것입니다.

실제 능력이 있더라도 자기 스스로 못할 것이라는 느낌이 들면 하기 어려워집니다. 호랑이가 자기 자신을 생쥐라고 느끼면 고양이한테도 쩔쩔매게 됩니다.

그러나 능력이 부족한데도 불구하고, 자신을 믿고서 일을 훌륭하게 성취해낸 사례도 많이 있습니다. 그렇게 생각하면 그렇게 됩니다. 성경 말씀처럼 모든 일이 자신이 '믿는 대로 될 것'입니다.

3. 오히려 더 떨어 보려고 하십시오.

프레젠테이션 공포로 오랫동안 고민하다가 드디어 공포를 극복해낸 어떤 분이 언젠가 수업 중에 이런 말을 했습니다.

"사람은 태어나서부터 떨어야 할 몫이 정해져 있습니다. 지금 여러분이 연단에서 무척 떨린다면 그동안 많이 떨지 않으셨기 때문입니다. 연단에 자주 올라가 떨림을 수시로 떨어내시기 바랍니다. 그럼 나중에는 떨 것이 없어집니다."

긴장된다면 오리려 더 떨어보려고 하십시오, 그러면 왠지 덜 떨리거나 안 떨리게 됩니다.

비에 옷이 조금 젖었을 때 우리는 비를 피해 이리 뛰고 저리 뛰고 합니다. 그러나 옷이 비에 흠뻑 젖으면 비를 피하려고 하지 않습니다. 비에 초연해집니다.

제가 강의에서 가장 떨리는 분께 선물을 드리겠다고 했습니다. 그러면서 백화점 상품권을 보여 드렸습니다. 그 수업에서 많은 분이 이런 말씀을 했습니다.

"이상하게도 오늘은 훨씬 덜 떨렸습니다. 상 받으려고 마음껏 떨어보려고 했는데, 떨어보려고 하니까 오히려 덜 떨렸습니다."

여러분, 떨리면 역설적으로 더 떨어보도록 노력합니다. 충무공 이순신 장군께서는 이렇게 말씀하셨죠. "죽으려고 하면 살 것이요, 살려고 하면 죽을 것이다."

4. 걱정이 되면 걱정거리를 적어 보십시오.

프레젠테이션 공포증이 있는 분들은 프레젠테이션을 앞두게 되면 걱정을 시작합니다. 그리고 막연한 걱정 속에 빠져서 허우적대기만 합니다. 지혜를 발휘해 볼 엄두를 내지 않습니다. 걱정이 우리의 지혜를 흐리게 하고 해결책을 찾기보다는 고민만 하게 합니다. 머릿속은 점점 복잡해져만 가고, 마음은 답답해져 옵니다. 생각을 정리하고 마음을 다잡기란 정말 쉽지 않습니다.

이럴 때는 감정의 옷을 벗어 던져버리고 걱정거리를 종이에 찬찬히 적어 보는 것이 좋습니다. 종이 위에 걱정거리들을 빠짐없이 하나씩 적다 보면 걱정거리를 객관적으로 차분히 바라볼 수 있게 됩니다. 그러면 쓸데없는 걱정들이 걸러집니다. '주관'의 선글라스를 끼고 걱정을 바라보면 모든 게 암담해 보이기만 했던 것이, '객관'의 투명 안경을 끼고 보면 밝은 지혜의 혜안을 얻게 됩니다.

먼저 나의 걱정거리를 해결하기 위한 다양한 방안들을 모조리 떠올려 적어 봅니다.
그중에서 실천할 수 있는 행동에 동그라미 표시를 합니다.

그리고 내가 실천할 수 없는 행동, 나도 어쩔 수 없는 불가능한 것들은 지워 나갑니다.

그다음엔 걱정거리를 해결하기 위해서 내가 실천할 수 있는 행동을 다시 간추리고 그것을 하나씩 실천해 나가면 됩니다.

다시 말하면 어쩔 수 없는 것, 할 수 없는 것, 불가능한 것들은 훌훌 털어 버리고, 내가 할 수 있는 것만을 뽑아서 하나씩 실천하는 것입니다.

번민이 많은 자에게는 걱정이 떼를 지어 몰려오지만, 행동하는 자에겐 걱정이 달아납니다.

5. 성공적인 모습을 상상하십시오.

프레젠테이션을 앞두고 미리부터 프레젠테이션을 하면서 쩔쩔매는 본인의 모습을 상상하고 있다면 분명히 상상이 현실로 나타나게 될 확률이 높습니다. 현실은 상상의 반영인 경우가 많습니다.

길동 씨는 어제가 자동차 보험 만기일인데 계약 갱신을 못 하고 내일 다시 재가입을 하려고 합니다. '오늘은 절대로 사고가 나면 안 돼.' 이렇게 마음을 굳게 먹고 있는데 갑자기 운전할 일이 생기고 또 가까운 거리라서 운전을 하게 됩니다. 평소에 아무 탈 없이 운전을 잘했었는데 하필 그날 접촉 사고가 납니다.

앤드루 메튜스의 말을 빌려보면 우리의 삶은 우리의 의지와는 다르게 가장 많이, 가장 자주, 가장 깊이 생각하는 쪽으로 항상 끌리게 된다고 합니다. 무엇을 하려고 하든지, 무엇을 안 하려고 하든지, 그 무엇을 깊이 생각하다 보면, 결국에는 그 무엇이 우리 삶에 나타나게 됩니다.

우리가 어릴 때 공포 영화를 보고 나서, 무서운 장면을 떠올려 보려고 할 때나 무서운 장면을 안 떠올리려고 할 때나 무서운 장면은 자꾸 떠오르게 됩니다.

'아프면 안 되는데' 하고 걱정을 했는데 꼭 그날 아파진다든가 '이것은 꼭 잃어버리지 말아야 해'하면서 간수를 잘하려고 하는데, 꼭 그 물건만 잃어버린다든지, 이 골동품만은 깨트리면 안 된다고 주의를 받는데 하필 장난치다가 그것만 깬다든지 하는 경우가 우리 삶에는 종종 있게 됩니다. 우리가 바라든 바라지 않든지 뭔가를 계속 떠올리면 그렇게 이끌려져 갑니다.

우리가 굳은 의지로 떨지 않으려고 하지만 이렇게 '떨지 말아야지'하고 부정적인 무엇인가를 없애려고 생각하는 자체가 바로 부정적인 무엇인가(떨림)에 마음을 두는 것입니다.

떨지 말아야지란 생각은 벗어 던져버리고 자신이 프레젠테이션을 성공적으로 해낸 모습을 생생하게 떠올려 보시기 바랍니다. 그럼 실제에서도 성공적인 프레젠테이션을 실현해낼 것입니다.

6. 제삼자의 눈으로 자신을 보려고 하십시오.

다른 동료가 프레젠테이션을 앞두고 고민을 하고 있다면 "뭘 그렇게 걱정해. 준비도 열심히 잘해 왔잖아. 잘 될 거야." 하고 격려의 말을 해 줄 수 있을 것입니다. 하지만, 프레젠테이션을 자신이 맡게 되었다면 달라지겠죠.

장기를 둘 때 직접 두는 경우보다도 옆에서 훈수를 둘 때 더 잘 보게 됩니다. 왜 그럴까요?

감정의 지배를 받지 않고 초연한 자세로 상황을 살펴볼 수 있기 때문입니다.

어떤 일을 할 때 우리는 성공의 열망이나 실패에 대한 두려움에 휩싸이게 됩니다.

그로 말미암아 우리는 판단과 실행에 방해를 받습니다.

고객들이 맡긴 큰돈을 움직여 훌륭한 투자 수익을 내는 펀드 매니저도 자신의 돈으로 자신이 투자할 때는 그 만큼의 결과를 내지 못하는 경우가 많습니다. 오히려 다 날리는 때도 있습니다. 지나친 감정에 영향을 받아 판단이 흐려지고 사태를 객관적으로 파악하지 못하게 되기 때문입니다.

중요한 일을 할 때일수록 제삼자의 눈으로 자신의 일을 바라봐야 합니다. 흥분될 때나 긴장될 때나 부담될 때일수록 자기 자신을 벗어나 제삼자의 눈으로 자신의 일을 봐야 합니다. 그러면 일을 지혜롭고도 즐겁게 잘 풀어갈 수 있습니다. 마치 게임을 하듯이.

프레젠테이션을 하게 될 때도 마찬가지입니다. 감정의 지배에 놓이게 되면 지혜의 문이 닫힙니다. 프레젠테이션을 준비하거나 연습하거나 실행할 때 지나친 자의식과 두려운 감정에 시달리게 된다면 '삼자의 눈'으로 자신을 객관적으로 바라볼 수 있도록 하시기 바랍니다.

프레젠테이션 공포에 고민하고 괴로워하는 친구에게 조언을 해주듯이 자기 자신에게 조언을 해주며 격려해 주시기 바랍니다.

7. 프레젠테이션의 멘토를 두십시오.

누군가 필자에게 물었습니다.

"교수님께서는 강의는 물론 프레젠테이션도 너무나 잘하시는데 저희도 그렇게 할 수 있도록 귀중한 조언을 하나 해주신다면 어떤 말씀을 해주시겠습니까?"

저는 주저 없이 답변해 드렸습니다.

"훌륭한 사부님을 만나는 것입니다."

큰 성공을 이뤄낸 위대한 인물들은 그 뒤에 훌륭한 멘토가 있었습니다. 자신을 올바른 방향으로 이끌어주고 조언해 주며 실제 모델이 되어주는 멘토를 갖는 것 이상으로 힘을 얻는 것은 없습니다.

프레젠테이션의 프로가 되려면 프레젠테이션 멘토를 두십시오.
프레젠테이션에 관한 여러 가지 스킬을 지도받을 수 있습니다.
슬럼프 탓에 좌절을 겪을 때 격려를 받고 다시 일어날 용기를 가질 수 있습니다.
그분을 모델로 삼아 훌륭한 발전을 해 나갈 수 있습니다.
멘토가 있기에 어떤 어려운 일이 생겨도 당황해 하지 않고 언제나 마음 든든합니다.

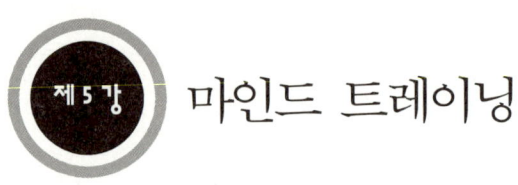

제 5 강 마인드 트레이닝

　지금부터 함께 할 심리 훈련은 자신의 프레젠테이션 공포가 생각보다 심각한 경우 이를 극복하기에 유용한 훈련입니다. '몸도 튼튼 마음도 튼튼'이란 말이 있듯이 몸도 단련하듯 마음도 단련할 필요가 있는 것입니다.

1. 사고 정지 훈련

1) 사고 정지 훈련이란?

　많은 사람 앞에서 프레젠테이션한다는 것은, 정도의 차이는 있을지 몰라도 긴장되는 상황입니다. 그래서 '잘해야 될 텐데. 못하면 어떡하지?' 하면서 부정적인 생각이 떠오르기 쉽습니다. 이런 부정적인 생각들은 계속 꼬리에 꼬리를 물고 괴물처럼 점점 커집니다.

　그래서 부정적인 생각이 떠올랐을 때는 없애려고 노력한다든가 계속 생각을 진행하지 말고, 생각을 멈추는 것이 좋습니다. 부정적인 생각에 브레이크를 밟는 것이죠. 이렇게 부정적인 생각을 멈추는 훈련을 '사고 정지 훈련'이라고 합니다.

사고 정지 훈련은 부정적인 생각이 떠오를 때마다, 의식적으로 "정지"라고 자신에게 말함으로써 부정적인 생각이 더 진행되지 않도록 막는 것입니다.

그런데 생각이라는 게, '멈춰야지'한다고 해서 쉽게 멈춰지지가 않죠? 어떻게 해야 할까요? 부정적인 생각을 정지시킨 다음에는, 다시 부정적인 생각이 끼어들지 못하도록 얼른, 우리의 머리와 마음에 긍정적인 생각으로 채워 넣습니다. 우리의 눈동자가 다른 두 곳에 초점을 맞출 수 없듯이 우리의 생각도 한꺼번에 두 가지를 동시에 담을 수 없습니다. 그래서 긍정적인 사고로 가득 채우면 부정적인 생각이 끼어들 여지가 없어지는 것이죠. 그런데 막상 해보면 말처럼 잘되지 않습니다. 부정적인 생각이 쉽게 정지조차 되지 않지요. 사고 정지 훈련도 어느 정도 상당 기간 훈련을 해야 효과가 나타납니다.

☑ **사고 정지 훈련이란?**
- 부정적인 생각을 계속 하면, 부정적인 생각이 더욱 깊어지고,
- 불안한 생각을 계속하면 불안은 더욱 증폭된다. 따라서
- 부정적인 생각, 불안한 감정이 들면 계속 진행되지 않도록 막는 훈련이다.

2) 사고 정지 훈련 요령

사고 정지 훈련 요령을 살펴볼까요? 사고 정지 훈련은 간단합니다. 먼저, 부정적인 생각이 떠올랐을 때 이를 정지시킬 수 있는 확실한 신호를 마련합니다. 예를 들면 자신에게 "정지"라고 소리를 지르거나, 손가락으로 "딱" 소리를 낸다거나, 아니면 상상으로 정지를 표시하는 빨간색 깃발이 나부끼는 장면을 떠올려보는 것도 좋겠습니다. 자기 취향에 맞게 여러 가지 방법이 신호로 사용될 수 있습니다. 나중에 이 신호는 우리의 부정적인 사고를 자동으로 쫓아 내주는 마법의 주문 역할을 해 줄 것입니다.

그다음은, 부정적인 생각을 대체할 만한, 긍정적인 생각, 자기 마음에 평화와 용기를 주는 생각을 마련합니다. 그리고 앞으로 부정적인 생각이 떠오를 때마다, 정지 신호로 일단 생각을 멈춘 다음에 준비된 긍정적인 생각으로 대체합니다. 예를 들어 볼까요? 프레젠테이션을 앞두고 있는데, '잘 못할 것 같아.', '떨리면 어떡하지?' 하는 생각이 떠오릅니다. 연단 위에서 떨면서 당황해 하는 자기 모습이 머릿속에 떠오르려고 합니다. 이때, "정지"라고 마음속으로 크게 외칩니다. 그리고 자신에게 용기와 평화를 주는 긍정적인 장면으로 생각을 대체합니다. '난 준비도 열심히 했어. 차분하게 잘해낼 수 있을 거야.', '그럼, 하면 된다고.' 연단 위에서 멋지고 당당하게 열심히 발표하는 자신의 모습이 떠오릅니다.

☑ **사고 정지 훈련 요령**

1) 부정적인 생각이 떠오른다.
2) 생각을 더는 진전시키지 말고 정지한다.
3) 긍정적인 생각으로 대체한다.

2. 이완 훈련

1) 이완 훈련

"프레젠테이션 실습을 할 때 몸의 어느 부위가 제일 힘들지요?" 이렇게 질문을 하면 대부분이 '목'이라고 대답할 것 같지만, 사실은 아닙니다. 바로 '어깨'라는 대답이 가장 많습니다. 그만큼 프레젠테이션을 할 때 어깨 등을 비롯한 몸에 쓸데없는 힘이 많이 들어가 있다는 것이죠. 다시 말해서 긴장 때문에 몸이 경직된 채 프레젠테이션을 했다는 것입니다. 긴장하면 몸이 굳고, 몸이 굳으면 마음도 굳고, 마음이 굳으면 입도 굳습니다. 그래서 프레젠테이션이 잘되지 않습니다. 입이 풀리려면 마음이 풀려야 하고, 마음이 풀리려면 몸이 풀려야 하는데, 그럼 몸이 풀리려면 어떻게 해야 할까요? 그 답이 바로 긴장을 완화해주는 '이완 훈련'입니다. 긴장 때문에 몸이 경직되는데, 반대로 몸을 이완시키면 긴장을 완화할 수 있다는 것이 이완 훈련의 원리입니다.

만일 우리가 필요할 때 마음대로 이완할 수 있다면, 긴장되거나 불안한 상황을 잘 극복할 수 있게 될 것입니다. 이완은 경직되어 있고 긴장된 우리 심신의 긴장을 풀어서 산소 섭취량, 심박 수, 호흡수, 근육의 활동이 천천히 일어나도록 조절해 줍니다. 이완하는 동안 몸은 차분해지고 마음은 편안해 지면서 뇌의 알파파 활동은 증가하게 됩니다. 그런데 긴장상태에서 갑자기 이완을 하려고 하면 잘되지 않습니다. 긴장 상태에서 누군가가 자신에게 "이완하세요."라고 주문한다면 "그게 어디 맘대로 됩니까?"라는 말이 튀어나올 것입니다. 평소에 이완 상태로 들어가는 훈련을 해야만 우리가 이완을 원할 때 쉽게 이완 상태로 들어갈 수 있습니다. 훈련이 필요한 것입니다. 이완 훈련은 우리의 몸과 마음이 이완의 느낌과 상태가 어떤 것인지를 확실히 기억하도록 훈련해서 우리가 원할 때 쉽게 이완 상태로 들어갈 수 있게 하려는 훈련입니다.

2) 점진 이완 기법

그럼, 여러 이완 기법 중에서 가장 널리 쓰이는 점진 이완(progressive relaxation)기법을 함께 살펴보며 실습을 해 보도록 하겠습니다. 점진 이완은 신체 일부분부터 하나씩 긴장을 풀어나가기 시작해서 몸 전체의 긴장을 푸는 이완법입니다.

이완의 방법은 간단합니다. 몸의 주요 근육들을 차례로 긴장을 시켰다가 이완시키기를 반복하면 됩니다. 먼저 신체 일부분에 힘을 줘서 일부러 긴장을 유발한 다음 그 긴장감을 느낍니다. 그리고 힘을 빼면서 신체가 편안하게 이완되는 느낌을 체험합니다. 이렇게 신체 각 부분을 차례대로 긴장과 이완을 시켜나가는 것입니다.

처음 할 때에는 시간이 좀 걸릴 수 있지만, 연습을 계속해가다 보면 시간은 점점 줄어들 수 있습니다. 점진 이완의 궁극적인 목표는 짧은 시간 내에 자신의 몸을 완전히 이완시키는 것입니다. 반복 연습을 통해 점진 이완 기법을 숙달시키면 '이완' 또는 '편안히'라는 말 한마디만 떠올려도 몇 초 이내에 이완을 시킬 수 있게 됩니다.

3) 점진 이완 훈련

자 그럼 이완 훈련을 해 볼까요? 그럼 일단 주변의 방해를 받지 않을 조용한 장소를 찾아봅시다. 그리고 의자에 편안한 자세로 앉습니다. 침대나 바닥에 눕는 것도 좋지만 잠이 들면 안 되겠지요. '편안하게', '고요하게', '침착하게' 등과 같이 우리에게 안정을 줄 만한 단어를 하나 선정합시다. 나중에 이완할 때 숨을 내쉬면서 이 단어를 반복합니다. 훈련 중에 잡념이 떠오르더라도 집착하지 말고 그냥 버려둔 채 이완을 유도하는 단어에만 집중하시기 바랍니다.

점진 이완을 할 때에는 긴장할 때와 이완을 할 때 우리 몸의 상태와 변화를 섬세하게 제대로 느끼고 잘 기억해 놓아야 합니다. 그래야 나중에 우리가 이완 상태를 필요로 할 때 빨리 끌어낼 수 있습니다. 처음 할 때 긴장은 5~7초 정도 하며 이완은 30~40초 정도 합니다. 나중에는 자신이 짧게 조정해 나가면 됩니다. 순서는 자신에게 맞는 취향대로 하면 되는데, 혼자서 연습할 때는 녹음테이프에 자신의 목소리로 녹음해 두고서 이완 연습을 한다면 더 효과적이겠지요. 다음은 누워서 하는 점진 이완 방법을 간략하게 나타낸 것인데 참고로 하시기 바랍니다.

1. 조이지 않는 느슨한 옷을 입고 편안한 자세로 앉거나 눕습니다. 그리고 다리는 자연스럽게 폅니다. 눈을 감고 숨을 깊이 들이마시고 천천히 내뱉으면서 몸을 이완시킵니다. 호흡을 크게 한 번 더 한 다음 모든 긴장이 빠져나간다는 생각으로 숨을 내쉽니다.

2. 오른발을 바닥으로부터 조금 올리고 나서 발목을 뒤로 젖히며 다리를 쭉 뻗습니다. 발, 다리, 허벅지 등 다리 전체를 긴장시킵니다. 그리고 이완을 시키면서 완전히 긴장을 풉니다. 같은 방법으로 한 번 더 반복합니다.

3. 왼발을 바닥으로부터 조금 올리고 나서 발목을 뒤로 젖히며 다리를 쭉 뻗습니다. 발, 다리, 허벅지 등 다리 전체를 긴장시킵니다. 그리고 이완을 시키면서 완전히 긴장을 풉니다. 같은 방법으로 한 번 더 반복합니다.

4. 이젠 양쪽 발 모두를 뒤로 젖히며 양 다리를 쭉 뻗습니다. 양쪽 다리 모두 발, 다리, 허벅지 등 전체를 긴장시킵니다. 이완을 시키면서 완전히 긴장을 풉니다. 같은 방법으로 한 번 더 반복합니다.

5. 엉덩이에 힘을 주며 긴장시킵니다. 긴장감을 느껴 봅니다. 그리고 편안히 이완시키며 모든 긴장을 날려 보냅니다. 다시 한 번 반복합니다.

6. 복부에 힘을 주며 긴장시킵니다. 긴장감을 느껴 봅니다. 그리고 편안히 이완시키며 모든 긴장을 날려 보냅니다. 다시 한 번 반복합니다.

7. 오른팔을 바닥에서 조금 올리고 나서 팔을 쭉 뻗으며 오른 팔의 근육을 긴장시킵니다. 손과 팔의 긴장감을 느껴 보세요. 이제 힘을 빼면서 자연스럽게 이완시켜 봅니다. 손은 주먹을 힘껏 쥐었다가 힘을 빼면서 이완시킵니다. 같은 방법으로 한 번 더 긴장과 이완을 반복합니다.

8. 왼팔을 바닥에서 조금 올리고 나서 팔을 쭉 뻗으며 오른팔의 근육을 긴장시킵니다. 손과 팔의 긴장감을 느껴 보세요. 이제 힘을 빼면서 자연스럽게 이완시켜 봅니다. 손은 주먹을 힘껏 쥐었다가 힘을 빼면서 이완시킵니다. 같은 방법으로 한 번 더 긴장과 이완을 반복합니다.

9. 이젠 양쪽 팔 모두를 쭉 뻗으며 양팔 전체를 긴장시킵니다. 이완을 시키면서 완전히 긴장을 풉니다. 같은 방법으로 한 번 더 반복합니다.

10. 다음은 어깨입니다. 숨을 깊이 들이마시면서 양어깨가 귀에 닿도록 들어 올립니다. 어깨 부위의 긴장감을 느껴봅시다. 그리고 편안히 이완을 시키면서 모든 긴장을 내보냅니다. 다시 한 번 반복합니다.

11. 턱을 아래로 끌어당기면서 목 부위의 근육을 긴장시킵니다. 뒷목이 좀 뻐근해 오는 것을 느낄 수도 있습니다. 다음에 편안히 이완을 시킵니다. 다시 한 번 반복합니다.

12. 이제 안면 근육을 이완시켜 봅니다. 양 눈썹을 가능한 한 높이 추어올려 보세요. 이마에 주름이 잡히죠. 다음에는 이마를 펴면서 이완시

킵니다. 같은 방법으로 한 번 더 해봅니다. 다음에는 양 눈을 가능한 꼭 감아봅니다. 긴장을 느껴봅니다. 이제 천천히 이완을 시킵니다. 같은 방법으로 한 번 더 하세요. 다음에 입을 양 귀에 걸듯이 크게 옆으로 벌려서 긴장을 시킵니다. 얼굴 아래 부위와 턱의 긴장감을 느껴봅니다. 그리고 이완 시킵니다. 한 번 더 반복하세요.

13. 이제 온몸에 힘을 하나도 남김없이 쫙 빼며 몸에 있는 모든 근육을 이완시킵니다. 천천히 그리고 깊게 숨을 내쉽니다. 호흡을 하면서 몸에 남아 있는 모든 긴장이 몸 밖으로 빠져나간다고 상상합니다. 온몸이 평화와 행복으로 가득 찼다고 생각하며 호흡을 천천히 몇 번 한 뒤 눈을 뜹니다.

3. 심상 훈련

1) 심상 훈련이란?

부정적인 상상을 하면 부정적인 결과를 가져오기 쉽습니다. 프레젠테이션을 앞두고 불안해하는 사람은 자꾸만 부정적인 생각을 떠올리고 자신이 긴장해서 실패하는 모습들을 떠올립니다. 자신이 연단 위에서 떠는 모습을 자꾸 상상하게 되면, 실제로도 떨게 됩니다. 머릿속의 영상이 실제로 나타나는 것이지요. 이완된 상태에서 자신이 성공적으로 프레젠테이션하는 모습을 떠올려 봅니다. 단순히 이미지만 떠올리는 것이 아니라, 실제처럼 실감 나게 느껴가면서 상상을 해 봅니다. 상상 속에서의 성공 경험은, 실제 성공 경험처럼 우리들의 내면에 긍정적인 영향을 미칩니다. 자신이 바라고 소망하는 것을, 멋지게 이뤄내는 장면을 생생하고 분명하게 떠올릴 수 있으면, 성공은 가까워집니다. 연단 위에서 자신 있고 당당하게 프레젠테이션을 하는 모습을 생생하게 떠올려 보세요. 연단 주위의 풍경과 청중의 환호도 실감 나게 떠올리며 체험해 보세요. 그리고 성공의 기쁨, 열정, 환희, 뿌듯함 이런 감정도 생생하게 느껴 보세요. 상상 속에서도 실제처럼 실감 나게 느낄 수 있으면, 실제 체험 못지않은 유용한 경험이 되어 줍니다. 심상 훈련은 자신감을 향상시키는 데도 효과적인 방법입니다. 과거에 성공적으로 프레젠테이션한 경험이 있다면 그 장면을 떠올려서 그때의 좋았던 느낌을 반복해서 상상하는 것도 좋겠습니다.

2) 심상 훈련 요령

심상 훈련은 각자 자기의 취향이나 상황에 맞게 자신에게 알맞은 영상을 떠올리는 것이 좋겠습니다. 심상 훈련의 성패는 선명도와 조절력에 달렸습니다. 먼저 선명도를 살펴보면 상상은 마치 실제처럼 구체적이고 실감 나게, 생생하게 떠 올려야 합니다. 다시 말하면, 상상을 할 때 마음속의 이미지는 실제 이미지와 거의 똑같을수록 좋다는 것입니다. 상상이 또렷하게 선명도(vividness)가 높으려면 모든 감각을 동원하는 것이 효과적입니다. 강연장 시설, 연단, 시각 자료, 빔프로젝터, 마이크, 청중 등 주변 환경을 최대한 자세하게 떠올리는 것이 좋습니다. 다음으로는 조절력입니다. 선명한 이미지를 떠올리는 것 못지않게, 그 이미지를 의도하는 대로 조절을 잘할 수 있어야 합니다. 선명한 이미지는 떠올렸더라도 그것이 실수하는 장면이라면 도움이 안 됩니다. 말을 더듬거리는 모습이라든가, 당황해 하는 모습이 자꾸 떠오르면 안 되죠. 조절력도 선명도와 마찬가지로 훈련을 통해 점진적으로 향상시킬 수 있겠습니다. 상상이 제대로 되지 않고, 몰입을 하기가 어렵고, 다른 생각이 자꾸 끼어든다거나 부정적인 생각이 방해한다면, 자신의 음성 녹음을 활용하는 것도 좋겠습니다. 성공적으로 프레젠테이션하는 자신의 모습과 기쁜 감정을 자세하게 묘사한 자신의 음성을 녹음해 두고, 그것을 다시 들어보면서 상상에 몰입하면 좀 더 편하게 상상에 집중할 수 있습니다.

3) 심상 훈련의 방법

(1) 적합한 장소에서 한다.
심상 훈련을 막 시작한 사람들은 주위의 방해를 받지 않는 장소, 시끄러운 소음 없이 편안하게 집중할 수 있는 장소에서 하는 것이 좋습니다. 나중에 심상 훈련에 익숙해지면 시끄러운 곳에서도 가능하겠습니다.

(2) 편안한 상태에서 집중한다.
심상을 하기 전에 이완(relaxation)을 하면 바로 심상을 시작하는 것보다 효과적입니다. 따라서 심상 훈련 전에 심호흡이나 점진 이완 등 자신에게 맞는 이완 기법으로 몸의 긴장을 풀어야 합니다. 이완을 하면 긴장이나 불안을 떨쳐 버릴 수 있고 선명한 상을 떠올리는 데 도움이 됩니다.

(3) 긍정적으로 생각한다.
'심상 훈련은 별 효과 없는 쓸데없는 짓이다.' 이런 부정적인 생각으로는 효과를 얻을 수 없겠지요? 긍정적인 마음으로 훈련하는 것이 좋겠습니다.

(4) 선명하고 생생하게 상상한다.
심상 훈련을 할 때에는 모든 감각을 동원해서 실제와 같이 느껴야 합니다. 그냥 책상에 앉거나 누워서 상상하는 것보다는 실제로 프레젠테이션을 하는 것처럼 인사도 하고, 제스처도 하면서 실감 나게 훈련하는 것이 좋겠습니다.

(5) 비디오나 녹음테이프를 제작한다.

자신의 성공적인 프레젠테이션 모습을 담은 비디오나, 멋지게 실행한 연설 음성을 담은 녹음테이프를 제작해서, 반복적으로 보고 들으면서 뿌듯하고 기쁜 마음을 가지면서 성공적인 프레젠테이션하는 영상을 떠올려 보는 것도 효과적이겠습니다. 또는, 가상으로 멋진 프레젠테이션을 하는 자신의 성공적인 모습을 세밀하게 묘사한 테이프를 만들어서, 그 음성 내용을 바탕으로 해서 상상 훈련을 하는 것도 좋겠습니다.

4. 자기 암시 훈련

1) 자기 암시

프랑스의 학자 에밀 쿠에는 자기 암시의 원리를 책으로 썼는데 그것이 유명한 『자기 암시에 의한 자기 지배』라는 짤막한 책입니다. "나는 날마다 모든 면에서 점점 좋아지고 있다."는 자기 암시 문구만으로도 환자들에게 큰 도움이 되어 주었다는 결과를 발표했습니다. 성공학의 대가 나폴레옹 힐도 '자기 암시'는 일종의 자기 최면이며, 자기 암시는 자신의 생각이나 소망을 자신의 잠재의식에 새겨 넣어서 우리들의 인생을 바꿀 정도로 큰 힘을 발휘하는 것이라고 했습니다.

우리가 많이 듣고, 많이 보고, 많이 생각한 것은 암시되어서 우리의 잠재의식에 전달됩니다. 그리고는 다시 우리에게 영향을 미칩니다. 그래서 어떤 말을 많이 듣고 어떤 말을 많이 하고 어떤 생각을 많이 하느냐 하는 문제는 대단히 중요한 것이죠. '안 돼.', '할 수 없어.' 이런 부정적인 암시는 실제 부정적인 결과를 만들어 냅니다. 그런데 '난 능력이 있어. 나는 할 수 있어.' 이런 긍정적인 암시는 긍정적인 결과를 만들어 냅니다.

자기 암시는 타인이나 주변 환경이 아닌 자신이 자기 스스로 의식적인 의도를 가지고 잠재의식에 긍정적인 암시를 심어주는 것을 말합니다. 자기 암시는 반복적인 말을 계속해서 그것을 마음속에서도 제대로 느끼고 머릿속에서도 상상할 수 있을 때 제대로 잠재의식에 심어지는 것입니다. 다시 말해서 자기 암시는 반복적인 말이 잠재의식에 영향을 줘서 우리 마음을 변화시키고, 우리를 행동시켜서 우리가 소망하는 성공의 열매를 맺게 하는 것입니다. 그런데 아무리 자기 암시를 시도해도 마음으로 실감 나게 느끼면서 하지 않고 입술로만 반복한다면 별 효과가 없겠지요. 실제 그렇다는 강한 믿음을 가지고 계속 반복적인 자기 암시를 해야겠습니다.

자기 암시 문구는 가능하면 짧고 간단한 문장을 쓰면 좋고, 또 추상적인 문장보다 구체적인 문장으로 쓰는 것이 좋습니다. 예를 들어 다음의 자기 암시문을 참고해 봅니다.

☑ 성공 프레젠테이션 자기 암시문

1) 나는 프레젠테이션을 하는 것이 즐겁다.
2) 나는 많은 사람 앞에서 말하는 것이 기쁘다.
3) 나는 차분한 어조로 당당하게 프레젠테이션을 한다.
4) 나는 용기가 넘치고 자신감이 샘솟는다.
5) 나는 청중에게 도움을 주는 훌륭한 프레젠터다.
6) 나에게 청중은 부담 없이 편안한 친구다.

7) 나의 목소리는 신의 은총으로 빛난다.
8) 나는 지혜의 숨을 들이마시고 감동의 말들을 내쉰다.
9) 나는 점점 더 말을 잘하게 된다.
10) 나에게 힘을 주시고 나를 반겨주시는 청중 여러분께 감사드린다.

나의 프레젠테이션은

나의 프레젠테이션은 보여주기보다
나의 프레젠테이션은 함께 느끼고 싶다.

나의 프레젠테이션은 알려주기보다
나의 프레젠테이션은 함께 깨닫고 싶다.

나의 프레젠테이션은 전달하기보다
나의 프레젠테이션은 함께 나누고 싶다.

나의 프레젠테이션은 설득하기보다
나의 프레젠테이션은 함께 하나가 되고 싶다.

나의 프레젠테이션은 쇼가 되기보다
나의 프레젠테이션은 함께 진실이 되고 싶다.

제 3 편
프레젠테이션 표현력 업그레이드

▎제1강 음성 표현 UP
▎제2강 신체 표현 UP
▎제3강 시각 자료 표현 UP

필자가 학생들에게 프레젠테이션 준비를 하라고 하면 모두들 자료 수집과 시각 자료를 제작하는데 온 정성을 쏟습니다. 물론 내용과 시각 자료가 중요하기는 하나 이것만으로는 반쪽짜리에 불과합니다. 악보를 잘 만들었다고 멋진 노래 공연이 되는 것은 아닌 것처럼 아무리 내용이 좋고 예술적인 시각 자료를 준비했다고 해도 표현을 제대로 하지 못하면 결코 성공적인 프레젠테이션이 될 수 없기 때문입니다. 표현력은 하루아침에 갖춰지는 것은 아니지만 배우고 익히면 누구나 향상될 수 있습니다.

음성 표현 UP

배우 장동건 씨처럼 미남의 듬직한 남성 프레젠터가 연단으로 올랐습니다.

멋진 모습에 청중의 시선이 온통 프레젠터에게 쏠립니다. 모두 기대감이 가득합니다.

마이크를 잡고 "여러분, 안녕하십니까?"라며 첫인사를 외치는 데 청중석에는 웃음보가 터집니다. 개그맨이 웃기려고 억지로 만들어 내는듯한 비음이 많이 섞인 코믹한 목소리였기 때문입니다. 음성은 사람의 이미지 형성에 큰 작용을 하지만, 프레젠테이션할 때도 중요한 요소의 하나입니다. 좋은 목소리와 음성 표현 기술은 커뮤니케이션의 자산입니다.

1. 충분한 들숨으로 안정된 날숨이 되게 합니다.

1) 안정된 호흡은 안정된 음성의 바탕입니다.

프레젠테이션을 할 때 호흡을 제대로 가다듬지 않고 급하게 말을 쏟아내면 숨이 차게 되고 긴장도 더 증폭됩니다. 호흡은 우리 음성의 발화 에너지이며 마음의 안정과도 상관관계가 있습니다. 음성이 안정되려면 호흡이 먼저 안정되어야 함은 두말할 나위도 없습니다.

들숨의 호흡량을 충분히 해서 날숨을 길게 유지할 수 있어야 안정된 음성이 나올 수 있는 것입니다.

2) 복식 호흡을 활용하십시오.

가수나 배우들은 반드시 복식 호흡을 배우고 연습합니다. 더 풍성하고 굳건한 목소리를 내기 위함입니다. 복식 호흡은 프레젠테이션할 때도 유용합니다. 더 좋은 목소리로 프레젠테이션을 할 수 있게 하기 때문입니다.

3) 복식 호흡의 특징

외관상으로 흉식 호흡을 하고 있는지 복식 호흡을 하고 있는지 살펴보면 흉식 호흡은 어깨를 들썩이게 되고 가슴 부분이 움직이는 것을 볼 수 있습니다. 그리고 숨을 들이쉴 때 배가 들어가고 숨을 내쉴 때 배가 나옵니다. 그런데 복식 호흡은 어깨나 가슴은 움직이지 않고 숨을 들이쉴 때 배가 나오고 숨을 내쉴 때 배가 나오게 됩니다. 그 원리는 횡격막에 있습니다. 우리의 가슴속에는 허파의 밑 부분을 가로 받히는 횡격막이란 근육이 있습니다. 들숨으로 공기가 차면서 이 횡격막을 아래로 내려 공기의 저장 공간을 최대화시켜주는 호흡이 바로 복식 호흡입니다. 횡격막이 아래로 내려가니까 내장이 압박을 받으며 밀려나와 배가 나오는 것입니다.

4) 복식 호흡은 긴장도 완화합니다.

복식 호흡은 좋은 목소리를 내기 위해서도 아주 중요한 호흡법이지만 프레젠테이션을 할 때 불안이나 긴장을 완화해 주는 데에도 큰 도움이 됩니다. 우리가 불안을 느낄 때 우리의 호흡을 관찰하십시오. 가슴으로 얕은 호흡을 쉬는 것을 느낄 수 있을 것입니다. 이때 복식 호흡으로 호흡을 안정시키면 우리의 몸과 마음이 빨리 안정을 찾게 됩니다. 프레젠테이션할 때 복식 호흡은 그야말로 일거양득의 호흡법이라고 할 수 있겠습니다.

2. 발성의 요령을 익힙시다.

1) 발성이란 무엇일까요?

발성이란 성대를 울려서 목소리를 내는 것을 말합니다. 발성의 문제는 말을 할 때 성대를 제대로 울리느냐 그렇지 못하느냐는 것입니다. 좋은 기계도 잘못 사용하면 기계의 효용을 제대로 누릴 수 없고 오작동 될 수 있는 것처럼 우리의 성대도 마찬가지입니다. 자신의 성대를 잘 개발하고 잘못 쓰는 나쁜 습관을 고치고 제대로 활용할 수 있어야 합니다.

2) 발성 요령

기타를 연주할 때 기타 줄의 소리가 울림통을 진동시키지 못한다면 아름다운 기타 선율을 만들어 낼 수 없을 것입니다. 그렇듯이 발성을 할 때도 목에서만 나오는 소리가 아니라 자신의 몸이 기타의 울림통이라고 생각하고 몸 전체를 공명시킨다는 기분으로 발성하시기 바랍니다. 성대를 누르거나 좁히지 말고 마치 하품을 할 때처럼 목안을 될 수 있는 대로 넓게 해서 발성하는 것이 효과적입니다. 그래야 공명이 잘 된 소리가 만들어집니다.

3) 성량 조절 발성 훈련

볼륨 조절이 안 되는 음향 장비가 있다면 아마 반품이나 A/S를 해야 할 것입니다. 자신의 목소리는 어떨까요? 상황에 맞는 적절한 크기의 목소리를 원하는 대로 낼 수 있을까요?
작은 목소리부터 시작해서 점점 큰 목소리로 발성해 봅니다.
아래의 문구를 우측에 표시된 음성의 크기에 맞춰 발성을 해 봅니다. 볼륨 조절을 자유자재로 할 수 있으면 강약을 잘 살린 역동적인 표현을 하는 데 큰 도움이 될 것입니다.

  잔잔한 바다 (20) / 일렁이는 바다 (40) /
  출렁이는 바다 (60) / 파도 치는 바다 (80) /
  갈라지는 바다 (100) / 파도 치는 바다 (80) /
  출렁이는 바다 (60) / 일렁이는 바다 (40) /
  잔잔한 바다 (20)

  맑은 하늘 (20) / 구름 낀 하늘 (40) / 비 오는 하늘 (60) /
  천둥 치는 하늘 (80) / 쏟아지는 하늘 (100)

4) 목소리는 힘차게 터져 나와야 합니다.

입안에서 우물거리는 말은 전달력이 떨어지고 듣는 이로 하여금 답답하게 하며 자신감도 없어 보입니다. 특히 프레젠테이션은 열정적인 표현이 필요합니다. 목소리가 시원스럽게 바깥으로 힘차게 터져 나오도록 발성을 하는 것이 좋습니다.

'이, 에, 애, 아, 오, 우' 각 모음을 강하고 짧게 발성해 봅니다. 이 경우는 모음의 입 모양을 정확히 해야 합니다. 그리고 짧고 강하게 마치 활을 쏘듯이 발성합니다.

시작부터 힘찬 목소리를 터트려야만 프레젠테이션 전체가 활기로 넘칩니다.
"지금부터 프레젠테이션을 시작하겠습니다."를 큰 목소리로 터져 나오는 발성을 해 봅니다.

5) 구호 고성 발성

"말이 씨가 된다."라는 말이 있습니다. '에밀 쿠에'란 심리학자는 "나는 모든 일에서 점점 좋아지고 있다."라는 자기 암시 문구 하나가 사람들의 몸과 마음에 큰 영향을 끼칠 수 있다는 것을 발견했습니다. 긍정적인 문구를 큰 목소리로 발성하면 자신감을 향상시키는 데도 도움이 될 것이고 힘찬 목소리를 만드는 데도 유익할 것입니다.

다음의 짧은 문장을 큰 목소리로 외쳐봅니다. 자신이 낼 수 있는 최대한의 목소리로 발성하도록 합니다. 발성과 자신감을 동시에 업그레이드 시켜봅시다.

> 나는 꿈이 있다. / 나는 희망이 있다. / 나는 목표가 있다. / 나는 긍정적이다. / 나는 적극적이다. / 나는 기운이 넘친다. / 나는 끈기가 있다. / 나는 운이 좋은 사람이다. / 나는 반드시 성공한다. / 이제부터 시작이다. / 여러분! 바로 지금 시작합시다.

6) 좋은 목소리를 만들기 위한 평소의 노력

좋은 목소리를 만드는 것도 노력이 필요합니다. 다음 내용을 참고하시기 바랍니다.

(1) 자기 목소리의 음역을 이해하도록 합니다.
(2) 다양한 톤으로 말해보며 녹음을 통해 듣기 좋고 말하기 편안한 소리를 찾아봅니다.
(3) 원고를 보며 입 모양을 정확히 하면서 천천히 큰 목소리로 낭독 연습을 합니다.
(4) 성대에 문제가 있으면 빨리 치료를 받도록 합니다.

(5) 성대를 무리하게 사용하지 않도록 합니다.
(6) 공명 있고 굳건한 음성을 만들기 위한 발성 훈련을 꾸준히 해봅니다.

3. 분명하게 발음하도록 합니다.

1) 발음은 언어 전달의 기본요소입니다.

'오렌지'라고 말하면 미국인들이 잘 알아듣지 못한다는 것처럼 프레젠테이션을 할 때도 아무리 좋은 단어와 문장을 엮어내어도 발음이 명료하지 않으면 정확한 의사전달이 될 수 없습니다. 외국어가 아닌 한국말로 프레젠테이션을 하는데 발음이 뭐 그리 중요할까 싶지만 실제 프레젠테이션 현장을 지켜보면 발음이 불분명한 프레젠터가 의외로 많습니다.

2) 조금만 더 천천히 또박또박 말하도록 합니다.

발음이 정확하지 않으신 분들 중에는 말의 속도가 빠른 경우가 많습니다. 급하게 말을 이어나가려다보니 발음이 무너지게 되는 것입니다. 급한 속도로 인해 발음이 불분명해진 경우라면 좀 더 천천히 또박또박 말하는 습관을 기르도록 합니다. 천천히도 중요하지만 또박또박이 더 중요합니다. 아나운서들은 빠르게 말하지만 음절들을 정확하게 또박또박 발음하기 때문에 우리 귀에 명료하게 들리는 것입니다.

3) 정확한 발음법을 익히도록 합니다.

우리나라 글은 맞춤법이 있듯이 말에는 발음법이 따로 있습니다. 표준 발음법입니다. 표준 발음을 정확히 지킬 때 더 품위 있고 교양 있는 표현이 됩니다. 예를 들어 '꽃을'을 '꼬슬'로 '부엌에서'를 '부어게서' 등으로 발음 하시는 분들이 많은데 이는 표준 발음법을 어긴 것입니다. '꼬츨' '부어케서'로 발음해야 합니다. 관련 도서나 인터넷 검색을 통해 표준 발음법을 익혀두시기 바랍니다.

4) 편하게 대충 발음하려는 발음 습관을 버립시다.

언어는 습관입니다. 발음도 습관입니다. 발음을 무너뜨리는 가장 큰 적은 편하게 대충 발음하려는 발음 습관입니다. 이런 나쁜 습관을 가지고 계신 분은 어려운 발음 연습이 도움이 됩니다. 아래와 같은 어려운 발음 연습을 통해 정확하게 발음하는 습관을 기르도록 합니다.

- 아롱이와 다른 다롱이는 다른 아롱이와 다른 모양이다.
- 밥솥에 밥 퍼 담아 쇠솥에 누룽지를 끓여 먹었네.
- 길림성 갈림길에 계란 바구니 안고 달려가는 아낙네.
- 박학다식한 학자께서 박 법학박사인가 백 법학박사인가.
- 고릴라는 깐 콩깍지인가 안 깐 콩깍지인가를 구분할 수 있을까?

5) 정확하게 발음하는 요령

정확하게 발음하는 요령을 정리해 봅니다.

- 발음을 할 때는 조음 기관인 입술, 혀, 턱 등을 적극적으로 원활히 움직이도록 합니다.
- 말의 시작은 부드럽게 끝은 분명하게 발음하십시오.
- 발음이 꼬일 수 있는 어려운 발음이나 중요한 부분은 천천히 발음하도록

합니다.
- '폭발', '파악', '코스닥' 등과 같은 파열음은 부드럽게 발음하는 것이 좋습니다.
- '와, 외, 위' 등과 같은 복모음을 정확하게 발음하도록 합니다.
- 먹는 밤[밤:]과 깜깜한 밤[밤]의 밤이란 음절의 길이는 서로 다릅니다. 장음과 단음을 잘 살려 표현하면 맛깔나고 품위 있는 언어 표현이 됩니다.
- 적절한 곳에서 띄어 말하도록 합니다.

4. 말의 속도를 조절합시다.

말의 속도는 청중의 이해와 반비례합니다. 급하게 말하면 청중은 이해하기 어려워집니다.

1) 적절한 속도 조절이 필요합니다.

자동차를 운전할 때 과속은 금물입니다. 말의 속도도 마찬가지입니다. 말의 속도가 너무 빠르면 청중이 알아듣기 어렵고 프레젠터는 실수할 여지가 많고 생각할 겨를도 없습니다.

자동차가 고속도로에서 너무 천천히 가는 것도 문제이듯이 말의 속도가 너무 느리면 청중은 지루해지고 잡생각이 끼어듭니다. 적절한 속도가 중요합니다.

하지만 천편일률적인 표준 속도란 없습니다. 미디어의 영향으로 현대 스피치의 전체적인 속도는 점점 빨라지는 경향이 있습니다만 무엇보다도 청중이 이해하기에 알맞고 전체적 분위기에 적합한 속도가 가장 적절한 속도입니다.

2) 청중에게 맞게 속도를 조절합니다.

자동차의 속도는 도로 상황과 차량 흐름에 맞게 해야 하겠지만, 프레젠테이션할 때의 말의 속도는 먼저 청중에게 맞게 해야 합니다.

청중이 젊은 층이라면 말의 속도를 비교적 빠르게 하는 것이 좋겠고, 노년층이라면 다소 느리게 말하는 것이 적절하겠습니다.

또한 전문적인 내용을 전하는 프레젠테이션일 때 청중이 초심자면 천천히 말해야 하겠고, 내용을 잘 이해할 만한 전문가들로 구성된 청중이라면 빠르게 말해도 상관없겠습니다.

3) 주제의 성격과 분위기에 맞게 속도를 조절합니다.

빠른 속도의 말은 경쾌하고 역동적인 분위기를 만들고 느린 속도의 말은 신중하고 차분한 분위기를 자아냅니다. 예를 들어 본다면 '열정을 다해 신바람 나게 살자.'라는 주제는 다소 빠른 속도로 '죽음에도 준비가 필요하다.'라는 주제는 다소 느린 속도가 어울리겠습니다.

4) 문장 속에서도 단어에 따라 속도를 다르게 합니다.

프레젠테이션을 하는 중에도 빠르게 말하는 것이 좋을 곳과 느리게 말해야 좋을 부분을 구분해 변화 있게 속도 조절을 하는 것이 필요합니다.

누구나 다 아는 사실, 중요하지 않은 사항은 빨리 말하는 것이 좋겠습니다. 또한, 긴박한 느낌을 표현하는 부분이나 역동적인 표현이 필요한 부분에서는 빨리 말해야 분위기를 잘 살릴 수 있겠습니다.

반면에 강조해야 할 중요한 대목, 알아듣기 어려운 지명, 인명, 숫자, 고유명사 등의 표현은 천천히 말하는 것이 좋습니다. 더불어 평화로운 느낌, 여유로운 느낌, 엄숙한 분위기를 나타내는 부분은 느리게 말하는 것이 효과적입니다.

아래 프레젠테이션 시나리오를 활용해서 실제 프레젠테이션에서 자신이 발표를 하고 있다고 생각하며 큰 목소리로 말해보십시오. 줄 쳐진 부분은 천천히, 다른 부분은 일상적인 자신의 속도로 말하는 것이 좋겠습니다.

"작년에는 직원 여러분이 열심히 일을 해준 덕분에 감지 장치 수출부분에서 4억 6천만 달러란 큰 매출 실적을 달성했습니다. 특히 칭찬하고 싶은 부서는 쿠알라룸푸르 담당 부서입니다. 하루도 쉬지 않고 열심히 노력한 결과 3년 전보다 3.6배의 실적을 달성했습니다."

5. 강조 기법을 활용합시다.

프레젠테이션에 있어서 시각 자료는 더 굵은 활자를 사용하거나, 색깔을 다르게 하거나, 아이콘으로 특별한 표시를 하며 중요함을 나타낼 수 있겠습니다. 그렇다면 음성 표현은 어떤 방법으로 중요한 부분을 나타낼까요? 그 방법이 바로 강조 기법입니다.

중요한 부분을 다른 부분보다 크게 혹은 작게, 또는 천천히 표현해서 다른 부분보다 더 두드러지게 나타내는 것입니다. 음성 표현의 강조 기법은 전달력을 높일 뿐 아니라 말의 리듬감을 살려주기 때문에 청중이 듣기 지루하지 않게 하는데도 긍정적인 기능을 합니다.

1) 높임 강조

강조 기법의 대표적인 것이 바로 높임 강조입니다. 다른 부분보다 강조할 곳에 힘을 더 줘서 말하는 것입니다. 보통의 크기로 말하다가 강조할 부분을 좀 더 크게 발음합니다.

"우리 회사가 지금까지 경쟁력을 유지할 수 있었던 비결은 혁신 마인드입니다."

"저희 업계에서 앞으로 관심을 둬야 할 시장은 바로 중국 시장입니다."

"가장 중요한 것은 가격보다 성능입니다."

2) 낮춤 강조

검은 바탕에 흰점이 있으면 흰점이 눈에 확 들어옵니다. 반대로 흰 바탕엔 검은 점이 있으면 검은 점이 눈에 확 들어옵니다. 그렇듯이 음성을 크게 해서 강조할 수도 있지만, 반대로 음성을 작게 낮춰서 강조의 효과를 낼 수도 있는 것입니다. 소수 청중의 관심을 끌어들이는 데는 높임 강조보다 낮춤 강조가 오히려 더 효과적인 경우가 많습니다.

"글로벌 금융 위기 속에서도 매출이 급 하락했지만 살아남았다는 게 기적입니다."

"철통 같은 보안 속에서 비밀리에 연구해 온 제품이 바로 이 제품입니다."

"아직도 이 프로젝트는 보안 사항입니다."

3) 느림 강조

'느림강조'란 다른 곳보다 특정부분의 말 속도를 천천히 함으로써 중요한 부분임을 나타내는 것입니다. '느림 강조'를 할 부분은 속도만 느리게 하는 것이 아니라 또박또박 분명하게 발음을 해주는 것이 효과적입니다. 청중에게 익숙하지 않은 용어를 말할 때는 특히 느림 강조를 활용하도록 합니다.

"이 제품의 이름은 '파라오 글로리아'입니다."

"오늘 참석하신 분 중에서 딱 여섯 분에게만 혜택을 드리게 됩니다."

"올해 매출은 전년과 비교했을 때 무려 65%나 증가했습니다."

4) 멈춤 강조

'멈춤 강조'란 강조할 부분 앞에서 잠시 멈추었다가 강조할 부분을 표현하는 것입니다. 즉, 침묵을 통해 청중의 주의를 끌고 강조할 부분을 돋보이게 하는 강조 기법입니다. '멈춤 강조'는 청중에게 호기심을 불러일으키고 스릴 있는 분위기를 연출하는 데도 아주 효과적입니다.

"많은 기대를 모았던 이번 경쟁에서 1위에 선정된 기업은 (멈춤) 한강 기업이었습니다."

"문제점을 한꺼번에 해결할 수 있는 획기적인 제품이 바로 (멈춤) 이번 신제품입니다."

"제가 가장 기대하는 것은 (멈춤) 여러분의 동참입니다."

6. 실전 프레젠테이션에서의 음성 표현 요령

1) 목소리에 열정과 자신감을 담아야 합니다.

연단에 오른 프레젠터가 주눅이 든 모습에 들릴까 말까 한 작은 목소리로 프레젠테이션하는 모습을 보면 '저렇게 해서 어떻게 청중을 설득해낼 수 있을까?' 하는 의문이 생기기도 전에 마치 벌을 받는 모습 같아 불쌍한 생각마저 듭니다.

프레젠터의 힘없는 목소리는 자신감이 없어 보일뿐더러 프레젠테이션의 신뢰감마저 떨어뜨립니다. 뭔가 떳떳하지 못한 점이 있거나 숨기는 게 있을 것 같은 부정적인 이미지로 비치게 되기 때문입니다. 반면 신념에 찬 열정적인 목소리는 믿음직스러운 느낌이 들며 청중의 마음을 움직입니다. 열정과 자신감이 넘쳐나는 목소리로 프레젠테이션하시기 바랍니다.

2) 프레젠테이션의 시작은 말을 천천히 합니다.

프레젠테이션의 시작 부분이 가장 긴장되는 순간입니다. 그래서 많은 프레젠터들이 마음이 급한 탓에 시작부터 말을 빨리하게 되고 실수를 하게 됩니다. 시작부터 실수하게 되면 첫인상을 망치게 될 뿐 아니라 긴장도 증폭되기 쉽습니다.

"급할수록 돌아가라."라는 말처럼 프레젠테이션의 시작은 오히려 더 여유를 갖고 천천히 말하도록 합니다. 여유롭게 천천히 말을 하면 마음도 여유로워집니다. 연단에 서자마자 첫인사를 시작하지 말고 3초 정도 청중을 둘러보며 호흡을 가다듬은 다음 첫 말을 시작하도록 합니다. 절대 급발진 출발이 되지 않도록 유의합니다.

3) 전환의 연결어는 좀 더 크게 말하도록 합니다.

"이제부터", "다음은", "그렇다면", "왜냐하면", "결론적으로" 등 전환의 연결어는 좀 더 크게 말하는 것이 좋습니다. 내용의 구분을 나타내는 데도 유용하지만, 자칫 지루해지기 쉬운 상황에서 청중의 주의를 환기시키는데도 도움이 될 것입니다.

4) 시각 자료에 문구가 적혀 있다고 발음을 대충해서는 안 됩니다.

시각 자료를 활용한 프레젠테이션에서 청중은 시각 자료를 보며 동시에 프레젠터의 말을 듣기도 합니다. 그런 때 자료 화면에 글귀가 있기 때문에 청중이 잘 알 것이라고 발음을 대충 흐려버리는 프레젠터들이 종종 있습니다. 그래서는 안 됩니다. 시각 자료를 뚫어져라 바라보는 청중이 있지만, 고개를 숙이며 프레젠터의 음성에 귀를 기울이는 청중도 있을 수 있을 것입니다. 어떤 경우라도 발음은 정확하게 하는 게 좋은 또 다른 이유는 대충 발음을 하는 것이 프레젠터의 성의없는 태도로 인식될 수 있기 때문입니다.

5) 마이크를 잘 활용하도록 합니다.

프레젠터의 마이크는 '검객의 칼'에 비유해 볼 수 있습니다. 마이크를 잘 다루지 못하는 프레젠터는 칼을 잘 다루지 못하는 검객과 마찬가지일 것입니다.

청중 다수를 대상으로 프레젠테이션할 때는 시각 자료 못지않게 음향 장비가 중요합니다. 마이크 하나 때문에 프레젠테이션이 실패로 끝나는 결과를 불러올 수도 있습니다. 수백 명의 청중 앞에서 마이크가 고장이 나서 육성으로 고래고래 고함을 지르는 자신을 상상해 보십시오, 생각만 해도 끔찍할 것입니다. 마이크 등 음향 장비가 제대로 작동하는 때도 프레젠터의 미숙한 마이크 사용이 프레젠테이션을 엉망으로 만들기도 합니다. 작동 여부와 볼륨을 미리 점검을 해두고 실전에서는 마이크가 제대로 켜져 있는지 검지로 툭 쳐보며 확인 하고서 첫 말을 시작하도록 합니다. 마이크는 자연스럽고 단정하게 잡아야 합니다. 평소에 거울을 통해 잘못된 점이나 부자연스러운 부분이 있으면 고치도록 합니다.

마이크 사용법에 관한 자세한 내용은 147쪽 제2강 신체 표현 UP 7. 마이크 사용법에서 다루기로 합니다.

신체 표현 UP

- 입으로 거짓을 말하기는 쉽지만, 몸으로 거짓말을 감추기는 정말 어렵다. -
김현기

만국 공통어로 일컬어지며 역사가 가장 오래된 언어는 무엇일까요? 바로 '바디 랭귀지'일 것입니다. 앨버트 메라비언의 커뮤니케이션 효과를 다룬 연구 결과에 따르면 단어는 7%, 음성 표현은 38%, 신체 표현은 55%의 영향을 끼친다고 합니다. 또한 "입으로는 거짓말을 할 수 있지만, 신체는 거짓말을 하지 못한다."라는 말도 있죠. 신체 언어는 프레젠테이션에 있어서도 중요한 커뮤니케이션 수단입니다.

1. 시선

눈은 마음의 창이라는 말이 있습니다. '눈 맞춤'은 '마음 맞춤'입니다. 청중과 눈 맞춤을 하면서 말하는 경우와 청중이 아닌 다른 곳을 보며 말하는 경우의 설득력은 큰 차이가 납니다. 신체 표현 중에서 설득에 가장 큰 영향을 끼치는 것 하나만을 꼽으라면 필자는 '시선'을 주저 없이 꼽을 것입니다.

1) 시각 자료보다 청중을 골고루 바라보십시오.

　주로 시각 자료만 바라보며 프레젠테이션하시는 분들이 있는데 이러면 결코 좋은 결과를 얻어낼 수 없습니다. 청중에게 더 많은 시선을 둘 수 있는 사람이 프로 프레젠터입니다. 자신의 프레젠테이션 모습을 촬영해서 청중과 어느 정도의 아이 콘택트(Eye Contact)를 하는지 한 번쯤 살펴볼 필요가 있습니다. 프레젠테이션의 시선 배분은 적어도 청중에 50% 이상을 배분하도록 합니다. 청중을 바라볼 때도 특정인만을 바라봐서는 안 될 것이며 시선이 청중 모두에게 골고루 미치도록 안배를 해야 합니다. 청중 모두가 프레젠터의 시선을 느낄 수 있도록 하십시오.

2) 시선 이동은 여유롭게 하십시오.

　시선 이동이 너무 빠르면 청중과 공감을 이루기 어렵고 경망스러워 보일 수도 있습니다. 시선이 시각 자료와 청중을 오가는 경우 목을 빠르게 회전시키지 말고 천천히 방향을 바꾸는 것이 여유롭고 품격 있어 보입니다.

3) 시선 방향으로 가슴도 함께 향하도록 합니다.

　눈이나 목만 돌아가지 말고 가슴도 함께 시선을 두는 방향으로 향하게 하는 것이 좋습니다. 말의 눈은 얼굴의 양옆에 붙어 있어서 시야가 350도나 된다고 합니다. 그래서 고개나 몸을 돌리지 않고도 뒤에서 따라오는 말까지 볼 수 있다고 합니다. 말이 만약 프레젠테이션을 한다면 머리를 고정한 채 발표를 할지도 모르겠습니다. 말처럼 눈동자만 굴리는 시선 처리를 하지 말고 자연스럽게 눈과 머리와 가슴이 청중을 향하면서 골고루 바라보도록 합시다.

4) 눈 맞춤이 부담스러운 경우

프레젠테이션을 할 때 모두가 호의적인 태도로 경청해주지는 않습니다. 청중 중에는 팔짱을 끼고서 배타적인 자세로 앉아 있는 분들처럼 시선을 맞추기가 부담스러운 분이 있기 마련입니다. 높은 분이 자리하고 있는 경우도 마찬가지죠. 그러면 그분이 계속 신경이 쓰여서 더 긴장을 하게 되기도 합니다.

굳이 부담 가는 분 위주로 눈 맞춤을 할 필요가 없습니다. 부담이 심할 경우는 편한 분 위주로 눈 맞춤을 하기 바랍니다. 마음이 편해 보이고, 호의적으로 보이는 청중과 시선을 맞추다가 보면 긴장이 훨씬 덜해지고 자신감이 생기는 것을 느낄 수 있을 겁니다.

회사에서 프레젠테이션할 때도 사장님이 너무 부담스러우면 사장님을 지나치게 의식하지 말고, 떨릴 때는 친한 동료를 바라보며 에너지를 재충전하는 것도 좋은 요령이겠습니다.

5) 시각 자료를 바라볼 때는 등을 보이지 마십시오.

시각 자료에 몰입하다 보니 청중과 등지고 서서 혼자 독백하듯이 설명을 쏟아내는 프레젠터도 가끔 볼 수 있습니다. 연단에서는 될 수 있는 대로 등과 엉덩이를 보이지 않는 것이 좋습니다. 시각 자료를 바라보며 설명할 때는 측면에서 비스듬하게 서서 될 수 있는 대로 자신의 뒷모습이 아닌 앞모습이 최대한 청중에게 많이 보일 수 있도록 합니다.

- 자신이 몸이 청중을 등지면 나중엔 청중이 자신을 등지게 될 것이다. -
김현기

2. 자세

가장 중요한 비주얼 메시지는 프레젠터 자신의 모습이라 해도 과언이 아닐 것입니다. 단정치 못한 자세 때문에 건방지고 불성실한 이미지로 비친다면 프레젠테이션의 성공은 물 건너가는 것입니다.

1) 바른 자세로 말하도록 합니다.

탁자에 몸을 옆으로 기대거나 탁자 위에 팔꿈치를 올려놓고 몸은 앞으로 숙이거나 짝 다리로 서서 말해서는 안 됩니다. 편안한 자세로 말하되 단정함을 유지하도록 합니다.

발을 어깨너비만큼 벌리고 양발에 무게 중심을 균등히 두도록 합니다.

고개는 바로 들고, 어깨와 가슴, 허리는 펴고 자신 있고 당당한 자세를 유지하도록 합니다.

하지만, 지나치게 뻣뻣한 자세가 되지는 않도록 유의합니다. 또한, 연단에서 팔짱 낀 포즈는 취하지 않도록 합니다. 청중에게 방어적 느낌과 거만한 이미지를 주게 됩니다.

2) 자연스러운 손 위치

초보자일수록 프레젠테이션 할 때 손을 어떻게 처리해야 좋을지 난감해 합니다.

바지 재봉 선에 주먹을 가볍게 말아 쥐는 자세는 기본자세이기는 합니다만 다소 경직된 느낌이 들 수 있습니다. 연설용 탁자 끝머리에 손가락을 살며시 올려놓는 자세는 안정적인 느낌도 들면서 손동작을 하는데도 쉽습니다. 연설용 탁자가 없는 경우는 필기구를 양손을 활용해 앞으로 잡는 자세가 자연스럽고 세련된 느낌이 듭니다.

3) 시각 자료 설명 자세

시각 자료를 설명할 때는 청중과 시각 자료를 번갈아 보며 발표를 하게 되는데 몸이 정면이든 측면이든 기울어지지 않게 수직으로 반듯한 자세를 유지하도록 합니다. 상체만 틀어서 시각 자료나 청중을 바라보는 자세가 되지 않도록 합니다. 보기에도 우스꽝스러울 수 있습니다. 발의 스텝을 활용해 몸 전체로 방향 전환을 하도록 합니다.

4) 연단에 오르고 내리는 워킹 자세

연단에 오르는 프레젠터들의 모습을 보면 고개를 숙이며 걸어 나오는 분들이 많습니다. 왠지 자신감이 없어 보입니다. 고개를 들고 당당하고 힘차게 걸어 나오도록 합니다. 팔은 평소처럼 자연스럽게 가볍게 흔들며 걷되 속도는 적절해야 합니다. 너무 빠르면 여유가 없어 보이고 너무 느리면 활력이 떨어져 보이거나 건방져 보입니다. 전문 모델이 아니더라도 성공적인 프레젠테이션을 위해 걷는 것도 연습이 필요합니다. 등단하는 모습에서 첫인상이 결정되기도 하니까요.

3. 표정

표정은 '表(나타낸다) 情(감정)'이란 뜻입니다. 그러므로 표정은 감정과 마음의 모니터라고 할 수 있겠습니다. 시각 자료는 프레젠터의 생각과 주장을 알려줄 수 있지만 프레젠터의 속 감정까지 드러낼 수는 없습니다. 감정을 가장 잘 드러내는 부분이 바로 표정입니다.

1) 포커페이스 프레젠터가 되어선 안 됩니다.

무표정을 포커페이스라고 합니다. 포커페이스는 도박을 할 때는 유용할 것입니다. 자기 패가 무엇인지 표정에 나타나면 안 되기 때문이죠. 상대방이 나의 표정을 통해 내 생각을 읽어 버리면 돈을 잃게 되니까요. 그럼 프레젠테이션할 때의 표정은 어떻게 해야 할까요?

도박과는 반대로 해야 되겠죠. 도박은 상대방에게 나의 뜻을 숨겨야 성공하는 것이지만, 프레젠테이션은 나를 잘 표현해서 상대방이 나의 뜻을 제대로 알아차리게 하는 것이기 때문입니다.

2) 최고의 표정은 미소를 머금은 표정입니다.

표정은 보디랭귀지 중에서 가장 섬세한 메시지를 나타냅니다. 우리 인간은 80개의 얼굴 근육을 가지고 있는데, 7천 개 이상의 표정을 만들어 낸다는 말도 있습니다. 표정은 또 다른 언어인 셈입니다.

수많은 표정 중에서 가장 호감 가는 표정은 무엇일까요? 바로 미소 띤 표정입니다. 프레젠테이션할 때는 잔잔한 미소를 머금은 표정을 기본으로 하는 것이 좋습니다. 미소 띤 표정은 좋은 인상으로 이어지며 청중으로부터 호감을 끌어내게 됩니다.

미소 띤 밝은 인상은 하루아침의 노력으로 형성되는 것이 아닙니다. 매일 거울 앞에서 미소 짓는 연습을 하여 몸에 배도록 하십시오.

3) 메시지와 일치된 표정을

언어 메시지와 표정이 불일치하게 되면 청중은 프레젠터를 불신하게 될 것입니다. 예를 들어 "정말 안타까운 일이 아닐 수 없습니다."라고 말하면서 생글생글 웃고 있다면 청중은 혼란스러울 것이고, 프레젠터의 말을 곧이곧대로 받아들이기 어려울 것입니다.

메시지와 표정은 일치되도록 해야 합니다. 프레젠테이션의 주제나 내용에 따라 그에 걸맞은 표정을 해야 할 것입니다. 훌륭한 프레젠터가 되려면 마치 훌륭한 연기자처럼 하나의 프레젠테이션 속에서도 심각한 메시지를 전할 때는 진지한 표정을, 기쁜 메시지를 전할 때는 밝은 표정을 지을 수 있어야 하겠습니다. 하지만, 억지로 만들어 내는듯한 부자연스럽고 과도한 표정이 되어서는 안 되겠습니다.

4) 표정은 마음에 영향을 끼칩니다.

심리학의 아버지 윌리엄 제임스는 "인간은 행복하기 때문에 웃는 것이 아니라 웃기 때문에 행복하다."라고 말했습니다. 마음이 우리 표정으로 나오는 것이지만 반대로 표정이 우리 마음에 영향을 끼치는 것입니다. 밝은 표정은 밝은 마음을 조성하는데 도움을 줍니다. 또한, 메시지에 걸맞은 표정을 제대로 지음으로써 내용에 더욱 몰입할 수 있고 더욱 실감 나는 표현을 하는데 긍정적인 도움이 됩니다.

4. 제스처

1) 프로 프레젠터는 자연스럽고 세련된 제스처를 활용합니다.

경험이 부족한 프레젠터는 제스처가 아예 없거나 어색하기만 합니다. 로봇처럼 꼿꼿하게 서서 입술만 움직이는 사람을 누가 프로라고 여길까요? 프로 프레젠터는 마치 오케스트라의 지휘자처럼 생동감 넘치고 자연스러운 제스처를 보입니다. 프로와 아마추어를 가려내는 잣대 중의 하나가 제스처입니다.

2) 메시지와 제스처가 일치해야 합니다.

제스처는 몸짓 손짓을 통한 메시지입니다. 언어 메시지와 일치를 이뤄야 합니다.

"엄청난 성과"라고 말하면서 제스처는 작게 표현하면 청중은 혼란스러워집니다. 프레젠테이션 시나리오의 각 문장을 거울을 보면서 제스처를 곁들여 가며 표현 연습을 해 봅니다.

3) 너무 과다한 제스처를 하지는 말아야 합니다.

교통 경찰관처럼 허공을 향해 계속해서 팔과 손을 저어대는 모습은 보기에도 좋지 않지만, 역효과를 불러옵니다. 지나치면 모자람만 못한 법이죠. 제스처가 과다하면 제스처의 효용이 오히려 떨어지게 되고 경망스럽거나 산만해 보입니다. 제스처는 적절해야 함을 유념합시다.

4) 제스처는 변화가 있어야 합니다.

교육생 중 어떤 분은 연단에만 서면 칼로 도마질하는듯한 제스처를 계속 반복합니다. 어느 날 프레젠테이션 실습 시간에 연단을 내려오는 그 분께 동료 한 분이 도마질 제스처를 10분 동안 32번이나 했다고 지적해 줍니다.

제스처는 변화가 있어야 합니다. 같은 제스처를 계속 반복하지 말아야 합니다. 같은 제스처를 계속 반복하면 부자연스러울 뿐만 아니라 청중의 관심이 온통 그 제스처에만 쏠리게 됩니다.

5) 제스처는 완성을 해야 합니다.

어중간한 제스처는 단정치 못하고 산만한 느낌이 들게 됩니다. 제스처를 쓸 때면 동작을 확실하게 해 줘야 합니다, 그러기 위해서는 완성 동작에서 잠시 멈춰주는 것이 좋습니다.

제스처의 순서는 '시작-완성-복귀'가 기본입니다. 물론 제스처가 연속으로 이루어질 경우는 융통성을 발휘해야겠지요.

시각 자료를 가리킬 때도 권투 선수가 잽을 날리듯이 빠르게 뻗었다 접지 말고, 마지막 부분에서 잠깐 멈춰주는 것이 좋습니다.

6) 제스처는 자연스러워야 합니다.

자연스러움은 프로의 특징입니다. 간혹 로봇처럼 제스처를 하는 분이 많습니다. 의도적으로 제스처를 하려고 하기 때문입니다. 제스처는 의도적인 느낌을 주지 않고 자연스러워 보일 때 최고의 효과를 발휘합니다. 연습할 때는 의도적으로 할 수밖에 없겠습니다만 숙달을 시켜 습관을 들인 다음에 실제 연단에서는 의식하지 않고 자연스럽게 나와야 합니다. 자연스러운 제스처가 되려면 꾸준한 연습과 훈련이 따라야 합니다.

7) 시각 자료 쪽의 팔을 활용해 지시의 제스처를 합니다.

시각 자료의 일정 부분을 가리킬 때는 시각 자료가 있는 쪽의 팔을 활용해야 합니다. 그래야 가슴 정면이 열려 보이고 자세도 반듯해집니다. 반대로 하면 몸이 돌아가게 되고 자세도 단정치 못하게 흐트러집니다.

8) 외국인 청중이라면 문화적 차이를 고려합니다.

미국 사람들에게는 엄지를 치켜세우는 것이 '좋다.'라는 의미를 나타내지만, 이라크에서는 경멸을 뜻하게 됩니다. 다른 손가락은 편 채 엄지와 검지로 둥근 모양을 만들어 보이면 우리나라는 주로 돈의 뜻으로 쓰이지만, 미국에서는 'OK'의 의미로 쓰입니다.

검지로 자신의 이마를 톡톡 두드리면 우리나라에서는 표정에 따라 '골치 아프네.' 혹은 '머리를 써야지.' 등의 의미로 쓰이지만, 미국에서는 '똑똑하다.'라는 뜻으로, 네덜란드에서는 제정신이 아니란 의미로 쓰입니다. 따라서 외국인 청중을 대상으로 프레젠테이션할 때는 그 나라의 문화적 특성을 미리 알아 둘 필요가 있습니다.

5. 동선

1) 뮤지컬 공연과도 같은 프레젠테이션

필자는 연극이나 뮤지컬 공연을 자주 관람합니다. 예술적 감동과 재미를 얻는 것이 우선적 목적이지만 배우를 통해 강의나 프레젠테이션에 관련된 좋은 영감을 얻을 수 있고 여러 가지 기법을 많이 배울 수 있기 때문입니다.

연극 무대를 잠깐 살펴보는 경우 누가 주인공인지 어떻게 알아볼 수 있을까요? 무대 한쪽에서 고정된 자세로 머무는 배우보다 무대를 종횡무진 활보하는 배우가 주인공일 가능성이 크지 않을까요? 프레젠테이션의 연단은 어떻게 보면 무대입니다.

프레젠터가 한자리에 고정된 채로 긴 시간의 프레젠테이션할 때에는 청중이 지루함을 느끼는 것은 물론 프레젠터마저도 답답할 것입니다.

프레젠테이션의 달인으로 추앙받는 스티브 잡스의 프레젠테이션을 보면 한자리에 묶여 있지 않고 무대 전체를 활용하며 마치 뮤지컬 공연과도 같이 역동적인 분위기를 자아냅니다.

위축된 자세로 꼼짝달싹하지 못하고 서 있는 프레젠터가 되지 말고 가능하다면 무대의 주인공처럼 당당하고 자신 있게 무대를 누비시기 바랍니다.

2) 연단을 골고루 활용하도록 합니다.

여건이 허락한다면 연단을 골고루 활용하도록 합니다. 연단 탁자에만 머물지 말고 경우에 따라 청중 가까이 다가서기도 하고, 시각 자료 옆으로 다가가 스크린을 가리키기도 하며, 무대를 종횡으로 걸어가며 설명을 할 수도 있겠습니다. 청중이 훨씬 더 주의를 집중하게 될 것입니다.

청중에 가까이 갈 때도 한쪽 청중에게만 계속해서 다가가지 말고 다른 쪽 청중도 고려하여 균형 있는 배려를 하도록 합니다.

3) 등을 보이지 않도록 합니다.

청중 쪽으로 가까이 다가갔다가 다시 연단 탁자 쪽으로 돌아오는 경우 청중에게 등을 돌린 채 걸어오지 않도록 합니다. 연단에서 등을 보이면 청중은 외면받는 느낌이 들게 될 수 있습니다. 뒷걸음과 옆걸음의 중간쯤 되는 걸음으로 자연스럽게 천천히 이동하는 것이 좋습니다.

4) 빔프로젝터의 빛을 막지 않도록 합니다.

　빔프로젝터가 천장에 높게 설치된 무대를 횡으로 가로질러가면 화면은 잠깐 가릴 수 있겠지만, 빔프로젝터가 프레젠터의 몸을 비추는 일은 없습니다. 하지만, 낮은 위치에 빔프로젝터가 설치된 경우는 그렇지 않습니다. 프레젠터는 눈이 부실 것이고 몸에는 시각 자료 색깔과 도형이 얼룩덜룩 수를 놓을 것입니다. 이런 때에는 될 수 있는 대로 스크린을 횡으로 가로지르는 동선은 피하는 것이 좋겠습니다.

5) 이동할 때 발걸음의 속도는 말의 속도와 조화를 이루게 합니다.

　말을 빠르게 이어나가는 부분에 발걸음은 천천히 하거나, 말을 천천히 하는 대목에 발걸음을 빠르게 옮기면 부조화가 됩니다. 뭔가 어색한 느낌을 풍기게 됩니다. 말의 속도는 내용의 분위기와 걸맞게 표현되는 것이며, 발걸음의 속도도 이에 조화를 이룰 수 있어야 합니다. 뮤지컬 공연을 자주 감상해 보면 자연스럽게 동선을 그리며 멋지고 조화롭게 표현하는 세련된 기법을 배울 수 있을 것입니다.

6. 옷차림과 외모

1) 모든 것이 프레젠테이션입니다.

　시각 자료와 언어만이 프레젠테이션의 전부가 아닙니다. 연단 위에서 보이는 모든 것이 프레젠테이션이라고 해도 과언이 아닙니다. 프레젠터의 옷차림과 외모도 프레젠테이션 일부입니다. 옷차림과 외모는 프레젠터의 이미지, 호감, 신뢰감에 영향을 끼치는 중요한 요소입니다.

2) 너무 튀지 않는 옷차림을 합니다.

프레젠테이션에서 전하려고 하는 것은 핵심 메시지입니다. 다른 것들은 핵심 메시지가 청중에게 잘 전달되어 의도한 설득 효과가 날 수 있도록 도와주는 역할입니다. 옷차림이 너무 튀어 청중의 주의와 관심이 온통 그쪽에 쏠리면 튀는 옷차림은 프레젠테이션의 방해 요소가 됩니다. 또한, 너무 튀는 옷은 프레젠터의 품위를 떨어뜨릴 수도 있습니다.

3) 공식적인 자리에서는 보수적인 스타일이 무난합니다.

신뢰감을 주는 가장 일반적인 복장은 보수적인 정장 옷차림입니다. 따라서 공식적인 프레젠테이션을 할 때도 가장 무난한 복장은 정장입니다. 정장의 옷차림도 무조건 사서 입으면 되는 것이 아니라 잘 어울리는 색상과 옷감, 디자인을 고를 수 있는 감각이 필요합니다.

옷차림과 코디에 자신이 없는 분은 이미지 컨설턴트나 스타일리스트와 같은 전문가의 조언을 받아보는 것이 좋겠습니다.

4) 주제와 관련한 복장을 활용해 봅시다.

목적과 주제에 따라 복장 선택에 파격적인 시도를 하는 것도 좋습니다. 예를 들어 향토문화축제에 대한 주제의 프레젠테이션을 하는 경우 한복을, 신제품 청바지 홍보를 위한 프레젠테이션을 하는 경우는 청바지 캐주얼을, 어린이 관련 주제의 프레젠테이션인 경우는 캐릭터 복장을 하는 것도 좋은 아이디어일 수 있겠습니다.

5) 헤어와 메이크업

 사람의 이미지에 가장 큰 영향을 끼치는 것 중의 하나가 헤어스타일입니다. 헤어스타일은 일률적으로 규정할 수는 없습니다만 확실한 것은 첫째 단정한 느낌이 들어야 한다는 것이고, 둘째는 자신에게 잘 어울려야 하며, 셋째는 분위기와 잘 맞아야 한다는 것입니다. 메이크업도 마찬가지입니다. 메이크업은 예전엔 여성의 전유물이었지만 요즘은 남성도 필요에 따라 메이크업을 하는 시대입니다. 앞에서도 언급했지만 헤어와 메이크업에 자신이 없는 프레젠터는 처음엔 전문가의 컨설팅을 받는 것이 좋습니다. 자신에게 어떤 스타일이 잘 어울리는지를 다양한 컨설팅을 통해 잘 파악하고 나면 다음부터는 본인 스스로 할 수 있는 역량이 점점 갖추어지게 될 것입니다.

7. 마이크 사용법

 마이크는 앰프나 마이크의 성능에 따라 또 앰프를 조작하기에 따라 다양한 목소리를 만들 수 있습니다. 마이크를 적절히 잘 활용하는 것도, 성공적인 프레젠테이션을 위한 중요한 요소입니다.

 1) 마이크의 볼륨과 에코우, 음색, 음량, 이퀄라이저를 자신의 음성과 행사의 성격과 걸맞게 적절히 조정해 둡니다.

 2) 파열음은 조금 약하게 그리고 마이크와 좀 떨어져서 발음하는 것이 좋습니다.

3) 거친 숨소리나 헛기침 소리가 마이크를 통해 나가지 않도록 합니다.

4) 같은 느낌으로 말을 계속할 때는 마이크와 일정한 거리를 유지하는 것이 좋으나, 내용에 따라 마이크와 입의 거리를 적절히 조정해 가며 효과를 살리면 더욱 멋스러운 음성 표현이 될 수 있습니다.

5) 마이크가 몸에 붙어 다니도록 합니다. 즉 마이크와 입, 가슴의 중심선이 일치해야 합니다. 마이크 따로 몸 따로는 보기 좋지 않습니다. 훈련을 많이 해서 몸에 익히도록 해야 합니다.

6) 정확한 메시지를 전달해야 할 때는 에코를 많이 줄이고, 특별한 효과를 연출할 때에만 에코를 적절히 활용합니다.

7) 상황에 따라 마이크의 종류를 효과적으로 선택하는 것도 필요합니다. 들고 말하는 마이크, 클립 형 마이크, 스탠드 형 마이크 등 여러 가지 종류의 마이크 중에서 장소, 상황과 여건을 고려해 프레젠테이션을 실행하기에 가장 적절한 마이크를 선택합니다.

8) 프레젠테이션이 시작될 때 말하기 전에 반드시 마이크가 켜져 있는지 확인합니다.

9) 마이크를 손으로 잡고 말할 때는 노래자랑 할 때의 모습처럼 너무 멋을 부리지 않도록 합니다. 그렇게 되면 청중의 주의가 온통 손으로 쏠리게 될 수 있습니다.

10) 마이크와 앰프, 스피커와의 거리, 방향 등을 고려해서 연설 중간에 "삐~"하는 불쾌한 소음이 생기지 않도록 유의합니다.

 시각 자료 표현 UP

1. 효과적인 공간 배치

공간 배치를 어떻게 하느냐에 따라 분위기뿐만 아니라 청중의 집중도가 달라집니다. 청중의 인원수, 목적, 진행 방향에 따라 적절한 배치를 해야만 원활하고 효과적인 프레젠테이션이 될 수 있습니다.

1) 스크린

시각 자료를 나타나게 할 스크린을 어디에 배치하는 것이 좋을까요? 시설들을 살펴보면 청중 시각으로 바라보았을 때 대개 정면 중앙에 있습니다.

이는 시각 자료 중심의 공간 배치입니다. 나쁘진 않습니다만 이 경우는 프레젠터보다 시각 자료의 비중이 더 큰 구도가 됩니다.

만일 프레젠터 중심의 공간 배치가 되려면 발표 대는 중앙에 위치시키고 시각 자료는 정면에서 보아 우측 부분에 위치시키되 약간 비스듬하게 청중을 향하게 하는 것이 좋겠습니다. 좌측에는 판서할 수 있는 화이트보드를 배치하는 것이 좋겠습니다. 좌측에 화이트보드를 설치하는 이유는 프레젠터가 판서하고자 할 때의 동선이 훨씬 더 자연스럽기 때문입니다.

2) 빔프로젝터

빔프로젝터는 천장에 부착시켜 높은 방향에서 스크린에 빛을 비추게 하는 것이 좋습니다.

그러면 프레젠터가 시각 자료 앞을 지나가게 되어도 그림자가 덜 생기며 프레젠터의 눈부심도 훨씬 덜해집니다.

3) 좌석 배치

(1) 전원 정면 주시형

교실처럼 청중 모두가 일사불란하게 정면을 향하는 배치입니다. 이는 많은 인원의 청중에게 정보 전달을 하기 위한 프레젠테이션에 가장 적합하겠습니다.

(2) ㄷ 자형, v 자형

청중이 서로 마주 볼 수도 있는 공간 배치입니다. ㄷ 자형은 일부는 정면으로 일부는 측면으로 프레젠터를 바라보는 형국이 됩니다. v 자형은 ㄷ 자형을 변형시킨 형태로 측면 주시 청중의 목 부위의 부담을 줄여줍니다. 이들 배치는 소수 청중간의 상호 커뮤니케이션이 필요한 경우에 좋습니다.

(3) 원형

원형 배치는 민주적이고 자유로운 분위기 속에서 커뮤니케이션을 하고자 할 때 적합한 좌석 배치입니다. 하지만 프레젠테이션이 행해질 때 일부 청중은 의자를 돌려 앉아야 하고 간혹 앞 청중의 머리에 가려서 시각 자료를 제대로 볼 수 없는 불편함이 따를 수 있습니다.

4) 조별 배치

조별 배치는 몇 개의 책상을 붙여 한 무더기를 만들어 해당 조원들끼리 서로 둘러앉아 커뮤니케이션 하도록 하는 구성입니다. 프레젠테이션과 분임 토의가 순차적 혹은 동시에 이뤄지는 경우 주로 행해지는 배치입니다.

2. 시각 자료 효용

"Seeing is believing!" 보는 것이 믿는 것이란 말이 있습니다만 프레젠테이션할 때 시각 자료를 활용하면 어떤 점이 좋을까요? 프레젠터의 입장과 청중의 입장으로 구분해서 살펴봅니다.

1) 프레젠터의 입장

(1) 준비된 시각 자료를 보면서 말을 풀어나가기 때문에 항목들을 따로 외우지 않아도 된다는 이점이 있습니다.

(2) 그리기 어려운 도형이나 복잡한 양식, 그래프를 손으로 직접 그려가며 설명하지 않아도 된다는 편리함이 있습니다. 이러면 시간 절약도 됩니다.

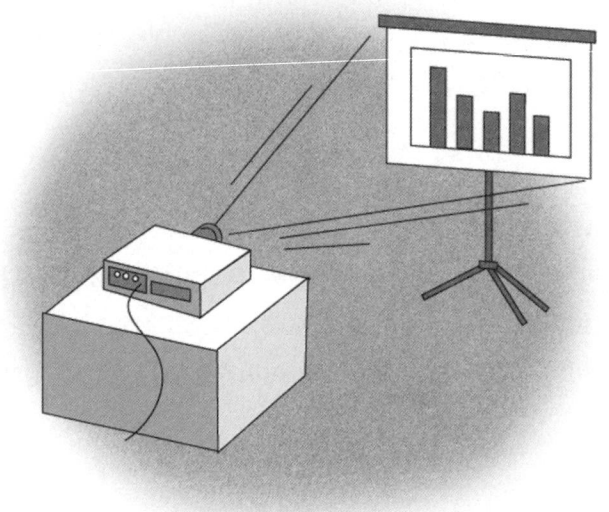

　(3) 동영상을 보여주는 경우 프레젠터는 잠시 숨 돌릴 여유를 가질 수 있습니다.

　(4) 말로 설명하기 어려운 것들을 그림이나 사진을 통해 직접 보여줄 수 있습니다.

2) 청중의 입장

(1) 기억에 오래 남습니다.
　오감 중 정보를 받아들이는 비중은 후각 < 미각 < 촉각 < 청각 < 시각 순으로 커진다고 합니다. 말로만 들었을 때 3일 지나면 10%만 기억하나 시각 자료를 보며 말로 설명을 들었을 때는 3일 후에도 65%를 기억하게 된다는 연구 결과가 있습니다.

(2) 그림, 사진, 동영상, 애니메이션, 효과음 등 다양한 자극을 통해 지루하지 않고 흥미롭게 보고 들을 수 있습니다. 하지만, 프레젠터의 설명과 진행이 매끄럽지 못하다면 그렇지 못할 수 있음을 프레젠터는 유의해야 합니다.

(3) 프레젠터의 설명들이 시각 자료를 통해 도형화, 체계화되어 화면에 함축적으로 정리되어 제시되므로 일목요연하게 정보를 정리할 수 있습니다.

(4) 프레젠터의 발성, 발음 등 언어 전달력이 좋지 않은 경우 메시지를 알아듣기 어려운 부분도 있을 것이나 시각 자료가 함께 제시되면 보완해서 이해할 수 있습니다.

3. 시각 자료 제작의 4가지 기본 원칙

시각 자료를 만들 때 유의해야 할 4가지 기본 원칙을 살펴봅니다.

1) 잘 보여야 합니다.

먹지 못하는 떡이 무슨 소용이 있겠으며 잘 보이지도 않는 시각 자료가 어떤 쓸모가 있겠습니까? 맨 뒷자리에서도 잘 보이게 내용을 큼직하게 구성해야 합니다. **Keep It Large & Legible!** (글자는 크고 읽기 쉽게 유지하라!) 또한 스크린도 청중의 수와 장소를 고려해 충분한 크기로 준비해야 할 것입니다.

파워포인트로 시각 자료를 만들 때 글꼴 크기는 어느 정도가 적당할지는 내용에 따라 다르지만, 필자의 경험에 비춰 볼 때 제목 32~36, 부제목 28~32, 내용 중 큰 글씨 24~28, 내용 중 작은 글씨 20~24pt 정도로 하는 것이 무난하다고 봅니다.

2) 단순해야 합니다.

"세련미의 극치는 단순함이다."라고 레오나르도 다빈치는 말했습니다. 간혹 한 장의 슬라이드에 빼곡히 문구와 도표로 가득 채운 시각 자료를 볼 수 있습니다. 시각 자료는 청중의 이해를 돕기 위한 것인데 복잡하다면 오히려 더 혼동만 주게 될 것입니다. 문구도 중요한 핵심 키워드 중심으로 담고, 사진이나 그림, 그래프, 도형 등을 누가 보아도 금방 쉽게 이해할 수 있도록 간결하게 표현하도록 해야 합니다. 한 장의 슬라이드에 많은 것을 담으려고 욕심내지 말고 '1 Slide 1 Message' 느낌으로 단순하게 제작하시기 바랍니다.

3) 일관성이 있어야 합니다.

페이지마다 슬라이드의 색깔이 마구잡이로 바뀌고 같은 비중인 세부 항목의 글자체, 크기도 커졌다 작아졌다 제각각 다르다면 청중에게 혼동을 주게 됩니다. 글과 도형만 메시지를 전달하는 것이 아니며 색상이나 활자의 서체, 크기 등도 콘텐츠의 비중을 전하는 간접적 메시지입니다.

4) 최적의 내용과 비주얼 자료를 담아야 합니다.

모든 세세한 내용을 시각 자료화할 수는 없습니다. 큰 줄기와 핵심, 꼭 필요한 최적의 것들을 담도록 해야 합니다. 또한, 같은 메시지도 어떤 방식을 사용할 때가 가장 효과적일지 고민해 봐야 합니다.

그림이 더 효과적일 수 있는 메시지도 있지만, 어떤 메시지는 말로 표현하는 것이 더 효과적일 수 있습니다. 어떤 회사에서 행해진 프레젠테이션의 마지막 슬라이드에 '믿고 맡겨주십시오. 반드시 만족스러운 결과로 보답 드리겠습니다.'라는 문구가 보이며 프레젠터는 "감사합니다."하고 끝 인사를 하며 퇴장했습니다. 믿고 맡겨 달라는 문구가 청중에게 전혀 와 닿지 않았습니다. 형식적인 느낌이 들었습니다. 그렇다면 그 메시지는 죽은 메시지입니다. 차라리 프레젠터의 뜨거운 의욕이 느껴지는 생생한 목소리로 표현되었으면 더 좋았을 것입니다.

4. 색채 및 도안 구성 요령

1) 대표 색상 선정

색상은 시각 자료를 보기 좋게 꾸미기 위한 정도에 그치지 않습니다. 전략적으로 사용되어야 합니다. 먼저 전체를 이루는 대표 색상을 선정해 봅니다.

유치원 원장님들을 대상으로 하는 프레젠테이션을 한다면 전체적으로 어떤 색상 톤으로 가는 것이 좋을까요?

많은 분이 노란색이라고 답변합니다.

'유아 = 노랑'이란 등식이 이미 뇌리에 자리하고 있기 때문입니다. 만일 유치원생 운송 서비스 제공과 관련한 프레젠테이션이라면 어떨까요?

여전히 노란색이 좋을까요? 주의를 나타내는 노랑보다는 안정감을 주는 녹색이 더 적절하다고 할 수 있겠죠. 성공에 무조건은 없습니다. 고정 관념에 빠져 있지는 않은지 당연하게 여겨지는 것도 한 번쯤 다시 생각해 볼 필요가 있습니다.

청중에게 우리 회사에 대한 호감도와 신뢰성을 높일 수 있는 색은 어떤 색일까?
청중이 기대하는 서비스의 이미지를 색으로 나타낸다면 과연 어떤 색상일까?
이번 프레젠테이션의 목적과 주제에 걸맞은 색깔은 무엇일까?
비주얼 자료의 다양한 색깔들과 조화를 이룰 수 있는 대표 색상은 무엇일까?

등을 고려해야 합니다.
　꼼꼼한 프로들은 전체 색상 톤을 결정하는 데 있어서 심지어 프레젠테이션을 실행하는 장소의 벽이나 테이블 색상이나 조명과도 잘 어울리는지까지 고려합니다.

2) 효과적인 색상 활용

　(1) 바탕 색상과 도안이나 문구의 색상들이 서로 조화를 이루면서도 가독성이 높도록 구성해야 합니다.

　(2) 알록달록 닥치는 대로 여러 가지 색상을 쓰면 메시지 전달력도 저하되지만, 품격마저 떨어집니다. 품위는 절제에서 나옵니다. 강조를 위한 특별한 부분 외에는 확 튀는 색상은 신중하게 쓰고 색상 간의 조화를 모색합니다. 경우에 따라 다르겠지만, 대개는 한 슬라이드에 4색을 초과하

지 않는 것이 좋겠습니다.

(3) 컴퓨터 모니터를 통해 보이는 색상과 실제 화면으로 출력되어 보이는 색상이 서로 차이가 있을 수 있음도 유의해야 합니다.

(4) 색상의 변화뿐만 아니라 명도와 채도를 달리해 표현해 보는 것도 고려합니다. 그러데이션, 무늬, 질감 등도 적절히 센스 있게 활용합니다.

3) 도표와 그래프

(1) 연관된 문구들은 도표로 정리하는 것이 깔끔하고 이해하기도 쉽습니다.

(2) 통계 수치는 숫자의 나열보다는 청중이 한눈에도 개략적인 의미를 간단히 파악할 수 있도록 그래프화 하는 것이 좋겠습니다.

(3) 주식 동향, 매출 증가 감소 등 시간의 경과에 따른 추이를 나타내는 경우는 꺾은 선 그래프로 나타내는 것이 좋습니다.

(4) 항목별 비율, 비중, 점유율 등을 나타낼 때는 동그라미를 여러 조각으로 등분하는 파이 그래프가 좋습니다.

(5) 일정 기준 시점을 기준으로 항목별 크기를 상호 비교하려는 경우 막대그래프가 좋습니다.

(6) 도안을 구성할 때는 적절한 도안을 선택하되 실제 수치가 그래프

에 제대로 정확히 반영되어야 합니다. 만일 숫자는 60%인데 점유율을 표시하는 파이 그래프의 면적은 그 이상인 70% 정도로 보인다면 청중에게 혼동을 주게 되고 시각 자료의 신뢰도를 무너뜨리게 됩니다.

4) 도해

(1) 학창시절 공부할 때를 떠올려 보십시오. 교과서 내용을 무조건 이해하려고 애쓰기보다 도해로 구성해 보면 복잡하게 얽힌 내용이 한눈에 알기 쉽게 정리되어 쉽게 이해할 수 있었죠? 시각 자료를 구성할 때도 관련된 항목들을 도해로 표현하면 항목들의 상호 연관 구조와 논리를 한눈에 알아볼 수 있습니다. 그 이유는 문장은 다 읽어 봐야 무슨 뜻인지 알 수 있지만, 도해를 이해할 때는 구조를 직관적으로 받아들일 수 있기 때문입니다.

(2) 도해로 표현하는 요령을 간단히 설명 드리자면 세부 내용을 관련되는 것끼리 묶어 각기 하나의 항목으로 만든 다음 각 항목을 원, 타원, 사각형, 오각형 등의 도형으로 표현하며 선을 활용해 항목 간의 논리적 유기적 관계에 따라 적절히 연결합니다.

(3) 도해가 한 눈에 알아보기 어렵다면 다시 재검토를 해 봐야 합니다. 도해는 이해하기 쉽도록 하려는 것입니다. 한눈에 명쾌해야지 오히려 혼란스럽다면 하지 않느니 못하겠죠.

(4) 도해 능력은 생각과 내용을 정리하는 능력이라 해도 과언이 아닙니다. 도해 능력을 기르려면 평소에 콘텐츠 내용 간 상호 연관성과 논리성을 파악해서 새로운 틀과 관점에서 정리, 분해, 재조립, 재구축, 재정리

해 봅니다.

5. 시각 자료 제작을 위한 기타 조언

1) 축약 문구를 사용하도록 합니다.

될 수 있는 대로 서술적 전체 문장보다는 신문의 머리기사처럼 축약된 문구를 활용하도록 하십시오. '체감 경기가 빠른 속도로 나빠지고 있습니다.'라는 문장은 '체감 경기 급랭'으로 '이미 가입한 분들이 누리는 각종 혜택과 권리를 존중해 드릴 것입니다.'라는 문장은 '기존 가입자 기득권 존중'이라는 문구로 축약시켜 표현하는 것이 좋겠습니다.

2) 오자 탈자가 없도록 합니다.

수려하고 세련된 외모와 프로다운 자태를 지닌 이미지메이킹 강사님이 강의를 시작하면서 시각 자료를 띄웠습니다. 그런데 제목 화면에 큼지막한 글씨로 '이미자메이킹 성공 전략'이라는 문구가 나타납니다. 강사님의 이미지가 어떻게 되었을까요?
우리글이 아닌 영자일 때 특히 더 유의합니다.
시각 자료에 오자나 탈자가 없는지 꼼꼼히 확인합니다. 조그만 틈새가 커다란 둑을 무너뜨리듯 사소한 오·탈자 실수가 내용의 신뢰도에 금이 가게 합니다.

3) 동시 노출 vs 순차적 노출을 고려합니다.

시각 자료를 보여줄 때 여러 항목을 한꺼번에 다 보여주는 것이 좋을지, 단계별로 하나씩 보여주는 게 좋을지 내용에 따라 잘 판단해서 제작합니다. 항목들이 연관되어 있어 한꺼번에 봐야만 내용 이해가 쉽게 되는 경우는 동시 노출이 좋겠습니다. 그렇지 않은 경우 미리 다 보여주면 청중의 흥미를 반감시키거나, 청중이 문구들을 읽느라고 프레젠터의 말에 집중을 덜 하게 될 수도 있습니다.

4) 핵심적인 결과 수치들만 재정리해서 보여주시기 바랍니다.

도표상에 세부적인 수치들을 모두 나열하자면 도표에 작은 글씨의 숫자들이 빼곡하게 들어차게 됩니다. 잘 보이지도 않을뿐더러 산만한 표현이 됩니다. 의미가 있는 핵심적인 결과 수치만을 재정리 하도록 하며 경우에 따라 이를 그래프로 재창조합니다.

5) 특수 효과를 남발하지 않도록 합니다.

애니메이션 등을 너무 많이 사용한 현란한 시각 자료는 청중의 관심을 분산시켜 프레젠테이션의 효율을 떨어뜨리게 됩니다. 과유불급(過猶不及)이라고 아무리 좋은 것도 남발하는 것은 오히려 역효과를 낼 수 있는 것입니다.

6) 슬라이드 장수를 적절하게 합니다.

20분 프레젠테이션에 48장의 슬라이드를 준비한 분을 본 적이 있습니다. 자료 넘기기에 정신이 없는 듯 보였습니다. 물론 제한된 시간에 마치지도 못했습니다. 시각 자료를 많이 준비하려는 욕심은 설명에 대한 자신감이 부족한 경우가 많습니다. 웬만하면 시각 자료에 내용을 모두 담아 실수를 줄이려는 것이죠. 콘텐츠에 따라, 표현 의도에 따라 달라지겠으므로 일률적으로 몇 분에 몇 장하는 식의 언급은 적절하지 않겠습니다. 지나치지도 모자라지도 않은 적절한 슬라이드를 준비하도록 프레젠터 자신이 지혜를 발휘해야 하겠습니다.

내 마음속 프레젠테이션

우리는 누구나 매일 자신에게 프레젠테이션하며 살죠.
어떤 프레젠테이션을 하느냐가 행복과 불행을 가름하는지도 모릅니다.
우리 마음속 수많은 기억의 슬라이드, 지금 당신은 어떤 장면을 생각의 스크린에 비추며 당신 자신에게 프레젠테이션하고 있나요?

기억의 슬라이드가 프레젠테이션을 만들지만 그 프레젠테이션이 또 다른 기억의 슬라이드를 만들어 냅니다. 우울한 프레젠테이션하지 맙시다. 짜증 나는 프레젠테이션하지 맙시다.

꿈, 소망, 희망, 보람, 사랑, 기쁨, 축복, 감사, 은혜, 만족 좋은 단어가 가득 담긴 프레젠테이션을 합시다. 이국적인 여행지에서의 평화롭고 아름다운 장면, 가족과 친구와 함께 정겨운 시간을 보내는 장면, 행복한 장면들이 가득 담긴 프레젠테이션을 합시다.

제 4 편
프레젠테이션 설득력 업그레이드

▎제1강 설득의 달인 되기
▎제2강 설득 과정의 기본 요소
▎제3강 설득 원리를 활용한 프레젠테이션 성공 전략

 # 설득의 달인 되기

1. 설득(Persuasion)과 설득의 중요성

　설득은 다른 사람의 생각과 감정, 행동 등을 변화시키려는 의도된 커뮤니케이션입니다.

　설득 기법의 원류를 찾아보면 고대 그리스 시대로 거슬러 올라갑니다. 그 당시의 설득 이론을 집대성했다고도 볼 수 있는 고대 그리스 철학자 아리스토텔레스는 설득의 수단을 3가지 요소로 구분했습니다.

　그 3가지 요소란 말하는 이의 인격에 관련한 에토스, 논리적인 논증 기술인 로고스, 청자의 감정을 이끌어내는 파토스입니다.

1) 로고스 : 인간의 머리 즉, 지성에 기반을 둔 이성적 측면에 대한 호소입니다. 전개 방법은 귀납법과 연역법이 있습니다.
2) 파토스 : 인간의 가슴을 향한 감정적 측면에 대한 호소입니다. 감정에 호소하는 8가지 가치로 정의, 신중함, 관대함, 용기, 절제, 담대함, 장엄함, 지혜를 꼽습니다.
3) 에토스 : 연사의 인격, 품격에 바탕을 둔 호소입니다. 에토스의 3가지 속성으로 실천적 지혜, 덕, 선의지를 꼽습니다.

이는 오늘날까지도 여전히 중요하게 활용, 응용되고 있습니다.

설득 기법에 대한 연구는 근대에 이르러 심리학자나, 커뮤니케이션 연구가들에 의해 더욱 활발해지며 발전하게 됩니다.

미국의 커뮤니케이션 전문가 호블랜드는 설득을 "언어적 자극을 통해 설득 원이 바라는 어떤 목표를 달성하기 위해 수용자들의 의도된 행동을 유발하는 역동적 과정"으로, 베팅 하우스와 코디는 설득이란 "어떤 메시지를 전달하여 또 다른 개인이나 집단의 태도, 신념, 행동을 변화시키려는 지속적 시도"로 정의했습니다.

특히 베팅 하우스는 "인간이 동물과 다른 것은 바로 설득 커뮤니케이션이라는 문제 해결, 또는 의사 결정 도구를 가지고 있다는 점이다."라고 하며 우리의 삶에서 설득이 갖는 중요성을 강조했습니다.

현대인의 삶은 설득의 연속입니다. 가정에서는 배우자를 설득하고, 자녀를 설득하고, 부모를 설득하며, 이웃을 설득하고 회사에서는 부하를 설득하고, 동료를 설득하고, 상사를 설득하고, 고객을 설득하고, 거래처를 설득합니다. 심지어는 자신마저도 설득해야 합니다.

설득력은 우리 현대인이 타인과 원만한 관계를 유지하며 원하는 성공을 이뤄나가는 필수요건인 것입니다. 세계적인 경영 컨설턴트 톰 피터스도 오늘날 비즈니스 세계에서 살아남기 위해서는 반드시 설득의 힘을 길러야 한다고 강조합니다.

몇 달 동안 밤을 꼬박 새워가며 고안해낸 기획안을 상사가 채택해 주지 않는다고 불평하는 사원이 사표를 내면서 상사에게 불만을 얘기합니다.

"제가 생각하기에는 누가 보더라도 정말 최고의 기획이라고 자부하는

데 왜 받아들여지지 않았는지 내용이나 알고 갑시다."

그러자 상사의 말,

"자네의 기획안이 탁월했다고 자네가 말하고 있으니 자네의 기획 능력은 높이 사겠네. 하지만, 자네가 갖춘 기획력 이상으로 꼭 길러야 할 능력이 있네."
"그게 뭡니까?"
"바로 설득력이라네."

만일 자신의 의견이나 주장이 타인에게 잘 받아들여지지 않는다면 남을 탓하거나 투덜대지 말고 설득력에 문제가 없는지 살펴보시기 바랍니다.

설득은 하나의 기술입니다.
설득 기법을 배우고 설득 기술을 갈고 닦으면 향상될 수 있습니다.

또한, 설득은 남에게 손해를 끼치고 나의 이익만 추구하는 것이 아닙니다.
갈등요인을 제거하고 나와 상대의 마음에 상호 만족감과 기쁨을 심어 주는 것입니다.

"선생님, 한 가지 여쭤볼 게 있는데요."
"그래, 어디 말해보렴."
"자기가 하지도 않은 일 때문에 벌 받는 경우에 대해 어떻게 생각하세요?"
"그건 말도 안 될 일이지. 정말 억울한 일이야."
"그럼, 안심이네요."
"그런데 왜 갑자기 그런 질문을 한 거지?"

"제가 숙제를 안 했거든요."

2. 대인 설득력

대인 설득력은 1 : 1 상황에서 상대방을 설득시키는 것입니다.

판매, 상담, 협상 업무에 종사하는 사람뿐만 아니라 혼자 살아가지 않는 이상 누구나 개발시켜야 할 능력입니다.

프레젠테이션에서도 대인 설득력이 중요합니다. 프레젠터는 연단에서만 프레젠테이션을 잘한다고 끝이 아닙니다. 청중 개개인에게도 설득력 있는 사람이 되어야 합니다. 프레젠테이션은 성공적으로 잘했는데 상담으로 이어진 고객을 제대로 설득하지 못해 다 된 밥에 재 뿌리는 꼴이 되어선 안 될 것입니다.

고전을 통해 대인 설득의 달인들을 만나 한 수 배워볼까요?

『전국책』에 나오는 얘기입니다.

초(楚)나라의 소양(昭陽)이란 장군이 위(衛)나라를 쳐들어갔습니다. 이때 제(齊)나라 왕은 자기 나라까지 공격을 받을까 봐 우려되어 세객(說客) 진진(陳軫)을 소양에게 보냅니다.

진진은 소양을 만난 자리에서 다음과 같은 말로 설득을 합니다.

"여러 사람이 술을 놓고 내기를 하였는데, 땅바닥에 뱀을 먼저 그리는 사람이 그 술을 먼저 마시기로 했습니다. 그 중 한 사람이 뱀을 잽싸게 그리더니 왼손으로 술잔을 들면서 오른손으로 뱀의 발까지 그리면서 '나는 발까지 그렸다.'하고 자랑하며 술을 마시려고 합니다. 그러자 두 번째로 뱀을 그린 사람이 술잔을 얼른 빼앗아 들며 '뱀에는 원래 발이 없다. 그런데 자네는 발까지 그렸으니 그건 뱀이 아니다.'라고 하며 술을 마셔 버렸습니다.

장군은 지금 위나라를 치고 다시 제나라를 치려고 하시는데 나라의 최고 벼슬에 계시는 장군이 거기서 더 얻을 게 무엇이 있겠습니까? 만일 우리 제나라와의 싸움에서 실수를 하게 된다면 뱀의 발을 그리려다 모든 것을 잃게 되는 것과 똑같은 결과가 될 것입니다."

진진의 이 말에 설득된 소양은 곧바로 군대를 철수시키게 됩니다.

여기서 나온 말이 바로 사족(蛇足)입니다. 한 사람의 설득력이 전쟁마저 막게 한 사례입니다.

이젠 우리나라의 역사를 통해 고려의 서희와 거란의 소손녕의 설득력 겨루기를 살펴볼까요?

고려를 공격하려는 소손녕이 서희를 향해 먼저 설득을 펼칩니다.

"고려는 신라 땅에서 일어났지 않았는가. 고구려 땅은 예로부터 우리의 것인데 고려가 빼앗아간 것이다. 게다가 지금 고려는 우리와 국경을 접하고 있으면서도 바다 건너 멀리에 있는 송나라를 섬기고 있으니 어찌 우리가 고려를 공격하지 않을 수 있겠느냐?"

그러자 서희가 담담한 어조로 설득을 해 나갑니다.

"당신의 말은 틀렸소. 우리 고려는 고구려의 후신이오. 그래서 나라 이름도 고구려의 이름을 따서 고려라 하였고 도읍지도 평양으로 정하였소. 땅의 경계를 놓고 말한다면 거란의 도읍지인 동경(요양)도 우리의 땅이오. 그러니 어찌 우리가 빼앗아갔다고 할 수 있겠소. 게다가 압록강도 우리의 영토인데 여진족이 들어와 살면서 흉악한 짓을 일삼으며 길을 가로막고 있으니, 무슨 수로 그대의 나라에 사신을 보내겠소? 여진을 몰아내고 우리의 옛 땅을 되찾고 나서 성을 쌓고 길을 연다면 왜 친교를 마다하오리까."

이 말에 설득당한 소손녕은 결국 물러나고 말았습니다.

3. 대중 설득력

데모스테네스, 링컨, 루스벨트, 처칠, 마틴 루터 킹, 히틀러, 오바마 등 이들의 공통점은 무엇일까요?

모두 세상에 큰 영향을 끼친 유명 인물이기도 하지만 그들의 공통점은 바로 대중 설득의 귀재였다는 것입니다. 국가나 회사, 단체를 불문하고 조직의 리더가 되려면 대중 설득력이 뛰어나야 함은 당연하겠습니다.

대중을 설득하기 위해서는 대중의 마음을 읽어내는 능력이 가장 먼저 필요합니다.

대중이 무엇을 바라고 원하는지를 정확히 꿰뚫고 있어야 합니다.

'한 사람의 마음도 읽기 어려운 데, 어찌 많은 사람의 마음을 속속들이 알 수 있단 말인가?' 이런 고민이 떠오르는 분도 있을 것입니다.

개인과 대중은 인간이라는 측면에서는 공통적인 요소가 있지만, 개인과 대중은 서로 다른 성격과 측면을 가지기도 합니다. 마치 여러 색깔을 섞어 놓으면 다른 색깔로 변질되어 버리듯 말입니다.

대중은 개인들이 모여서 이루어진 집합체이지만 군중으로 모이게 되면 각자의 개성이 슬며시 들어가고 군중심리가 발동하게 되기도 합니다.

군중 심리학의 전문가 귀스타브 르봉에 따르면 군중은 익명성을 통한 무책임성, 최면 의식과 같은 감염성, 감염성에 영향받은 피암시성의 심리를 가진다고 합니다. 따라서 군중의 마음을 움직이기 위해서는 장황한 메시지를 남발하기보다는 단언적인 단순한 메시지를 반복해서 전달하는 것이 효과적이라고 하죠.

대중 설득력을 기르려면 설득 스피치 능력이 필수입니다.

개인 설득은 대화처럼 주거니 받거니 상호 쌍방 커뮤니케이션을 통해 이루어지는 것이 보통이지만 대중 설득은 외형상 일방적인 커뮤니케이션의 모양을 띱니다.

따라서 그에 따른 커뮤니케이션 표현 방식도 변화시킬 필요가 있는 것입니다.

　대중 앞에서의 표현은 대화할 때의 톤보다도 강하고 호소력이 있어야 합니다. 더 많은 열정과 에너지가 필요한 것입니다. 그에 따른 다양한 스킬도 필요하기 때문에 배우고 익혀야 합니다. 또한 다수 앞에서 말하는 대중 스피치는 일반인들이라면 자주 하는 것이 아니므로 익숙하지 않습니다. 대중 스피치를 잘하려면 배우고 익히며 많은 실전 경험을 쌓을 필요가 있습니다.

　로마시대의 수사학의 대가이자 명연설가 키케로는 설득력 있는 스피치가 되려면 첫째 주장을 입증할 수 있는 증거나 논거를 발견하고, 둘째 그것들을 체계적으로 조직하고 나서, 셋째 청중에게 맞는 스타일로 문제를 구성하고, 넷째 그것들을 암기하여, 다섯째 명쾌하게 전달해야 한다고 했습니다.

성공적인 설득 스피치가 되려면 청중을 의도하는 대로 설득하려고 시도하기 이전에, 먼저 연사 자신을 설득해야 함을 유념해야 합니다. 연사 자신이 마음속으로 굳게 믿지 못하는 내용으로 어찌 청중을 제대로 설득, 감동시킬 수 있겠습니까? 자신의 마음에 담긴 굳은 신념을 청중에게 보여 줘야 청중의 가슴에도 같은 신념이 자리하게 될 것입니다.

4. 설득 프레젠테이션

프레젠테이션에서도 정보 전달, 설득, 의례, 엔터테인먼트 등의 다양한 목적의 프레젠테이션이 행해지지만 가장 중심에 서는 것은 역시 설득 프레젠테이션일 것입니다.

특히 비즈니스 경쟁 프레젠테이션인 경우는 회사의 발전과 직결되는 문제이며 경우에 따라 사활이 걸린 일일 수도 있을 정도로 중요합니다.

설득 프레젠테이션은 다른 목적의 프레젠테이션에 비해 성패 결과를 비교적 명확히 알 수 있습니다. 정보 전달 프레젠테이션인 경우는 청중이 얼마나 정보를 이해했는지 일일이 물어볼 수도 없고, 학생들처럼 시험을 치르게 할 수도 없는 노릇입니다.

하지만 경쟁 프레젠테이션이라면 다르죠. 목적 달성이냐 실패냐 그 결과가 따르게 됩니다. 수주 업체 선발을 위한 경쟁 프레젠테이션에서 평가자를 제대로 설득하지 못한다면 낙오되는 것이며, 제대로 설득했다면 수주 업체로 선정되는 승리를 쟁취하는 것입니다. 판매를 위한 설득 프레젠테이션을 잘했다면 계약 체결로 이어질 것이고, 그렇지 못했다면 쓸

쓸히 고객의 뒷모습만 바라보게 되겠죠.

  설득 프레젠테이션을 잘하기 위해서는 설득 기법을 잘 익혀둘 필요가 있으며, 이를 실제 프레젠테이션에 잘 적용할 수 있는 응용력이 필요할 것입니다.

  또한, 설득 프레젠테이션을 준비하고 실행할 때 다음을 특히 유념합니다.

1) 청중이 무엇을 원하고 있는지 마음을 읽으려 노력합니다.
2) 청중이 어떤 것을 좋아하고 싫어하는 것이 무엇인지 파악해 봅니다.
3) 청중이 나에게 특별히 기대하는 것이 무엇인지 생각해 봅니다.
4) 청중이 나에게 어떤 호감을 느끼고 있는지 가늠해 봅니다.
5) 청중이 이성적인 측면이 강한지, 감성적인 측면이 강한지 파악해 봅니다.
6) 청중의 마음을 움직이는 셀링(selling) 포인트가 무엇일지 생각해 봅니다.
7) 청중이 원하는 것 중 내가 그 이상의 만족을 줄 수 있는 점은 무엇인지 생각해 봅니다.
8) 청중에게 호감을 주기 위한 나의 언어, 외모 스타일은 어떠해야 할까 생각해 봅니다.
9) 나의 언어 표현이 청중의 마음에 진동을 일으킬 정도로 열정적인가 생각해 봅니다.
10) 어떤 메시지가 청중에게 가장 잘 받아들여질지 카피라이터의 심정으로 준비해 봅니다.

 설득 과정의 기본 요소

설득 과정은 주로 4가지 기본 요소를 포함합니다. 그 네 가지 요소는 다음과 같습니다.

<출처 요인 → 메시지 요인 → 채널 요인 → 수신자 요인 >

이를 좀 더 쉽게 나타내 보면
<누가 → 무엇을 → 어떤 수단으로 → 누구에게>로 표현할 수 있겠습니다.

설득 과정의 기본 요소를 하나씩 알아보며 특히 프레젠테이션과 관련해 살펴봅니다.

1. 출처 요인(누가)

1) 전문성

프레젠테이션을 누가 맡느냐가 설득의 결과에 영향을 미칩니다. 전문적 내용을 다루는 프레젠테이션이라면 그에 걸맞은 경력의 전문가가 맡아야 청중은 신뢰하며 듣게 될 것입니다.

자신이 프레젠터라면 내용에 대한 전문성을 갖추는 것도 필요하지만, 청중이 자신을 전문가로 인정할 수 있도록 수단을 취해야 할 것입니다.

2) 신뢰성

같은 메시지를 전할 때도 그 메시지의 발신자가 누군지가 설득력에 영향을 미칩니다.

00회사의 사장이 자신의 회사 재무구조가 탄탄하다고 말하는 것보다 공인된 회계 전문가가 그렇다고 말하는 것을 청중은 더 신뢰할 것입니다. 따라서 프레젠테이션을 할 때는 더욱 신뢰할 만한 출처를 통해 메시지를 밝혀주는 것이 좋습니다.

3) 호감도

프레젠터의 호감도와 신체적 매력도 설득의 효과를 더 높입니다. 어떤 연구에서는 매력적인 학생들이 매력이 적은 학생들보다 청원서에 대한 서명을 받는데 더 성공적이었음을 발견했습니다(Chiken, 1979). 자신이 프레젠테이션을 맡게 되었다면 복장과 헤어스타일 화장에도 신경을 써서 비호감이 아닌 호감형의 프레젠터가 되도록 연출할 필요가 있습니다. 얼굴을 바꿀 수 없지만, 인상은 바꿀 수 있다는 말이 있듯이 밝고 온화한 미소를 머금고 연단에 오르시기 바랍니다.

2. 메시지 요인(무엇을)

1) 이성적 메시지 vs 감정적 메시지

"나는 안정된 직장에 다니고 있으며, 급여는 얼마이고 아파트도 이미 마련해 놓았습니다. 여기 건강 진단서 보세요. 보시다시피 병도 없고 건강합니다. 나와 결혼하면 누구와 결혼하는 것보다 안정되고 행복한 결혼생활이 될 것입니다."

"당신이 아침에 눈을 떠서 처음 바라보게 되는 사람이 바로 나였으면 좋겠어요. 당신의 행복을 위해서라면 나는 당신의 왕자가 될 터이고, 동시에 당신의 신하가 될 것이고, 당신의 머슴도 될 것입니다. 저의 청혼을 받아 주세요."

청혼을 목적으로 한 메시지이나 둘의 분위기가 완전히 다르죠?
첫 번째는 이성적 호소였고, 두 번째는 감성적 호소였습니다.

어떤 메시지에 마음이 더 움직여질까요?

고객에게 논리적으로 설명해서 고개를 끄덕이게 하는 호소가 이성적 호소라면, 고객의 감성을 자극해서 가슴에서 뭔가 욕구가 솟아오르게 하는 것이 감정적 호소입니다.

프레젠테이션할 때도 "이 제품은 타사 제품보다 수명이 오래가지만, 가격은 20% 저렴합니다."라는 식의 이성적 호소에 주안점을 둘지, "이 제품을 사랑하는 사람에게 선물한다면 지금까지 받아본 어떤 선물보다도 기뻐할 것입니다." 하는 스타일의 감성적 호소에 주력할지 판단해 보시기 바랍니다. 물론 둘 다 고려해야 하겠지만요.

2) 이익 메시지 vs 공포 메시지

인간이라면 누구나 이익은 챙기려고 하고, 공포는 피하려고 할 것입니다.

설득 메시지의 방향을 이익에 초점을 둘 수도 있고 공포에 초점을 맞출 수도 있습니다.

예를 들어 금연 목적의 프레젠테이션을 하고자 할 때의 메시지를 살펴봅니다.

"금연을 하면 폐나 심혈관계 질환에 걸릴 가능성이 감소하는 등 전반적으로 건강이 향상되며 더욱 활기차지고 깔끔해지며 매력적인 모습이 됩니다. 또한, 경제적으로도 보탬이 됩니다." 등의 메시지는 이익에 호소하는 것입니다.

반면 폐암에 걸려 썩어가는 폐의 모습을 보여주며, 흡연으로 말미암은 사망자 수치를 그래프로 나타내며 지금 당장 금연하지 않으면 입게 될

제2강 설득 과정의 기본 요소 … 183

여러 가지 질병과 피해 등을 나타내는 메시지는 공포에 호소하는 것입니다.

보험 가입을 권유하는 프레젠테이션의 경우에도 '보험에 가입해두면 위기를 맞이해도 보험금 혜택을 받을 수 있어서 든든하고, 이자도 받을 수 있으며, 절세 효과도 있다.'라는 식의 이익 호소 메시지와 '불의의 사고를 당했을 때 겪게 되는 경제적 파산'을 다루는 공포 호소 메시지를 활용할 수 있겠습니다.

학자(Liberman & Chaiken, 1992)들의 연구에 따르면 해결책을 제시하지 않고서 청중에게 높은 수준의 공포를 유발한다면 청중은 방어적이 되고 설득에 실패한다고 하니 프레젠테이션을 할 때 참고하시기 바랍니다.

3) 일면적 메시지 vs 양면적 메시지

밝은 쪽이 있으면 그림자가 있기 마련이듯이 세상 어떤 일도 양면성이 있습니다.

프레젠테이션할 때 프레젠터의 주장에도 긍정적인 측면이 있지만, 부정적인 측면도 반드시 있게 마련일 것입니다.

한 이슈에 대해 긍정적인 면만을 제시한 메시지를 일면적 메시지라고 하며, 긍정적인 면과 부정적인 면을 동시에 제시한 메시지를 양면적 메시지라고 합니다.

그렇다면 긍정적인 측면의 메시지들로만 일면적으로 구성하여 청중에게 프레젠테이션하는 것이 좋을지, 아니면 긍정적 메시지뿐 아니라 부정적 메시지도 포함한 양면적 메시지를 구성하여 전할지 판단해 봐야 합니다.

일면적 메시지 전달과 양면적 메시지 전달 중 어떤 것이 더 효과적일까요?

이를 연구한 호블랜드라는 연구자는 교육 수준이 높은 수용자일수록 양면적 메시지의 효과가 크며, 전달자의 주장과 상반되는 태도를 지닌 수용자일수록 양면적 메시지의 효과가 크다고 밝혔습니다.

한편, 앨런이라는 학자는 더 나아가서, 양면적이면서 두 입장에 대한 논쟁이 있는 메시지인 '양면적 + 논박적 메시지'와 양면적이기는 하나 두 입장에 대한 논쟁은 없는 메시지인 '양면적 + 비 논박적 메시지'에 대한 설득 효과를 연구했는데 연구 결과에 따라 양면적이면서 논박적 메시지는 일면적 메시지보다 더 설득적이며, 일면적 메시지는 양면적이면서 비 논박적 메시지보다 더 설득적임을 알아냈습니다.

또한, 이를 통해 전달자의 공신력을 측정해 본 결과 양면적이고 논박적 메시지를 사용한 전달자가 가장 공신력이 있는 것으로 평가되었으며 양면적이고 비 논박적 메시지를 사용한 전달자의 공신력이 가장 낮았음을 밝혀냈습니다.

4) 복잡한 메시지 vs 단순한 메시지

"다람쥐, 토끼, 화장실, 나그네, 우산, 동물원, 기린, 파도, 솥, 양조장, 비닐, 컴퓨터"
 이 단어를 한 번 듣고 난 청중이 일주일 후 몇 개의 단어를 기억할까요? 일주일 후가 아니라 금방 듣고도 모두 재생하기 어려울 것입니다.
 지금 이 대목을 읽는 여러분도 방금 읽은 12개의 단어를 모두 떠올리기 어려우시겠죠?
 몇 개의 단어들도 그러한데 프레젠테이션에서 많은 메시지를 복잡하게 풀어내면 청중은 과연 얼마나 기억할 수 있을지 충분히 짐작하고 남겠습니다.
 메시지는 단순해야 합니다. 단순한 메시지가 기억에 오래 남고 설득력이 있습니다.
 설득은 논리가 명쾌하든지 감성의 색깔도 분명해야 합니다. 복잡하면 청중이 논리의 흐름도 쫓아가지 못하고, 감성의 색깔도 구분해낼 수 없습니다. 프레젠터가 무엇을 말하는지도 제대로 이해하지 못하는 상황에서 청중이 어떻게 설득이 될 수 있겠습니까?

하지만, 전문가 집단을 대상으로 프레젠테이션하는 경우는 메시지가 너무 단순해서는 설득력이 떨어질 수 있겠습니다. 이때는 어쩔 수 없이 복잡한 메시지가 되겠지만 프레젠터가 말하고자 하는 핵심 메시지만큼은 단순한 메시지로 만들어 분명하고 명쾌하게 전해질 수 있도록 합니다.

3. 채널 요인(어떤 수단으로)

채널은 설득 메시지가 전달자에서 수용자로 전달되는 통로이자 도구입니다. 전달자가 창안하고 구성한 메시지를 수용자에게 전달해 주는 운반체라고도 할 수 있겠습니다.

예를 들어 프러포즈하는 경우 다음과 같은 다양한 채널이 있을 수 있겠죠.

직접 만나 말로 전한다.
그녀(이)를 향한 나의 마음을 글로 옮긴 편지로 전한다.
전화로 사랑을 고백한다.
메일로 사랑의 분위기가 담긴 음악과 고백을 담은 글을 전송한다.
친구에게 내 마음을 대신 전해 달라고 한다.
사랑 고백 내용을 담은 현수막을 그녀가 다니는 골목에 걸어 둔다.
라디오 음악 방송에 사랑 고백을 담은 사연을 보낸다.
텔레비전 고백 프로그램에 출연해서 공개 프러포즈를 한다.

같은 메시지도 어떤 채널을 통하느냐에 따라 효과가 달라질 수 있습니다.

어떤 채널이 가장 효과적일까요?

반드시 뭐라고는 말할 수 없겠죠.

사람과 상황과 경우에 따라 채널의 효과가 달라지질 수 있으니까요….

프레젠테이션할 때는 글, 도형, 그래프, 사진, 그림, 동영상 등의 시각 자료뿐 아니라 프레젠터의 음성과 보디랭귀지도 채널 요소입니다.

대체로 인쇄 매체보다 전파 매체가 효과적이나 메시지가 복잡할 때는 인쇄 매체가 효과적이라고 합니다. 따라서 프레젠테이션할 때 복잡한 내용마저 알려야 할 필요가 있을 때는 청중에게 배부할 유인물을 따로 준비하는 것이 좋겠습니다.

채널이란 통로가 마치 동맥경화처럼 방해를 받는 경우 잡음이 개입되고 있다고 합니다.

효과적인 결과를 얻으려면 설득 메시지를 전달할 최적의 채널을 선택해야 하겠고, 잡음 요소는 줄여나가야 할 것입니다.

4. 수신자 요인(누구에게)

메시지도 중요하지만 그 메시지를 받아들일 수신자가 어떤 성향과 태도를 갖고 있느냐가 설득에 있어서 중요한 성공 요인입니다.

한 연구에서 미국과 같은 개인주의 문화의 참가자들은 독특성을 광고하는 잡지 광고를 선호한 반면 한국처럼 집합주의 문화의 참가자들은 동조를 강조한 광고를 선호하는 경향을 보였다고 합니다(Kim & Markus, 1999).

따라서 집합주의 성격을 띠고 있는 우리나라의 경우는 설득의 초점을 수신자 개인보다 집합이나 집합 구성원들과의 관계에 맞추는 것이 더 효과적인 경우가 많습니다.

실제 활용되고 있는 사례를 광고를 통해 살펴보면 가족과 효도에 호소하는 "아버님 댁에 보일러 놓아 드려야겠어요."라는 메시지, 서로 격려하고 위하는 결속적 문화에 호소하는 "많이 힘들지?" 하며 자양강장제를 주는 장면, 슬며시 건네주는 초코파이와 '정'이라는 문구가 나타나는 장면 등을 예로 들 수 있습니다.

또한 청중이 프레젠테이션을 통해 받게 될 다양한 정보나 메시지를 어떤 식으로 받아들일 것인지도 중요합니다.

리차드 페티와 존 캐시오포(Richard Petty & John Cacioppo)는 정교화 가능성 모델(Elaboration Likelihood Theory)을 통해 소비자가 어떤 메시지를 받아들일 때는 중심 경로와 주변 경로라는 두 경로를 통한다고 합니다.

중심 경로(central route)를 이용할 경우의 청중은 이전 경험과 비판적 사고를 동원하여 요모조모 이성적으로 따져보고 활발하게 분석 비판을 하며 주체적으로 메시지를 받아들이고 선택을 합니다.

주변 경로(peripheral route)를 이용할 경우의 청중은 비판적 사고가 없으며 메시지에 별다른 주의를 기울이지 않고 쉽게 판단을 하고 선택을 합니다.

쉽게 이해하기 위해 우리 자신의 삶을 성찰해 보면 어떤 선택은 신중하게 따져보고 선택하는 반면 또 다른 어떤 선택은 주변 분위기에 따라 쉽게 결정해 버리고 말죠. 어떤 메시지를 접하고 정보 처리를 위해 상당한 노력을 기울일 경우 우리의 태도 형성은 주로 중심 경로를 통하여 이루어지는 반면, 정보 처리를 위하여 그다지 노력을 기울이지 않을 때는 주변 경로를 통해 이루어지는 것입니다.

예를 들어 노트북을 살 때 자신의 노력을 동원해서 기능과 용량, 사양, 가격 등을 꼼꼼히 분석 비교하며 구매한다면 중심 경로를 통한 것이고, 유명 연예인의 광고에 끌렸거나 컴퓨터에 박식한 친구가 무슨 제품을 사는 게 좋을 것이라고 권해서 해서 샀다면 주변 경로를 통한 것입니다.

중심 경로를 통하여 태도 형성이 이루어질 때는 관련 정보를 주의 깊게 관찰하고 생각하게 되는 등 많은 인지적 노력이 투입되므로 그 결과 형성된 태도는 장기간 지속되는 경향이 있습니다.

한편, 주변 경로를 통한 태도 형성에서는 자신의 인지적 수고 없이 무의식적 무비판적인 수용이었으므로 일시적일 가능성이 높고 쉽게 변할 수 있는 것입니다.

설득 프레젠테이션 측면에서 살펴보면 중심 경로를 겨냥한 설득은 메시지의 내용과 논리에 기초한 이성적 설득이며, 주변 경로를 향한 설득은 메시지 이외의 요인인 매력, 신뢰성, 정서적 요인 등에 기초한 설득입니다.

이성적이고 비판적 사고를 좋아하는 성향을 지닌 사람일수록 중심 경로를 많이 사용하며, 그렇지 않은 사람이라도 자신과 관련성이 높거나 사안이 정말 중요한 경우에는 중심 경로를 사용하게 됩니다.

따라서 프레젠테이션의 주제와 관련한 청중의 관련도, 청중의 기존 경험과 개별적 성향 등을 제대로 분석해서 효과적인 전략을 수립해야 할 것입니다.

 설득 원리를 활용한
프레젠테이션 성공 전략

1. 일관성 원리

우리 인간은 자신이 이미 한 선택과 행동에 영향을 받습니다. 앞선 선택과 행동이 마치 자신의 판례처럼 작용하여 다음 행동에도 영향을 미치는 것이죠. 이는 이랬다저랬다 하지 않고 일관성을 유지하고자 하는 우리 인간의 심리에 근거합니다.

1) 문간에 발 들여놓기 기법

문간에 발 들여놓기 기법의 요지는 처음부터 자신이 원하는 전부를 상대방에게 요구하지 않고 상대방이 들어줄 만한 작은 요구부터 시작하는 것입니다.

모금 활용을 하는 분들이 관련 이슈에 지지하는 서명을 부탁한 다음, 서명이 이루어지면 그다음 얼마의 기부금을 부탁하는 경우 이 기법을 쓴 것이라 볼 수 있습니다.

프레젠테이션은 청중을 참여시킬 때도 응용할 수 있습니다. 먼저 쉬운 답변을 이끌어 내거나 간단한 동작을 따라 하게 하면 청중들이 일단 쉽게 참여하며 그다음부터는 조금 더 어려운 과제에도 잘 참여하게 됩니다.

유의할 사항은 최초 요구가 너무 작아 관련 감각을 만들어 낼 수 없거나, 두 번째 요구가 과도하게 크다면 비효과적일 수 있다는 것입니다(Foss & Dempsey, 1979; Zuckerman, Lazzaro & Waldgeir, 1979).

2) 낮은 공기법

어머니께서 "네 방바닥에 있는 물건 좀 치워라."라고 합니다. 아들은 "이 정도야 뭐" 하면서 물건을 치우기 시작합니다. 잠시 후 다시 어머니께서 "이왕 내친김에 먼지도 쓸고 걸레질도 하렴." 합니다. 이는 처음부터 "얘야, 오늘은 대청소를 하자꾸나."라고 할 때보다 더 효과적이라는 것입니다.

자동차 판매원이 저렴한 가격을 내세워 고객을 끌어들이고 나서, 계약이 이루어지고 난 다음에야 추가로 부담해야 하는 옵션 비용을 말하는 경우 낮은 공기법을 쓰는 것으로 볼 수 있습니다.

우리가 얼핏 생각하기에 숨겨진 부담이 드러나면 사람들이 화를 내며 거래를 취소할 것으로 생각할 수 있으나, 이런 경우가 있다고 해도 실제 낮은 공기법은 놀랄만한 효과를 발휘한다고 합니다(Burger & Petty, 1981).

2. 상호성 원리

사람은 상대방으로부터 뭔가 받고 나면, 나도 받은 만큼 뭔가 상대방에게 해 줘야 할 것 같은 부담을 가지게 됩니다. 이것을 활용한 것이 바로 상호성 원리 설득 기법입니다.

1) 문전 박대 기법

문전 박대 기법은 상대방이 거절할 것 같은 큰 요구를 한 다음, 들어줄 만한 작은 요구를 하는 것입니다. 상대방의 부탁을 못 들어주면 왠지 미안한 마음이 들기 마련입니다. 하지만, 들어주자니 부담이 너무 큽니다. 이때 상대방이 조금 전 제안보다 부담이 훨씬 덜한 부탁을 해오면 쉽게 들어주게 됩니다.

> "이봐, 100만 원 좀 빌려주게."
> "내가 그런 돈이 어디 있겠나."
> "그럼, 당장 급한 대로 5만 원만 좀 빌려주게."
> "그래, 그 정도는 내가 빌려주지."

문전 박대 기법을 쉽게 설명하면 큰 것에서 시작해서 작은 것으로 요구하는 설득 기법입니다.

2) 선물 공세

선물을 받으면 나도 상대에게 뭔가 해줘야 할 부담을 가지게 되는 것은 인지상정(人之常情)입니다. 무료 견본품을 제공하는 판촉 활동이 바로 이러한 것을 이용한 것입니다.

　마케팅 심리학자인 패커드(Packard)는 자신의 저서 『감춰진 설득자들』에서 인디애나 주의 한 슈퍼마켓 주인은 그의 앞마당에 다양한 치즈를 진열해 놓고 손님들로 하여금 원하는 만큼 공짜로 시식하게 하였더니 하루 동안 무려 1,000파운드의 치즈를 팔았다고 합니다.

　"얻으려면 먼저 베풀라."라는 말이 설득 기법에서도 설득력을 얻고 있습니다.

3. 희소성 원리

　다이아몬드는 물보다 사용가치는 없습니다. 물이 없으면 인간은 죽게 되지만 다이아몬드 없이는 충분히 살 수 있습니다. 그런데 왜 물보다 다이아몬드가 훨씬 비쌀까요?

바로 희소하기 때문입니다.

판매 현장에서도 이 원리를 많이 활용합니다. 다음의 말들을 무수히 들어왔을 것입니다.

"이 제품은 200분 한정 공급입니다."
"오늘만 신청을 받습니다."
"남은 시간 동안만 할인 판매가 이루어집니다."
"오늘 참석하신 분께만 혜택을 드립니다."

이익만을 추구하기 위해 희소성의 원리를 이용한 속임수나 거짓말을 늘어놓아선 안 되겠지만, 자사의 제품이나 기술, 서비스가 흔하게 취급받지 않도록 하는 것은 필요한 일이겠습니다.

4. 사회적 증거의 법칙

"너 그 책 왜 샀어?"
"서점에 가니까 베스트셀러라고 하더라고."
"베스트셀러면 다 좋은 책일까?"
"안 좋으면 베스트셀러가 되었겠어?"

대부분의 사람은 '가장 많이 팔린 것이 가장 좋을 것이다.'라는 생각을 은연중에 가집니다. '많은 사람이 샀다면 뭔가 괜찮으니까 산 것이 아니겠어.'라는 생각이 바탕이 된 것이죠. 그래서 많은 사람이 몰려가는 쪽으로 따라 하게 됩니다. 이것이 바로 사회적 증거의 법칙입니다.

프레젠테이션을 할 때 청중 대부분이 프레젠터에게 지지의 박수를 보내면 그렇지 않았던 청중의 마음에도 영향이 끼쳐집니다.

'모두 저렇게 환호하는 걸 보면, 내가 잘못 생각했나 봐.'하며 태도를 바꿀 수 있습니다.

이런 심리를 활용한 좋은 예가 바로 박수부대입니다.

박수부대(claquing)의 기원은 1820년 오페라 극장의 단골손님이었던 소통(Sauton)과 포르셰(Porcher)라는 두 사람에서부터 시작되었다고 합니다. 분위기를 돋우는 박수를 자신들의 비즈니스 상품으로 활용한 것입니다.

청중의 환호와 박수 소리가 크면 클수록 공연은 성공적으로 보이게 됩니다. 공연을 보고 난 청중은 스스로는 뭔가 찜찜했더라도 그것은 자신의 잘못된 판단이라고 여깁니다. 그래서 모두 괜찮은 공연이었다고 착각하게 됩니다.

5. 권위의 법칙

어느 병원에서 의사가 환자의 보호자인 아내에게 말합니다.
"부인, 정말 안 되었습니다. 남편께서 운명하셨습니다."
부인은 통곡하며 슬피 웁니다.
잠시 후 침대에 누워 있던 남편이 시트를 걷어내며 말을 합니다.
"여보, 나 아직 안 죽었어."
그러자 부인의 반응.
"당신이 뭘 안다고 그래요. 의사 선생님이 분명히 죽었다고 했는데."

물론 유머였습니다만, 우리 인간은 의외로 권위에 약합니다.

권위자가 하는 말은 비판 의식 없이 쉽게 받아들이는 경향이 있습니다.

그래서 수많은 판매 광고, 마케팅에서 그 분야의 전문가를 내세워 효능과 효과를 설파하게 하기도 하고 각종 권위를 활용합니다.

무슨 상을 받았다느니, 어떤 것에 선정되었다느니, 어느 곳으로부터 인증을 받았다느니 하는 자랑도 권위의 법칙을 활용하는 것입니다.

그런 것에 별 영향을 받을 것 같지 않다고요? 실제 많은 사람이 영향을 받게 됩니다.

심지어 식당들마저도 '○○ 방송에 나온 집'이라고 크게 현수막이나 사진까지 걸어두며 홍보하지 않습니까? 그걸 보고 우리는, 마치 방송사에서 그 식당을 엄격히 검증해 준 것으로 착각한 것은 아닌지 생각할 겨를도 없이 무조건 그 집으로 들어갑니다.

프레젠테이션할 때도 설득력을 높이기 위해 전문가나 전문 기관의 권위를 이용할 수 있겠고 자신의 회사나 자사 제품에 권위를 부여할 만한 수상 경력, 인증서 등이 있으면 적극 활용을 검토할 필요가 있겠습니다.

6. 양자택일 기법

손님이 옷을 고르고 있는데 점원이 여러 벌의 옷을 늘어놓으며 이런저런 설명을 합니다.
손님은 뭘 골라야 할지 헷갈려 망설이고만 있습니다.

시간은 흘러만 가고 손님이나 점원이나 어찌할 바를 모르는 상황입니다.
손님은 오늘은 관두고 다음에 고르든지 딴 집에나 가볼까 하는 생각이 듭니다.
점원은 '이제 손님 놓치겠구나. 고생한 보람이 물거품이 되는구나!' 하는 느낌이 밀려옵니다.

이때 선배 점원이 다가오더니 노련하게 두 벌을 골라 손님 앞에 펼쳐 놓습니다.
"손님께는 이 두 벌이 정말 잘 어울리시겠네요. 이 중에서 하나 골라 보시는 게 어때요?"
그러자 손님이 한 벌씩 다시 몸에 대어 보더니 그중 하나를 집으며 "아, 이게 좋겠네요. 이걸로 주세요." 합니다.

프레젠테이션할 때도 청중이 선택할 수 있는 가짓수를 너무 많이 제시하는 것보다 최적의 것이라 여겨지는 두 가지 정도로 선택의 폭을 압축해 주는 것도 좋습니다.

7. 순서 효과

같은 메시지라도 배열 위치에 따라 뉘앙스가 달라질 수 있습니다.

다음 두 문장을 살펴볼까요?

"당신은 예쁩니다. 하지만, 성격이 모났습니다."
"당신은 성격이 모났습니다. 하지만, 예쁩니다."

똑같은 단어들로 구성되어 있지만, 배열 위치를 달리하니 전혀 다른 느낌이 듭니다.

설득 메시지도 설득을 위한 핵심 메시지를 앞부분에 배치할 때 설득 효과가 큰 경우가 있고, 혹은 뒷부분에 배치할 때 설득 효과가 큰 경우가 있습니다.

전달자의 주장이 반대 주장보다 먼저 제시되는 것이 효과적일 때를 '초두 효과'(primacy effect)라고 하며, 전달자가 자신의 주장을 나중에 제시하는 것이 효과적일 때 '최신 효과'(recency effect)라고 합니다.

로스노우와 로빈슨의 연구를 따르면 메시지 주제가 흥미롭거나 익숙할 경우, 주제가 상대적으로 덜 중요한 것일 때 초두 효과가 발생하며, 중요한 주제이긴 하지만 상대적으로 덜 익숙할 때는 최신 효과가 발생한다고 하니 프레젠테이션할 때도 이를 참고로 하면 좋겠습니다.

사람은 처음과 나중을 가장 잘 기억하는 경향이 있습니다. 따라서 연설이나 정보 전달 목적의 프레젠테이션인 경우는 청중이 기억해야 할 중요 메시지를 도입부와 마무리 부분에 위치시키는 것이 효과적일 수 있습니다.

하지만, 설득이 목적이면 전략적인 준비와 접근이 필요합니다.

경우에 따라 다를 수 있으나 필자의 경험상 대개 호의적인 청중에게는 앞부분에 핵심 메시지를 배치하고 자세한 부연 설명을 곁들여 나가는 것이 좋으며, 배타적이고 비판적인 청중에게는 다양한 논의 점을 설득력 있게 풀어나간 다음 청중의 공감을 어느 정도 끌어낸 다음 핵심 메시지로 결론을 내리는 것이 좋겠습니다.

8. 단어 효과

사람은 단어를 듣게 되면 그에 따른 자극을 받게 되는 데 특정한 상황에서 특별히 와 닿는 단어들이 있기 마련입니다.

하버드대학교 여성 사회심리학자 랭거는 재미있는 실험을 하나 했습니다.

도서관에서 복사하기 위해 줄을 서서 기다리는 사람들을 대상으로, 늦게 온 사람이 새치기를 위해 앞사람의 양보를 얻어내기 위한 몇 가지 말의 설득 효과성을 측정했습니다.

"죄송합니다. 제가 먼저 하면 안 될까요?"라는 말은 60%의 양보를 얻어냈지만,

"죄송합니다. 제가 먼저 하면 안 될까요? **왜냐하면** 아주 바쁜 일이 있

거든요."라는 말은 94%의 양보를 얻어냈습니다.

　더욱 재미있는 것은 "죄송합니다. 제가 먼저 하면 안 될까요? **왜냐하면** 지금 복사를 해야 하거든요."라며 논리적으로 말이 되지 않는 말에 93%의 양보를 받을 수 있었다는 것입니다.

　이 실험의 결과는 논리적인 메시지 전달보다 '왜냐하면'이라는 특정 단어가 오히려 더 큰 힘을 발휘하고 있음을 알려주고 있습니다.

　그럼, 설득 프레젠테이션할 때 청중에게 설득력 있는 자극을 일으키고 영향력을 끼치는 효과적인 단어 몇 가지를 살펴보겠습니다.

　　① 혜택 / 이익이 되는
　　② 보장하는 / 보증하는
　　③ 증명된 / 확실한 / 검증된
　　④ 안전한 / 안심할 수 있는
　　⑤ 쉬운 / 편하게 / 편리하게
　　⑥ 바로 / 지금 / 신속한 / 빠른
　　⑦ 무료 / 할인 / 덤으로

　앞으로 대인 커뮤니케이션 상황에서 상대를 설득해야 할 때도 이런 단어를 활용하면 좋은 효과를 얻을 수 있겠습니다. 하지만, 무조건적이 아닌 적절한 때에 사용해야 함을 잊지 말아야겠습니다.

제 5 편
프레젠테이션 내용 구성 기법

▎제1강 내용 구성의 이해와 핵심
▎제2강 프레젠테이션 내용 구성

 내용 구성의 이해와 핵심

- 구성되지 않은 내용은 조립되지 않은 자동차 부품과 같다. -
김현기

"구슬이 서 말이라도 꿰어야 보배다."라는 속담이 있습니다. 바로 내용 구성의 중요성을 함축적으로 말해주는 멋진 속담입니다. 흩어진 메시지들은 청중에게 설득이나 감동은커녕 이해조차 시킬 수 없습니다. 그야말로 마이동풍, 우이독경이 됩니다. 만찬에서도 전채요리를 먹고 주 요리들이 이어진 다음 후식으로 끝을 맺듯이 어떤 일이든 순서가 중요합니다. 프레젠테이션도 마찬가지입니다. 잘못된 순서로 메시지가 뒤죽박죽 되어 버린다면 프레젠테이션은 결코 성공할 수 없습니다. 특히 말은 순서에 따라 다른 영향을 내기도 합니다. "당신은 분위기는 잘 살려도 노래는 못 부르시네요."라는 표현은 어떨까요? 듣는 사람 기분이 그렇게 좋지는 않을 것입니다. 하지만, 같은 문구라도 순서만 바꿔서 "당신은 노래는 못 불러도 분위기는 잘 살립니다."라고 말해준다면 이는 칭찬으로 받아들여질 수 있는 것입니다.

1. 내용 구성의 기초

청중이 프레젠터의 모든 말을 집중해서 경청할 것으로 생각하는 것은 큰 오산입니다. 청중 대부분은 적극적이기보다는 수동적인 경우가 많습니다. 따라서 시작에서부터 청중의 관심과 주의를 끌어 듣고자 하는 마음을 조성시킬 필요가 있습니다. 그리고 프레젠테이션이 이루어지는 동안에도 청중의 주의를 계속 붙잡을 수 있도록 하기 위한 효과적인 전략과 구성이 필요한 것입니다.

1) 핵심메시지는 반복적으로 배치합니다.

광고가 사람들에게 큰 영향을 끼치는 것은 광고 메시지에 계속해서 반복적으로 노출되기 때문입니다. 프레젠테이션에서도 마찬가지입니다. 핵심 메시지는 반복해서 전달하도록 합니다.

청중은 프레젠터가 전달하는 내용의 모든 것을 기억하지 않습니다. 대부분 내용은 잊어버리고 몇몇 관심 있는 부분만 이해하고 기억하기 일쑤입니다. 또한, 어떤 부분이 중요한 부분인지 그렇지 않은지도 청중은 판단하기가 쉽지 않습니다. 그러므로 중요한 핵심 메시지는 한 번에 그치지 말고 반복해 주는 것이 좋습니다.

2) 시작과 끝 부분을 특히 정성 들여 준비합니다.

청중이 가장 기억하기 쉬운 대목은 어느 부분일까요? 바로 시작 부분과 끝 부분입니다. 따라서 시작과 끝 부분은 더욱 정성을 들여 메시지 구성을 하도록 합니다.

특히 시작 부분에서 청중에게 긍정적인 인상을 심어주는 데 성공하면 중간에 약간의 미숙함이나 실수가 있더라도 청중은 긍정적인 인상을 쉽게 바꾸지 않는 경향이 있습니다. 이를 심리학 용어로 '맥락 효과'(context effect)라고 하는데 우리 인간은 처음에 받아들여진 정보를 쉽게 버리지 못하고 다음에 받아들여지는 정보를 판단할 때도 영향을 받는다는 것입니다.

3) 논리뿐 아니라 청중의 주의 집중을 고려합니다.

내용의 구성을 할 때 가장 고려해야 할 부분은 첫째, 논리, 둘째, 청중의 주의 집중입니다. 논리가 없다면 설득력을 잃을 것이며, 아무리 좋은 내용도 청중이 딴 곳에 정신을 팔고 있다면 무용지물이 됩니다. 논리적인 순서대로 배열해 나가되 청중이 시작부터 끝까지 주의를 흩트리지 않고 집중해서 경청할 수 있도록 해야 합니다.

4) 가장 기본적인 구성법은 3부 구성법입니다.

내용 구성 기법 중에서 가장 기초적이며 일반적인 내용 구성은 3부 구성입니다. 3부 구성은 흔히 들어왔던 '도입부(서론) - 전개부(본론) - 결론부(결론)'로 나뉘는 내용 구성 기법입니다. 이는 가장 쉽게 활용할 수 있는 단순하며 효과적인 구성 방식입니다.

도입부에서는 분위기를 조성하며 본론에서 다룰 핵심 내용에 대한 개요를 소개합니다. 전개부에서는 자신의 주장이 무엇인지 부연 설명과 근거를 곁들여 상세하게 말합니다. 결론부에서는 지금까지 다룬 내용을 요약하고 재 강조합니다.

청중이 더욱더 쉽게 내용을 이해할 수 있도록 하기 위한 본론의 내용 배열 방법으로는 연대순으로 배열하는 방법, 공간적인 이동을 통한 전개 방법, 일반적인 것에서 구체적인 것으로 내용을 배열하는 방법, 쉬운 것에서 어려운 것으로 내용을 배열하는 방법 등이 있습니다.

2. 청중의 주의와 관심을 끄는 도입부

인간관계에서도 첫인상이 중요하듯 프레젠테이션의 첫인상을 가름 짓는 부분이 도입부입니다. 시작이 반이라는 말처럼 프레젠테이션의 성공적인 시작은 성공적인 결과를 더욱 쉽게 불러옵니다. 프레젠터가 청중에게 인사를 한 시각부터 약 3분까지의 시간이 그 이후의 분위기에 적지 않은 영향을 끼치며 프레젠테이션의 성패를 좌우할 정도의 큰 영향을 끼치게 됩니다.

도입부의 시간은 일률적으로 말하기는 어렵지만 대체로 프레젠테이션 전체 시간의 15% 정도가 적당합니다. 예를 들자면 20분짜리 프레젠테이션을 하게 되면 도입부는 20분의 15%인 3분 정도가 좋겠습니다. 그러나 예외적으로 청중이 비자발적이거나 배타적인 태도를 보이고 있는 경우, 청중이 프레젠테이션에 대한 관심과 필요성을 낮게 가진 경우는 도입부에 더 많은 시간을 할애하도록 합니다.

프레젠테이션의 도입부에서는 호감 사기, 공신력 확보, 관심과 주의 끌기, 배경 설명, 전체 개요 보여주기, 목적과 필요성 일깨우기, 시간 및 운영 계획 알려주기 등이 담길 수 있습니다.

1) 호감 사기

청중은 호감을 느끼는 프레젠터의 말에 더 집중하고 신뢰하는 경향이 있습니다. 청중의 호감을 얻으며 프레젠테이션을 시작한다면 프레젠테이션의 성공 확률은 높아집니다. 호감을 사는 방법 중 최고의 방법은 청중을 칭찬해 주는 것입니다. 가벼운 유머, 친근한 덕담, 자연스런 스몰토크, 청중에게 감사하기와 청중과의 인연 찾기도 청중의 호감을 끌어내는 좋은 방법이 됩니다.

"제가 여러 기업을 방문해 보지만 이렇게 화기애애하고 가족 같은 분위기의 회사는 정말 처음인 것 같습니다. 입구에서부터 만나시는 분마다 마치 한 식구처럼 반갑게 인사하며 저를 반겨 주셨는데 정말 고향에 온 것 같은 푸근한 느낌이 들었습니다."

2) 공신력 확보

일반적인 주제는 누구나 다룰 수 있겠지만, 전문적인 주제는 자격을 갖춘 사람이 다루었을 때라야 청중은 신뢰하며 경청하게 됩니다. 전문적인 내용을 다루는 프레젠테이션인 경우는 도입부에서 주제와 관련된 발표자의 프로필을 언급해 줌으로써 전문성을 부각시킬 필요가 있습니다. 위염 예방과 치료에 대한 주제를 의사가 아닌 일반인이 프레젠테이션한다면 청중은 고개를 갸웃거릴 것입니다.

필자의 경우 스피치 프레젠테이션과 관련된 전문 주제로 특강을 나갔을 때 필자의 이력과 강의 경력, 수상 경력 등을 도입부에서 밝혀 드립니다. 이는 자기 자랑이 아니라 청중으로부터 신뢰를 얻기 위한 공신력 확보 차원에서 행해지는 것입니다.

3) 주의와 관심 끌기

웅성웅성한 분위기 속에서 프레젠터가 연단에 오릅니다. 첫인사를 한 프레젠터의 말에 청중은 귀를 기울일 생각조차 하지 않는 듯 여전히 산만합니다.

그런 분위기에 실망하거나 기죽지 않고 프레젠터는 힘차게 첫말을 꺼냅니다.

"저는 어제 이혼했습니다."

이 말에 장내는 갑자기 쥐 죽은 듯이 조용해지며 모두 프레젠터에게로 시선이 쏠립니다. 청중의 주의가 자신에게로 쏠리자 프레젠터는 가볍게 숨을 한 모금 들이쉬더니 심각한 표정으로 말을 이어나갑니다.

"20년 동안이나 제가 너무나 아끼고 사랑했던, 그리고 늘 저와 함께 했던"

이 대목에서는 모든 청중이 안타까운 심정이 되어 프레젠터의 입만 바라봅니다.

잠깐의 포즈를 두고 난 프레젠터는 다시 또렷하게 말을 이었는데 다음 말에 모든 청중이 안도의 한숨과 함께 웃음을 터트립니다.

"담배와 결별하기로 결심을 했습니다."

청중의 주의와 관심을 끌어야만 프레젠테이션은 순조롭게 출발하게 됩니다. 아무도 주의와 관심을 기울이지 않는 가운데 이뤄지는 프레젠테이션은 공허한 메아리에 불과할 것입니다. 청중의 주의와 관심을 끄는 방법으로는 깜짝 놀랄만한 문구, 호기심을 유발하는 시각 자료를 활용하거나 극적인 사례로 프레젠테이션을 시작하는 것이 효과적입니다. 청중이 소극적인 자세를 보이는 경우는 청중의 이익이나 욕구를 자극하는 질문을 활용하는 것이 유용합니다.

4) 배경 설명

역사적 인물을 이해할 때는 그 인물 자체만을 다루기보다 시대적 배경을 살펴봄으로써 그 인물을 더 깊이 이해할 수 있습니다. 일상적인 일에서도 단순히 일어난 사건 자체만이 아닌 그 배경까지도 함께 고려했을 때 제대로 파악을 할 수 있습니다. 그런 것처럼 프레젠테이션할 경우에도 마찬가지일 수 있습니다. 프레젠테이션에서 배경 설명은 필수적인 것은 아니지만 필요한 경우 프레젠테이션을 하게 된 배경이나 주제 선정 배경을 청중에게 알려주는 것이 청중의 관심도와 이해도를 높이는 데 도움이 됩니다.

"오늘 제가 여러분 앞에서 발표를 맡게 된 것은 사장님의 각별한 요청 덕분입니다. 귀사의 올해 가장 큰 목표가 베트남 시장 진출이라고 들었습니다. 저는 베트남과 무역을 10년째 해 오고 있습니다. 사장님께서 황송하게도 저의 무역 경험을 높게 평가하셔서 여러분께 베트남 진출에 도움이 되었으면 하는 바람에서 저를 불러주신 것 같습니다. 오늘과 내일에 이어 두 시간씩 두 번의 프레젠테이션이 잡혀 있습니다. 오늘의 주제는 '베트남의 문화와 관습'에 대한 것입니다. 무역의 성패도 결국 사람과의 관계에 달렸습니다. 그래서 그 나라 사람의 생각과 문화를 이해하는 것이 무엇보다도 중요합니다."

5) 전체 개요 보여주기

정보 전달을 위한 목적의 프레젠테이션인 경우 전체 개요, 목차를 도입부에서 알려주는 것이 좋습니다. 특히 공식적인 보고에서는 목차를 서두에서 언급하는 것이 관행처럼 이루어지고 있습니다. 전체 개요를 설명할 때는 방향 정도를 안내하는데 그쳐야지 너무 세세하게 다루게 되면 오히려 산만한 진행이 될 수 있다는 점을 유의합니다.

6) 목적과 필요성 일깨우기

청중의 주제에 대한 관심도가 낮은 경우는 프레젠테이션의 목적과 필요성을 청중에게 일깨워 주는 것이 효과적입니다. 청중 입장에서 '내가 왜 이 프레젠테이션을 들어야 하지?', '내가 이 프레젠테이션을 들었을 때 어떤 이득이 있지?'에 대한 답을 드리는 것입니다. 청중이 이에 대한 답을 얻었을 때 더 집중해서 적극적으로 경청하게 될 것입니다.

"오늘 여러분께 발표해 드릴 주제는 '상반기 영업 시책'입니다. 올 상반기 영업 시책은 작년과 많이 달라졌습니다. 여러분이 관리하는 영업사원들의 수당과 직결되는 내용이니만큼 점포장님들께서는 한 부분도 빠짐없이 숙지하시길 당부 드립니다."

7) 프레젠테이션의 시간 및 운영 계획 알려주기

우리는 영화나 연극을 감상할 때도 몇 시간짜리 영화인지 대략 어떤 성격의 영화인지를 알고 보고자 합니다. 프레젠테이션을 얼마 동안 어떻게 진행해 나갈지를 미리 알려주면 청중은 나름대로 준비된 마음으로 경청할 수 있습니다.

"제 발표 시간은 20분입니다. 발표가 끝나면 10분간 질의응답 시간을 갖도록 하겠습니다. 오늘 발표 주제는 '살과의 전쟁에서 승리하기'입니다. 먼저 비만의 심각성을 살펴본 다음, 비만의 예방법과 다이어트 방법의 순으로 설명 드리겠습니다."

3. 청중과 함께 가는 전개부

전개부는 앞에서 설명한 것처럼 프레젠테이션의 본론에 해당하며 주제에 대한 논의를 본격적으로 전개해 나가는 부분입니다. 많은 분이 본론 부분에서 논리와 조리를 가장 크게 염두에 두는 데 논리와 조리도 중요하지만, 무엇보다도 중요한 것은 청중과 함께 가는 전개부여야 한다는 것입니다. 아무리 조리 있고 논리적인 설명을 해 나가더라도 청중이 따라오지 않고 공감해 주지 않으면 아무 소용없기 때문입니다. 청중의 관심을 계속 유지하고 공감을 끌어내는 효과적인 전개부가 되기 위한 방법을 살펴보도록 합니다.

1) 청중이 듣고 싶어 하는 내용을 말하도록 합니다.

프레젠테이션의 성패 여부는 청중의 손에 달렸습니다. 프레젠터 혼자

자기 기분에 도취되어 들뜬 마음으로 쏟아내는 말들은 하지 않느니만 못합니다. 청중이 무엇을 듣고 싶어 하는지를 항상 고려해야 합니다. "내가 하고 싶은 말을 떠올리는데 3분의 1을 썼다면 청중이 듣고 싶어 하는 말이 무엇인지를 숙고하는데 3분의 2를 썼다."라는 링컨의 말을 되새겨 볼 필요가 있습니다.

2) 청중으로 하여금 흥미 있게 귀를 기울이게 하는 내용은 다음과 같은 것들입니다.

- 청중이 실제로 얻게 되는 이익과 혜택
- 청중이 몰랐다면 큰 손실과 피해를 당할 수도 있는 것의 예방책
- 기존의 무엇과는 확연히 다르고 발전한 무엇인가를 제시
- 청중의 고민거리에 대한 구체적이고 명쾌한 해결책
- 청중과 관련된 일의 세부적인 추진 계획
- 청중의 현재와 미래에 큰 영향을 끼치는 무엇
- 청중의 피부에 와 닿는 현실적인 문제와 개선책
- 청중이 알고 싶어 하는 내용의 구체적 사례

3) 장황해지지 않도록 간결하게 말하십시오.

좋은 본론이 되려면 간결한 표현이 되어야 합니다. 본론에서는 이것, 저것 제대로 잘 설명하려는 욕심에 장황해지기가 쉽습니다. 불필요한 부연 설명은 될 수 있는 대로 하지 않도록 하며 순간적으로 떠오른 준비되지 못한 메시지들은 되도록 삼가도록 하고 필요시에는 절제해서 말하도록 합니다. "말씀드리다 보니 갑자기 이런 생각이 떠오릅니다." 하며 준비되지 않은 말들을 즉흥적으로 쏟아내게 되면 실패의 길로 가는 지름길이 될 수 있습니다.

제1강 내용 구성의 이해와 핵심 … 213

4) 전하고자 하는 내용을 3가지 항목으로 분류해 보십시오.

 전개부의 구성은 시간적 흐름에 따라, 공간적 이동 경로를 따라, 논리적인 흐름에 따라 다양하게 배열할 수 있겠으나 가장 간편하고 가장 많이 쓰이는 방식은 주제와 관련한 다양한 내용을 몇 개의 소주제 항목으로 나누어 각 부분을 설명해 나가는 것입니다. 가능한 핵심 요지는 세 가지, 많게는 네 가지 정도로 제한하는 것이 좋습니다. 그 이유는 인간의 기억 구조상 다섯 가지가 넘어가면 청중이 받아들이기 쉽지 않기 때문입니다. 반대로 핵심 요지가 한 가지나 두 가지라면 너무 단조롭고 무의미해질 수 있기 때문입니다. 그런데 핵심 요지가 부득이하게 세 가지가 넘어 아홉 가지가 되었을 경우는 세 가지씩 묶어 주면 효과적입니다.

5) 주장에는 근거를 반드시 제시하도록 합니다.

"외계인은 모두 불교 신자라고 생각해."
"넌, 무슨 근거로 그런 말을 해?"
"모두 머리를 밀었잖아."

막연한 주장은 전혀 설득력이 없습니다. 근거 있는 주장이 참 주장이며 설득력 있는 주장이 됩니다. 프레젠테이션에는 다양한 주장을 하게 되지만 그 주장마다 객관적 근거나 증거를 제시해 설득력 있는 주장이 되도록 해야 합니다. 특히 시각 자료를 활용한 프레젠테이션은 '비주얼 근거'를 사용할 수 있는 장점이 있습니다. 'Seeing is believing!" "百聞이 不如一見"이란 말이 있듯이 백 마디 말보다 한 장의 사진이나 그림이 더 큰 효과를 냅니다.

"우리 회사는 건축 기술이 다른 어떤 회사보다도 뛰어납니다."라는 표현 정도로는 아무도 공감하지 않을 것입니다. "우리 회사는 중국 상해에 20층짜리 멋진 쇼핑센터를 지었으며, 중국 정부로부터 2010년 건축 부분 최우수상을 받았을 만큼 건축 기술이 뛰어납니다."라는 표현이 더 설득력이 있는 것은 당연할 것입니다. 게다가 쇼핑센터의 사진과 더불어 상장과 상패 사진을 청중에게 보여 준다면 훨씬 더 효과적이겠죠.

6) 사례(Examples)를 활용하십시오.

추상적인 문구나 구호는 추상적인 결과에 머물고 맙니다. 프레젠테이션을 통해 구체적인 성과를 얻고 싶으면 프레젠테이션도 구체적인 설명이 되어야 할 것입니다. 설명의 다양한 방식 중에서 청중이 가장 쉽고 재미있게 이해하는 방식은 역시 사례를 드는 것입니다. 단순히 설명 문구만 들었을 때는 전혀 이해되지 않던 것도 사례를 들어 구체적인 설명을 해주면 누구나 고개를 끄덕이며 공감을 하게 됩니다. 기업의 보고 프레젠테이션에서도 현장 담당자는 현장의 소리를 경영자에게 제대로 전할 수 있어야 합니다. 단순한 숫자 놀음에 불과한 보고보다는 현장에서 일어났던 구체적인 사례를 곁들인 보고가 훨씬 더 공감을 이끌어낼 수 있습니다. 사례는 자신이 체험한 사례라면 더욱 좋겠지만, 반드시 그럴 필요는 없습니다. 자사가 본받을 만한 타사의 사례나 외국 사례 등도 훌륭한 사례가 될 것입니다.

8) 통계(Statistics)나 수치는 비유를 통해 더 선명히 설명하십시오.

숫자를 좋아하는 사람은 그렇게 많지 않습니다. 프레젠테이션에서도 숫자들이 난무하면 청중은 괜히 복잡해지고 어려워지는 느낌을 받습니다. 그러나 프레젠테이션은 내용의 정확성과 신뢰성, 설득력 있는 근거를 제시하기 위해서 통계나 수치를 많이 사용하게 됩니다. 그럼 어떻게 하면 통계나 수치를 말하더라도 청중이 보다 쉽게 이해하고 지루해하지 않게 경청할 수 있도록 할까요? 그 비결은 통계나 수치를 언급하되 단순히 통계나 수치를 언급하는 데서 그치지 말고 비유를 통해 더 선명히 설명하는 것입니다.

예를 들면 "우리 회사가 지금까지 공사를 한 면적은 1,900km²입니다."라고 끝내지 말고 "우리 회사가 지금까지 공사를 한 면적은 1,900km²입니다. 1,900km²란 면적은 제주도 면적이 1,848.5km²니까 제주도 보다 좀 더 넓은 면적입니다."라고 비유를 통한 설명을 덧붙여 주는 것이 효과적입니다.

9) 본론의 시각 자료는 일관성 있게 제작하며 장면 전환을 할 때는 논의 전환사로 단락 구분을 분명히 밝힙니다.

시각 자료의 디자인이나 색상이 일관성 없이 알록달록 들쑥날쑥하면 설명하는 프레젠터나 청중 모두가 헷갈리게 됩니다. 시각 자료는 메시지의 논리에 따른 순서와 항목의 우위에 걸맞게 일관성 있는 표현이 되도록 합니다. 전체적으로도 균형과 조화를 갖추되 세부 소항목은 해당 항목임을 쉽게 알아볼 수 있게 특징이 일관된 디자인과 색상을 사용하는 것이 좋습니다.

장면 전환을 할 때는 "이번에는 경제적 측면의 효과에 대해 살펴보겠습니다.", "다음은 해결 방안에 대해서 말씀드리겠습니다."라는 식으로 논의 전환사를 활용해 단락 구분을 지어주는 것이 효과적입니다.

4. 함축적이며 여운이 남는 결론부

영철 씨는 맞선만 서른 번 넘게 보았지만, 번번이 실패의 잔을 들어야만 했습니다. 그러던 중 정말 꿈에 그리던 멋진 신붓감을 만나게 되었습니다. 영철 씨는 자신의 이상형이자 결혼 대상자로서 최고의 여성분이라고 여겨지는 향숙 씨를 만나 벌써 20분째 열심히 말을 이어가고 있습니다. 향숙 씨의 반짝이는 눈빛을 보니 성공적인 결과가 예상됩니다. 정말 좋은 분위기의 막바지에 영철 씨가 마지막 말을 꺼냅니다.

"향숙 씨, 오늘 즐거웠습니다. 제가 연락드릴게요."

돌아가는 영철 씨의 뒷모습을 지켜보는 향숙 씨는 속으로 중얼거립니다.

"결론이 뭐야? 그냥 형식적인 인사말이야, 아니면 다음에 만날 의사가 정말 있다는 거야, 도대체 어쩌자는 거야?"

서두에서 구슬을 예로 들었듯이 구슬을 잘 꿰어 나가다 마지막 매듭을 잘 짓지 못하면 땅바닥으로 구슬이 흩어지게 됩니다. 마찬가지로 결론을 잘 맺지 못한 프레젠테이션도 이와 같습니다. 결론은 지금까지 해온 노력의 결실을 보는 순간이며 청중이 가장 잘 기억하는 부분이기도 합니다. "끝이 좋으면 모든 게 좋다."라는 말이 있는 것처럼 결론을 어떻게 맺느냐에 따라 프레젠테이션 성패가 달렸다고 해도 과언이 아닐 것입니다. 어떻게 결론부를 성공적으로 마무리할지 살펴봅니다.

1) 종료 신호를 알립니다.

청중은 기계적인 수용자가 아니라 생각하는 인격체입니다. 나름대로 생각을 하며 마음의 준비를 하며 경청을 합니다. 주의를 잠깐 놓고 있다가 예상치도 못한 순간에 "끝까지 경청해주셔서 감사합니다."란 프레젠터의 끝 인사를 듣게 되면 청중으로서 어떤 마음이 들까요? 갑작스러운 끝맺음은 프레젠테이션의 효과를 떨어뜨리고 청중을 당황하게 합니다.

"이제 결론을 말씀드리겠습니다."라는 프레젠터의 한마디 말에 청중은 결론을 받아들일 마음의 준비를 하게 되고 더 주의를 집중하게 됩니다.

2) 요점은 재강조합니다.

우리 인간은 새로운 메시지를 받아들일 때 '생략·왜곡·일반화'라는 3가지 필터를 통해 정보 대부분을 걸러내 버리고, 제대로 인식하고 정확히 기억하는 정보는 소수에 불과합니다. 따라서 핵심 요지에 대해 결론 부분에서 다시 한 번 언급해 주는 것은 '확인과 강조'의 의미가 있습니다.

첫째는 확인입니다. 청중이 중요 핵심 메시지를 잠시 한 눈 파는 순간 본론에서 깜빡 놓쳤을 수도 있고, 들었지만 주의 깊게 듣지 못한 경우, 혹은 잘못 이해한 때도 있을 것입니다. 이런 경우를 위해 핵심 요점을 다시 언급함으로써 핵심 메시지 전달이 빠지거나 잘못 전달되지 않도록 확인하는 것입니다.

다음은 강조입니다. "최고의 설득 메시지는 반복적인 메시지다."라는 말처럼 중요한 요점은 한 번의 전달로 부족하며 청중의 뇌리에 확실히 각인될 수 있도록 반복을 통한 강조를 해 줄 필요가 있습니다.

"마지막으로 다시 한 번 말씀 드리죠, 고객 여러분께서 오늘 이 제품을 구매하신다면 30% 할인 혜택과 함께 10만 원 상품권도 선물 받게 됩니다. 지금까지 보지 못했던 정말 좋은 기회입니다."라는 말을 결론에서 다시 한 번 강조한 때와 그렇지 않은 때는 구매율도 달라질 수 있을 것입니다.

3) 멋진 결언으로 짧고, 강하고, 여운이 남는 마무리를 합니다.

좋은 영화는 여운이 남습니다. 영화가 끝나고 마지막 자막이 올라가는 장면에서도 관객은 쉽게 자리를 뜨지 못합니다. 집으로 돌아가면서도 영화의 잔영과 감흥이 여전히 가슴 속에 가득하게 됩니다.

프레젠테이션은 영화와는 다르지만 멋진 결언으로 청중의 가슴에 여운을 남길 수 있습니다.

프레젠테이션의 마지막은 장황하게 구구절절 말을 쏟아내기보다는 짧고 강하고 여운이 남는 마무리가 되도록 합니다.

마케팅에 관련한 주제로 프레젠테이션을 맡게 된 분이 본론에서 자사의 이익 추구와 매출 신장에 급급한 욕심의 마케팅은 결국 고객의 외면을 받게 되고 망할 수밖에 없다는 주장을 펼치고, 이어서 고객 위주의 마케팅이 얼마나 중요한지를 다양한 근거와 재미있는 사례를 덧붙여 설명했습니다. 특히 다음과 같은 멋진 결언이 인상적이었습니다.

"여러분, 고객을 사냥하려고 하지 말고 사랑하려고 하십시오, 사냥의 마케팅은 여러분 회사에 상처뿐인 영광을 남길 것이나, 사랑의 마케팅은 여러분 회사에 영원한 번영을 안겨 드릴 것입니다."

　잠시 감동의 여운이 숙연한 침묵으로 나타나더니 이윽고 여기저기서 박수가 터져 나오고 결국은 큰 환호와 박수로 이어졌습니다. 자리한 청중은 다른 내용은 몰라도 마지막 문장만은 꼭 가슴으로 기억하게 될 것입니다.

4) 시작 자료의 마지막 장면을 인상적으로 만들도록 합니다.

　시각 자료는 단순히 설명을 쉽게 하기 위한 자료에 불과한 것이 아닙니다. 시각 자료 자체가 메시지입니다. 특히 마지막 장면은 끝 인사 이후 프레젠터가 퇴장하고 나서도 계속 청중에게 보이는 부분입니다. 단색 바탕에 '감사합니다.'란 큰 글씨의 문구로는 어떤 효과도 기대할 수 없습니다.

프레젠테이션을 통해 청중에게 바라는 메시지가 시각 자료의 마지막 장면에 이미지나 함축적인 문구로 다시금 전해질 수 있다면 금상첨화의 효과가 될 것입니다. 마지막 장면은 화룡점정의 마음가짐으로 더욱더 정성 들여 전략적으로 준비하도록 합니다.

 # 프레젠테이션 내용 구성

1. 특별한 상황의 간단한 내용 구성과 요령

현대는 박진감 넘치는 시대입니다. 속도가 경쟁력입니다. 주절주절 늘어놓는 얘기에 귀를 기울여 줄 사람은 정말 드문 게 현실입니다. 프레젠테이션 시간도 점점 짧아지는 추세입니다. 될 수 있는 대로 짧은 시간에 전달할 내용을 명쾌하게 전달하는 능력이 무엇보다도 중요해졌습니다. 맥킨지의 신입 사원들은 엘리베이터 안에서 상대와 함께 있는 정도의 짧은 시간 동안에도 상대방을 설득할 수 있는 능력을 갖춰야 한다며 '엘리베이터 테스트'를 한다고 합니다.

여러 가지 특별한 상황에서 어떻게 하면 짧고 간단한 프레젠테이션을 성공적으로 해나갈 수 있을지 요령을 몇 가지 살펴보기로 하겠습니다.

1) 간단한 프레젠테이션의 기본 구성 용례

여러 명이 돌아가면서 짧은 시간 동안 프레젠테이션을 하는 경우가 있습니다. 이때는 장황하게 혼자 시간을 다 쓸 수는 없겠습니다. 이런 경우 간단한 프레젠테이션을 해야 합니다.

간단한 프레젠테이션에서 가장 중요한 것은 핵심 포인트가 확실히 강조되어야 한다는 점입니다. 핵심 포인트를 선언하고 그에 따른 설명과 근거를 제시하고 나서 다시 핵심 포인트를 강조하는 것입니다.

'P(Point) → warranty(설명과 근거 제시) → P(Point)'라는 간단한 구조로 프레젠테이션을 합니다.

(1) 간략히 자기소개

(2) 핵심 포인트 설명

(3) 핵심 포인트를 뒷받침해 줄 근거 제시

(4) 포인트를 재강조

(5) 끝 인사

2) 여성 청중을 위한 프레젠테이션 내용 구성

남녀 차별은 철폐되어야겠지만 남녀의 차이는 존중하고 이해되어야 할 것입니다.

여성 청중의 특성을 대략 살펴보면 여성 청중은 남성 청중보다 더 감성적이며 스토리를 좋아합니다. 따라서 일반적인 선언이나 서술보다도 구체적인 사례에 더 쉽게 영향을 받는 편입니다. 따라서 귀납적인 전개가 더 유효할 경우가 많습니다.

여성 청중을 위한 간단한 프레젠테이션인 경우 'E O B 법칙'을 활용해 봅니다.

(1) E - Example :
구체적인 사례나 실제 예화로 이야기를 시작합니다.

(2) O - Outline :
예화를 통해 촌평을 곁들이며 말하고자 하는 핵심 메시지를 전달합니다.

(3) B - Benefit :
청중이 얻을 수 있는 혜택과 이익에 대해서 말해줍니다.

☑ **적용된 사례**

(1) E - Example
영어 성적이 형편없던 철수를 해외 연수까지 보냈으나 효과가 전혀 없었습니다. 고민하던 철수 엄마께서 친구 엄마로부터 우연히 소개받은 우리 회사 온라인 영어 교육 프로그램을 철수에게 권했는데, 철수가 영어에 흥미를 보이기 시작하더니 몰라보게 영어 실력이 좋아졌습니다. (동영상과 인터뷰 자료 활용)

(2) O - Outline
해외 어학연수를 보내는 것만이 능사는 아닙니다. 자료 화면에 나타나 있는 것처럼 해외 어학연수를 다녀오고도 효과를 보지 못한 경우가 이렇게 많습니다. 무조건적인 해외 어학연수보다도 제대로 된 온라인 영어 교육 프로그램을 활용하는 것이 더 효과적입니다. 우리 회사의 온라인 영어 교육 프로그램을 적극적으로 활용하시기 바랍니다.

(3) B – Benefit

일단 비용 면에서 해외 어학연수의 5%도 들지 않습니다. 하지만, 교육 효과는 보신 바대로 놀랄 만큼 크며 만족스럽습니다.

3) 간단한 보고를 위한 프레젠테이션 내용 구성

보고는 상사나 동료 기타 이해관계자 등의 청중에게 자신이 조사 연구한 업무 내용을 전달하는 것입니다. 보고는 간단 명료해야 하며 정확해야 함을 잊지 말아야 합니다.

(1) 보고 주제에 대한 언급

(2) 핵심 메시지 전달

(3) 부연 설명

(4) 핵심 메시지 반복

☑ **적용된 사례**

(1) 보고 주제에 대한 언급
창고 온도 조절 장치에 대해 간략히 보고 드리겠습니다.

(2) 핵심 메시지 전달
현재 사용하는 온도 조절 장치를 새것으로 교체해야 합니다.

(3) 부연 설명

어제 전문가를 초빙해 자세히 검토해 본 결과 자료 화면에서 보시는 바와 같이 A 부분과 B 부분에 내부 균열이 있으며, 성능 실험에서도 불합격 판정을 받았습니다.

전문가의 말로는 현재 사용하는 온도 조절 장치의 수명은 한 달을 넘기 어렵다고 합니다.

(4) 핵심 메시지 반복

따라서 신속히 교체를 해야 할 것으로 봅니다.

4) 간단한 정보 전달 프레젠테이션 요령

정보 전달을 위한 프레젠테이션은 신제품, 새로운 정보, 신기술, 사장 동향 등에 대한 내용을 회사 직원들이나 고객들에게 알리는 목적으로 행해지는 프레젠테이션입니다.

이 경우에는 새로운 정보를 가감 없이 그대로 설명하기보다는 이해하기 쉽게 가공할 필요가 있습니다. 요령을 살펴보면

(1) 목차를 간략히 보여주고 세부 내용을 설명하도록 합니다.

(2) 세부 내용 항목마다 실례나 비유를 들거나 기존의 정보와 비교하며 설명해 줍니다.

(3) 정보를 청중에게 맞게 가공하여 보다 쉽게 이해하게 합니다.

(4) 중요한 사항을 다시 강조, 반복 요약을 통해 확실히 이해할 수 있도록 합니다.

5) 간단한 설득 프레젠테이션 요령

설득을 위한 프레젠테이션은 정보 전달을 위한 프레젠테이션에 비해 더 치밀한 준비와 전략이 필요합니다. 청중의 마음을 움직이게 하는 버튼을 찾아 누를 수 있는 고도의 전략이 요구되는 것이죠. 물론 상황에 따라 내용 구성 방법이 달라야 하겠지만, 간단한 하나의 내용 구성 예로서 살펴봅니다.

(1) 마음의 문을 열기

닫힌 문으로는 들어갈 수 없겠지요. 먼저 문을 열어야 합니다. 청중의 마음의 문을 열려면 처음에는 청중에게 논리나 원칙을 내세우기보다 인간적인 친숙함을 끌어낼 수 있도록 감성적인 접근을 하는 것이 좋겠습니다.

(2) 핵심 메시지 제시하기

다음에는 핵심 메시지를 논리적으로 전달하며 통계 자료, 비교, 사례 등의 근거를 토대로 설득해 나갑니다. 혹은 신뢰할 만한 사람의 증언도 곁들입니다. 청중이 이성적으로도 수긍할 수 있는 설득 메시지를 논리적으로 전개하는 것입니다.

(3) 이익 제시하기

청중이 얻는 게 하나도 없다면 설득되기 어렵겠죠. 프레젠터가 제시하는 것을 청중이 받아들였을 때 그로 말미암아 청중이 얻을 수 있는 이익과 혜택이 뭔지를 분명하게 전합니다.

(4) 핵심 메시지 재강조

그런 다음 다시금 프레젠터가 바라는 대로 청중이 선택, 행동할 수 있도록 핵심 메시지를 재강조합니다.

6) 간단한 구매 설득 프레젠테이션

구매의 AIDMA 이론을 활용해 프레젠테이션해 봅니다.

(1) A - Attention : 주의를 끌어 상품의 존재를 인지시킵니다.

(2) I - Interest : 상품의 내용에 흥미와 관심을 두도록 메시지를 전합니다.

(3) D - Desire : 상품을 갖고 싶어 하는 욕구가 생기도록 합니다.

(4) M - Motivation : 마음이 움직여 사들이도록 동기화합니다.

(5) A - Action : 행동으로 옮기게 합니다.

☑ **적용된 사례**

(1) A - Attention : 프레젠테이션을 못해 승진을 못 한 사람이 있습니다. (사례 동영상)

(2) I - Interest : 프레젠테이션 능력은 타고나는 것이 아니라 배우고 익히는 것입니다.

(3) D - Desire : 여러분도 조금만 관심과 노력을 들이면 프레젠테이션 잘할 수 있습니다.

(4) M - Motivation : 비용은 저렴하고 효과는 확실한 교육 프로그램이 있습니다.

(5) A - Action : 김현기 교수의 디지로그 프레젠테이션 강좌에 참석하세요.

2. 세부 내용 각색하기

1) 비유 활용

비유는 청중이 잘 아는 사물이나 현상에 빗대어 메시지를 표현하는 방법입니다.

비유를 들어 설명하면 청중은 더 쉽게 내용을 파악할 수 있습니다.

경제 현상에 관련한 정보 전달 프레젠테이션을 하시던 어떤 교수님이 설명할 때마다 청중이 너무 어렵다는 반응을 보여와 고민에 빠졌습니다. 그래서 필자는 비유를 활용해 보라고 조언을 드렸습니다.

얼마 후 준비한 내용을 필자 앞에서 펼쳐보이는데 자금의 흐름을 인체의 혈액 순환에 비유해 설명하는 것이었습니다. 필자에게도 처음에는 어렵게만 느껴지던 내용이 금방 명쾌하게 이해되었습니다.

2) 대입 활용

대입 기법은 메시지의 항목 순서나 특징을 다른 사물이나 현상에 대입시켜 이해를 돕고 기억을 선명하게 만들어 주는 기법입니다

주물 성형 제품을 제작하는 모 중소기업 부장님이 신입 직원들을 대상으로 작업 공정을 설명하는 프레젠테이션을 하게 되었습니다. 프레젠테이션 경험도 별로 없고 설명 능력도 스스로 부족하다고 느낀 부장님은 고민만 하고 있다가 필자에게 조언을 요청해 왔습니다. 저는 그분에게 대입 기법을 활용하라는 컨설팅을 해 드렸습니다.

부장님은 작업 공정을 붕어빵 만드는 과정에 대입해서 아주 재미있게 풀어낼 수 있었습니다. 반응도 아주 좋았다고 합니다.

필자는 이 기법을 강의에서도 활용합니다. 예를 들어 자기소개 스피치를 엄지는 이름, 검지는 집, … 이처럼 다섯 손가락에 대입해 풀어 나갑니다. 그럼 청중은 재미있어하며 쉽게 이해를 합니다. 또한, 잘 기억할 수 있는 방법이 됩니다.

3) 예화 활용

일반적인 스피치에서도 예화를 활용하면 청중은 내용을 더 재미있게 받아들이며 쉽게 이해하게 됩니다. 프레젠테이션에서는 예화를 더 다양한 매체를 통해 전할 수 있습니다.

환경오염과 환경 보호의 중요성에 관한 프레젠테이션을 앞둔 분이 시각 자료를 준비하면서 온통 문구와 통계 도표만 가득 채워 넣는 것입니다. 필자는 그렇게 해서는 청중이 모두 졸고 말 것이라며 예화를 집어넣도록 했습니다.

그분은 스피치를 필자에게 배운 적이 있던 터라 어느 정도 예화 활용의 효용에 대해서는 이해하고 있었습니다. 그런데 프레젠테이션에 예화를 적용하는 것이 잘 이해가 되지 않는 듯했습니다. 필자는 그분에게 이렇게 설명 해드렸습니다.

"예화는 말을 통해서만 할 수 있다는 고정관념을 버리세요. 동영상을 활용한 프레젠테이션도 예화 활용이라 할 수 있습니다."

며칠 후 자료가 완성되었다며 가지고 온 것을 보니 필자가 보아도 정말 훌륭했습니다. 환경오염으로 말미암은 각종 폐해를 담은 생생한 영상 자료를 잘 편집해 시각 자료에 넣은 것입니다.

실제 프레젠테이션의 결과는 어땠을까요? 물으나 마나 대성공이었습니다.

☑ **예화 활용 프레젠테이션의 다섯 가지 유의 포인트**
1. 간략한가?
2. 적절한가?

3. 재미있는가?
4. 청중에게 어필할 수 있는 내용인가?
5. 청중이 이해하기 쉬운가?

4) 그림 사진 활용

한 장의 그림, 한 장의 사진이 수백 마디의 말보다, 한 권의 책보다도 더 많은 얘기를 전할 수 있습니다. 그림이나 사진으로 보여줄 수 있는 내용이라면 굳이 말과 문구로만 설명하려고 하지 말고, 적극적으로 그림과 사진을 활용하시기 바랍니다.

특히 설득 프레젠테이션할 때 그림이나 사진은 매우 효과적입니다.

전쟁의 폐해에 대한 내용으로 프레젠테이션하는 경우 사망자의 숫자와 손실 재산 액수를 담은 내용만을 보여주는 것보다, 전쟁으로 폐허가 된 건물들과 고통에 신음하는 사람들의 표정과 시신들을 담은 사진을 보여주는 것이 훨씬 더 청중의 가슴에 직접적으로 와 닿을 것입니다.

5) 캐치프레이즈 활용

깔끔하게 정리된 한 문장이 그렇지 못한 수백 마디의 말보다 더 설득력이 있습니다.
캐치프레이즈가 바로 그러한 예에 해당된다고 볼 수 있겠습니다.

캐치프레이즈(catch phrase)는 기업 광고나 홍보, 정치 선거 캠페인 등을 할 때 소비자나 유권자의 시선을 끌기 위해 창의적이고 세련되게 다듬어 표현된 감성적 문구를 말합니다.

제2강 프레젠테이션 내용 구성 … 233

몇 가지 예를 살펴볼까요?

　'인생의 반은 게임이다.' - 모 게임 관련 업체
　'조이 부산 아이파크 2010' - 부산 아이파크, 2010 캐치프레이즈
　'펼쳐라! 말문이 열릴 것이다!' - 김현기 교수의 '핑거 스피치'

　좋은 캐치프레이즈가 되기 위해서는 다음의 사항을 유념하면 좋습니다.

　　(1) 전하고자 하는 메시지를 압축해서 담은 표현이어야 합니다.

　　(2) 길지 않고 짧아야 합니다.

　　(3) 운율이 살아나고 발음하기도 편하며 글로 표현했을 때 보기에도 좋아

야 합니다.

(4) 어렵지 않고 쉬워야 합니다.

(5) 청중으로 하여금 강렬한 느낌이 떠오를 수 있게 해야 합니다.

프레젠테이션할 때도 청중의 마음을 확 끌어당기는 멋진 문구를 창안해 봅니다.
자신이 산고의 고통만큼이나 힘든 고뇌 속에서 멋진 언어의 꽃을 피워내는 광고 카피라이터나, 시인이라 생각하며 창조력을 발휘해 보십시오.

"사람이 좋다, 00가 좋다." 정말 멋진 카피 문구이죠.
이 짧은 문구 덕분에 제품에 대한 호감이 더해지고 따뜻한 인간미마저 느끼게 됩니다.

"당신이 오늘 헛되이 보낸 오늘은, 어제 죽은 이가 그토록 살고 싶어 했던 내일이다."
이 얼마나 멋진 말입니까? 가슴에 팍 와 닿지 않습니까?
구구절절 하루하루를 헛되이 보내지 말고 알차게 생활하도록 해야 한다며 훈계 식의 말들을 쏟아내는 것보다 훨씬 더 설득력 있습니다.

모래 속에 진주를 찾는 심정으로 수많은 언어를 고르고 다듬어 자신의 프레젠테이션을 빛나게 해줄 함축적인 문구를 창안해 보시기 바랍니다.

6) 숫자 가공

숫자는 프레젠테이션의 신뢰성을 높이는 데 긍정적인 기여를 합니다. 막연한 표현보다는 구체적인 숫자가 제시된 근거 있는 표현이 더 설득력이 있게 됩니다.

하지만, 숫자가 숫자 그대로 전달되었을 때 청중은 그 숫자가 의미하는 정도를 쉽게 파악하지 못하는 경우가 많습니다.

예를 들어 어떤 회사의 임원 분이 프레젠테이션하는 중에 이런 표현을 합니다.

"우리 회사에서 이번에 사들인 임야의 면적은 18만 2,100m^2입니다."

이 경우 여러분이 청중이라면 18만 2,100m^2가 어느 정도의 면적인지 감이 잡히십니까?

대부분이 어느 정도인지 가늠하기 어려울 것입니다.

그럼 이제 다음 표현을 살펴볼까요?

"우리 회사에서 이번에 사들인 임야의 면적은 18만 2,100m^2입니다. 이는 18만 7,554m^2인 독도의 면적과 비슷합니다."

어떻습니까? 이제 어느 정도의 면적인지 윤곽이 그려지시죠?

숫자는 그대로 전하는데 그치기보다 청중이 쉽게 이해할 수 있도록 가공할 필요가 있는 것입니다.

3. 성공적인 내용 구성을 위한 5가지 제언

1) 실전에서는 고정적인 틀에 얽매이지 맙시다.

내용 구성 기법과 요령들은 내용 구성을 잘하기 위한 지침입니다. 물론 열심히 익히고 실전에 제대로 적용하려는 노력은 반드시 필요하지만 무조건 기계적으로 적용시키는 것은 좋지 않습니다. 실전에서는 현실 상황에 맞게 융통성을 발휘해 응용할 수 있도록 하십시오. 어떤 때는 과감히 틀을 깨는 시도도 필요한 것입니다.

심지어는 결론을 명확하게 내리지 않는 프레젠테이션을 할 수도 있겠습니다. 너무 충격적인 말인가요?

호블랜드의 연구에 따르면 자기 스스로 결론을 내리기를 좋아하는 사람들에게는 분명하게 결론을 내려주기보다 스스로 결론을 내렸다는 생각이 들 수 있게끔 암시를 주는 정도의 결론으로 끝맺음하는 것이 효과적이라고 합니다.

하지만 프레젠터가 청중으로부터 든든한 공신력을 확보하는 경우는 분명하게 명시적 결론을 제시하는 것이 효과적이라고 합니다.

세상에 어떤 상황에서나 딱 들어맞는 완벽한 만능 요령은 찾기 어렵습니다. 모든 학문이나 이론도 마찬가지입니다. 경제학 이론을 비유로 들어 설명해 보자면 경제학 이론이 경제 현상을 잘 설명하고 원리를 말해주고 있지만, 실전에서는 이론만 가지고서는 되지 않습니다. 이론의 틀에서 벗어나는 예도 있고 하나의 이론만으로는 설명되기 어려운 다양한 상황들이 많으니까요. 만일 경제 현상이 이론대로만 움직여진다면 경제학자들이 세상의 부를 모두 거머쥘 것입니다.

2) 콘텐츠(contents) 작성을 할 때 다음의 5단계를 유념합니다.

콘텐츠는 프레젠테이션의 알맹이입니다. 알맹이가 부실하면 아무리 포장을 잘해도 외면받을 수밖에 없습니다. 콘텐츠를 작성할 때는 다음의

5단계를 고려해 보도록 합니다.

    (1) 핵심 메시지를 먼저 정합니다. 핵심 메시지를 먼저 정하지 않고 여러 가지 메시지를 이리저리 늘어놓다 보면 횡설수설 프레젠테이션이 되어 버립니다. 핵심 메시지는 프레젠터 자신이 스스로 명확하게 인지할 수 있어야 청중에게 확실히 각인시킬 수 있습니다.

    (2) 핵심 메시지의 내용을 설명해 줄 내용을 세부 항목으로 분류합니다. 이 경우 항목은 세 가지 정도가 좋으며 많아도 일곱 가지를 넘지 않도록 합니다.

    (3) 각 세부 항목에 따른 설명 메시지들을 채워 넣습니다.

    (4) 각 메시지를 뒷받침할 근거나 증명할 자료 등을 준비합니다.

    (5) 각 내용을 시각 자료로 만들고 순서에 맞게 배열합니다.

3) 나와 청중 모두를 고려해 내용을 구성합니다.

내용을 구성할 때 프레젠터 자신이 설명하기 쉽도록 내용 구성을 하는 것이 좋을까요? 아니면 청중이 이해하기 쉽도록 내용을 구성하는 것이 좋을까요?

이 질문에 아마 대부분은 후자를 선택하셨으리라 생각합니다.

물론 후자가 원칙입니다. 그러나 실제 프레젠테이션을 구성하는 모습을 보면 많은 분이 실천은 다르게 하는 양상을 보입니다. 프레젠터 본인 위주로 내용 구성을 해 나가는 것이죠.

자신이 설명하기 쉽게 구성하는 것도 나쁜 것은 아닙니다. 왜냐하면, 자신이 잘 풀 수 없으면 결국 청중을 이해시키기도 어려운 법이니까요.

결국은 둘 다 고려해야 합니다.

어떻게 하면 나도 쉽게 잘 풀어나갈 수 있고, 청중도 더 쉽게 내용을 이해할 수 있을지를 고민해 보며 일거양득의 최적 대안을 찾는 게 좋겠습니다.

4) 가능하다면 유머를 적절히 끼워 넣도록 합니다.

프레젠터의 메시지를 청중이 딱딱한 마음과 표정으로 받아들일 때 보다, 웃음 띤 밝은 마음과 표정으로 받아들일 때 훨씬 더 긍정적인 검토를 할 확률이 높습니다.

유머는 사막에서도 꽃을 피우는 묘약입니다.
프레젠테이션 상황들을 보면 화기애애한 분위기는 정말 보기 드뭅니다. 대부분 사막처럼 건조한 느낌입니다. 이때 청중으로부터 웃음을 끌어낼 수 있다면 사막에 단비를 내리게 하는 것이나 마찬가지가 될 것입니다.

어떤 중소기업체 사장님께서 프레젠테이션하게 되었는데 도입부에서 이렇게 말을 시작합니다.

"여러분, 삼성의 이 건 희 회장님 아시죠?"
"네."
"제가 삼성의 이 건 희 회장님 하고" 이 대목에서 사장님은 잠시 포즈를 둡니다.

청중은 '아, 무척 친한 사이거나 무슨 밀접한 인연이 있나보다.' 하며 눈을 반짝이며 바라봅니다.
그다음 쏟아지는 말.

"동갑입니다."

그러자 장내에 폭소가 터졌습니다.

유머는 거창한 것이 아닙니다. 준비하고 연습하면 잘할 수 있습니다. 그럼 어떻게 유머를 준비해야 할까요?

(1) 프레젠테이션의 목적이나 내용과 연관이 있는 유머라면 더욱 좋겠습니다. 재미있는 이야기라고 해서 프레젠테이션의 목적과 내용에 아무 관련이 없는 만득이 시리즈와 같은 유머를 준비할 수는 없겠습니다.

(2) 철이 지난 유머는 분위기를 오히려 썰렁하게 만들고 시대에 뒤떨어져 보이게 합니다. 새롭고 신선하며 청중이 전혀 예측하지 못한 것을 준비하여야 할 것입니다.

(3) 프레젠테이션에서 긴 유머는 절대 안 됩니다. 그러면 본말(本末)이 전도되기 때문입니다.

(4) 천박한 유머는 피하도록 합니다. 될 수 있는 대로 품위 있고 고상한 유머를 준비합니다.

(5) 경우에 따라 자신의 실패담을 통해 청중에게 편안한 웃음을 주는 것도 좋습니다.

5) 재미있는 일일 드라마처럼 구성해 봅니다.

재미있는 일일 드라마를 보면 한 회가 끝날 때마다 다음 회가 정말 궁금해집니다.

시청자가 다음 날 그 드라마를 보지 못하게 되면 정말 궁금해서 못 견딜 지경이 됩니다.

자신의 프레젠테이션도 그러할 수 있다면 얼마나 좋을까요?

시청자가 다음 회를 보지 않으면 궁금해서 미치겠다는 느낌이 들 듯 프레젠테이션을 보는 청중이 다음 내용이 어떻게 전개될지 무척 궁금해 하도록 내용을 구성해 봅니다.

따라서 모든 것을 한꺼번에 다 보여주는 것은 좋지 않습니다. 또한, 청중 누구나가 충분히 예측할 수 있는 구성이나 전개가 된다면 정말 재미없는 프레젠테이션이 될 것입니다.

청중의 호기심과 궁금증을 자아내며 계속적인 주의를 끌 수 있는 전개를 할 수 있도록 내용 구성을 치밀히 해 나갑니다.

필자는 답을 가린 재미있는 퀴즈 문구나 신기하게 움직이는 그림 등을 청중에게 먼저 보여주고 질문을 던지기도 합니다. 그리고 청중의 궁금증을 최대한 유발한 다음 그때 정답 화면을 보여줍니다. 목마를 때 물 한잔이 더 시원하듯이 궁금증을 유발해 놓고 정답을 전해주면 그 효과는 배가 될 것입니다.

제6편
총 정리 및 실전 프레젠테이션 성공 기법

- 제1강 성공적인 프레젠테이션을 위한 총 정리
- 제2강 질의응답 및 다양한 상황 대처 요령
- 제3강 성공 프레젠테이션을 위한 체크 리스트
- 제4강 프레젠테이션 시뮬레이션 실습

 성공적인 프레젠테이션을 위한 총 정리

- 예습은 성공의 예감을, 복습은 성공의 확신을 가져온다. -
김현기

    프레젠테이션의 내용 구성 기법에서도 언급했지만 결론부에 다시 한 번 내용을 요약 재정리 해주는 것이 청중의 이해를 돕는 데 효과적입니다. 그런 의미에서 이번 장에서는 지금까지 다룬 내용을 총 정리해 보는 부분을 마련했는데, 단순히 앞의 내용을 발췌하는데 그치기보다는 필자가 실전 강의에서 강조하던 내용을 위주로 정리해 담아 보았습니다. 독자들의 흥미를 떨어뜨리지 않고 신선한 느낌으로 복습을 해 볼 수 있겠다는 생각에서 입니다.

1. 프레젠테이션을 잘하기 위한 마음가짐과 기본 다지기

1) 프레젠테이션은 반드시 갖춰야 할 능력입니다.

현대 사회는 경쟁이 치열한 사회입니다. 취업도 '취업전쟁'으로 일컬어지고 있으며, 직장 생활은 그야말로 전쟁터를 방불케 하는 경쟁의 도가니입니다. 경쟁에서 승리하고 자신의 능력을 당당히 드러내고자 반드시 필요한 능력이 뭘까요? 그것은 바로 프레젠테이션 능력입니다. 최고가 되려면 프레젠테이션 능력을 반드시 갖추어야 합니다.

2) 미리 준비하는 자가 기회를 잡습니다.

자신의 회사를 대표해서 프레젠테이션을 맡게 되었다고 상상해 보십시오. 두렵습니까? 아니면 좋은 기회라는 생각이 듭니까? 아무런 준비 없이 이런 상황을 맞이한 사람은 공포를 느낄 터이고, 미리 준비된 사람이라면 좋은 기회를 적극적으로 활용해서 조직의 중심 역할을 하는 사람으로 승승장구해 나갈 것입니다.

3) 내가 최고라는 자부심과 자신감을 느껴야 합니다.

프레젠테이션에서 자신감은 성공의 뿌리입니다. 아무리 많은 자료를 준비했다고 해도 자신감 없이 연단에 선다면 실패는 불을 보듯 뻔한 것입니다. 이 부분에서는 내가 최고라는 자부심과 자신감을 느끼고 연단에 우뚝 서야 합니다.

4) 정보와 자료 수집 능력을 키우십시오.

풍부하고 충분한 자료가 바탕이 되어야만 프레젠테이션의 좋은 내용이 만들어짐은 두말할 필요도 없을 것입니다. 서적, 잡지, 인터넷, 신문, 인맥 등을 총동원하여 관련 분야의 정보와 자료를 수집해낼 수 있는 능력은 성공 프레젠테이션의 밑바탕입니다.

5) 스피치 표현 능력을 기르십시오.

메라비언 교수는 우리 인간들의 커뮤니케이션 효과성을 연구했는데 단어는 고작 7%에 불과했고, 음성 표현은 38%, 신체 표현은 55%라고 밝혔습니다. 좋은 내용도 중요하지만 제대로 표현하는 스피치 스킬이 무엇보다도 중요하다는 것을 강조하는 연구 결과라고 하겠습니다. 음성 표현, 신체 표현 등의 스피치 표현 능력을 반드시 향상시키시기 바랍니다. 스피치 능력은 곧 프레젠테이션 능력으로 직결됩니다.

6) 파워포인트 및 시각 자료 활용법을 익히십시오.

시각 자료를 만드는 데 있어서 정말 간편하고도 효과적인 프로그램이 바로 파워포인트입니다. 예전의 차트나 괘도보다도 훨씬 편리하며 멋스럽습니다. 하지만, 아무리 좋은 것도 활용해 낼 수 없으면 말짱 도루묵에 불과하겠죠. 파워포인트는 그렇게 어렵지 않습니다. 조금만 관심을 두고 공부하면 누구나 멋진 시각 자료를 만들어 낼 수 있습니다.

2. 성공 프레젠테이션을 위한 준비

1) 전체적 성찰

프레젠테이션을 준비할 때 다음 4가지를 고려해서 준비하도록 합니다.

① 내가 다룰 수 있는 능력과 범위는 어디까지인가?
② 청중은 어떠한 사람들로 구성되어 있는가?
③ 프레젠테이션을 왜 하게 되었는가?
④ 프레젠테이션을 실행할 상황과 장소는 어떠한가?

2) 오프닝

성공적인 프레젠테이션이 되려면 무엇보다도 오프닝 도입부를 잘 준비해야 합니다. 프레젠테이션의 성패는 시작 시각 3분 안에 승부는 끝난 다고 해도 과언이 아닙니다. 청중의 눈과 귀가 번쩍 뜨이게 하고, 관심을 집중시킬 수 있는 기발한 오프닝을 준비하시기 바랍니다.

3) 핵심 메시지

핵심 메시지를 준비해야 합니다. 승부를 낼 메시지는 어떤 것인지 설득의 키워드는 무엇일지 치밀하게 전략을 짜보시기 바랍니다. 단순한 정보의 나열만으로는 성공 확률이 떨어질 수밖에 없겠죠. 핵심 메시지를 하나의 문장으로 표현해 보십시오. 프레젠테이션의 핵심 메시지를 한 문장으로 표현할 수 있어야 일관되고 명쾌한 전달이 될 수 있습니다. 그렇지 못하다면 횡설수설 중구난방의 프레젠테이션이 되어 버릴 것입니다.

4) 예화나 통계 자료

핵심 메시지를 뒷받침할 예화나 통계 자료들을 준비합니다. 막무가내식 주장은 설득력이 있을 수 없습니다. 자신의 주장을 뒷받침할 만한 근거가 제시되었을 때 청중이 공감할 것입니다.

5) 시각 자료

시각 자료를 제작할 때는 아래의 다섯 가지를 고려하십시오.

① 하나의 시각 자료에는 하나의 개념만 다룬다는 마음으로 제작하십시오.
② 시각 자료는 단순하게 제작하도록 하십시오.
③ 맨 뒷줄에 앉은 청중에게도 잘 보일 수 있게 제작하십시오.
④ 글보다는 그림, 사진을 많이 활용하십시오.

⑤ 숫자는 그래프로, 문자는 차트로 만들거나 도형화하십시오.

제작이 끝난 다음에는 다시 한 번 천천히 시각 자료 전체를 점검해 보시기 바랍니다. 연결이 매끄럽지 않은 부분은 없는지, 오탈자가 있지는 않은지 꼼꼼히 검사해 봐야 합니다. 조그만 실수가 프레젠테이션 전체의 신뢰도를 떨어뜨리게 됨을 잊지 말아야 합니다.

6) 맺음말

앞부분이 아무리 좋아도 마무리가 정돈되지 못하면 전체 프레젠테이션이 엉망으로 비칠 수 있는 것입니다. 짧고 강한 여운이 남는 멋진 맺음말을 공을 들여 준비하도록 합니다.

3. 성공 프레젠테이션을 위한 설명력 향상

1) 간결하게 설명하도록 합니다.

최고의 표현은 단순함입니다. 준비가 덜 되어 있을수록, 말이 길어지고 횡설수설하게 됩니다. 청중이 알아듣기 쉬운 단어를 사용하고, 짧고 간단명료한 문장을 활용해서 청중이 이해하기 쉽도록 표현하시기 바랍니다.

2) 중요 부분만 가리키도록 하십시오.

레이저 포인트를 휘젓거나 모든 부분을 가리키는 것은 청중의 혼동만 더해 줄 뿐입니다. 중요한 부분만 가리키며 핵심을 콕 집어 설명하시기 바랍니다.

3) 가장 중요한 메시지는 세 번 이상 반복해 줍니다.

프레젠테이션이 모두 끝나고서 청중이 다른 것은 잊어버리더라도 이것만은 꼭 기억되어야 한다고 생각되는 한 가지가 있다면, 그것이 바로 핵심 메시지라 할 수 있겠습니다. 중요한 핵심 메시지는 한 번의 전달로는 부족합니다. 프레젠테이션의 전반부, 중반부, 후반부 등에 최소 한 번씩, 총 세 번 정도를 반복해서 강조해 줍니다.

4) 하부 메시지는 세 가지 정도로 제한하십시오.

한 주제에 대한 소항목은 내용에 따라 여러 가지 갈래가 나올 수 있겠지만 대체로 세 가지 정도가 무난합니다. 하부 항목이 너무 많으면 설명도 길어져 지루해지며, 청중이 기억하기도 쉽지 않아집니다. 세 가지 정도가 청중이 이해하기 가장 알맞습니다. 가능하다면 하부 메시지를 세 가지 정도로 나누어 표현해 보시기 바랍니다.

5) 그림과 도형, 그래프를 적극적으로 활용하십시오.

"저는 결혼한 사람입니다."라고 백 번 말하는 것보다 결혼반지 낀 약지를 보여주는 것이 훨씬 효과적일 것입니다. 말로 백 번 설명하는 것보다 한 번 보여주는 것이 더 효과적입니다. 말이나 글로만 설명하려고 하기보다는, 실제 사진이나 그림, 혹은 그래프 등을 많이 활용하는 것이 좋겠습니다.

6) 청중과 함께하십시오.

프레젠테이션은 일방적인 전달인 것 같지만 결국은 커뮤니케이션입니다. 마치 대화를 나누는 것처럼 청중과 함께 커뮤니케이션 해 나간다는 자세로 공감을 이끌어 내야 합니다.

7) 마치 둘이서 대화를 나누듯이 자연스럽게 표현하십시오.

대중 다수도 결국은 한 명, 한 명 개인의 집합체입니다. 지나치게 경직된 느낌이 들거나 딱딱하게 표현하지 말고 둘이서 대화를 나누듯이 자연스럽게 표현하는 방식이 청중의 호감을 자아내는데 훨씬 더 효과적입니다.

4. 청중을 사로잡는 프레젠테이션

1) 청중의 기대에 부응할 수 있어야 합니다.

"최고의 스피치는 청중이 듣고 싶어 하는 말을 하는 것."이란 말이 있습니다. 프레젠테이션을 할 때도 항상 청중을 고려해야 합니다. 청중이 알고 싶어 하고 가려워하는 부분을 잘 긁어주는 프레젠테이션이 되어야만 만족스러운 결과를 이루어낼 수 있습니다. 그리고 시간을 지켜야 함도 잊지 말아야 합니다. 아무리 좋은 내용이라도 약속된 시간을 넘겨버리면 청중은 시계를 보기 시작합니다. 청중의 기대에 부응하는 프레젠테이션이 되도록 언제나 노력합시다.

2) 청중에게 신뢰감과 친근감을 주도록 하십시오.

청중이 프레젠터에게 믿음과 호감을 느낄수록 설득될 확률은 높아집니다. 도입 부분에서 청중과 르포(친밀감)형성, 신뢰감 구축을 한 다음에 메시지를 전달하는 것이 좋겠습니다.

3) 논리보다 먼저 감성적인 접근을 시도하십시오.

감성적인 접근은 청중의 마음을 열게 합니다. 닫힌 문으로는 누구도 들어갈 수 없습니다. 딱딱한 논리를 앞세우기보다는 먼저 감성적인 접근을 시도하여 청중의 마음의 문을 여시기 바랍니다.

4) 치우치지 말고 객관적인 중도의 입장에서 논리적으로 장·단점을 설명하십시오.

청중은 멍청한 존재가 아닙니다. 다 생각이 있습니다. 논리적 설명을 할 때는 객관적인 측면에서 장·단점을 논하는 것이 신뢰감을 주게 될 것입니다.

5) 청중이 얻을 이익과 혜택을 구체적으로 말해 주십시오.

아무리 좋은 것이라도 그것이 청중 자신에게 돌아올 수 있어야만 청중은 관심과 흥미를 느끼게 될 것입니다. 좋은 게 좋다는 막연한 내용보다는 청중이 얻게 될 이익과 혜택에 대해서 구체적으로 말해 주는 것이 좋습니다.

6) 반드시 해 드리겠다는 의지와 약속을 분명히 밝혀주십시오.

모호한 약속은 신뢰감을 줄 수 없습니다. 분명한 약속이어야만 청중이 더 확실한 믿음을 가지고 따라오게 됩니다. 또한, 그 약속의 표현에는 프레젠터의 굳은 의지가 담겨 있어야 할 것입니다.

5. 명 프레젠터로의 도약을 위해

1) 프레젠테이션의 주인공은 바로 프레젠터입니다.

많은 분의 프레젠테이션하는 모습을 지켜보면 시각 자료가 주인공이 되어 버리는 경우를 종종 봅니다. 이 경우 프레젠터는 무성 영화의 변사에 지나지 않습니다.

프레젠테이션의 주인공은 프레젠터가 되어야 합니다. 시각 자료, 마이크, 조명, 단상, 화이트 보드 등 모든 것은 프레젠터를 돕기 위한 소도구에 불과한 것입니다. 주인과 나그네가 바뀌어 버리는 주객전도(主客顚倒)의 프레젠테이션이 되어선 안 될 것입니다.

2) 프레젠테이션의 프로는 시간 관리의 프로가 되어야 합니다.

프로 프레젠터는 정해진 시간에 시작해서 정해진 시간에 마칠 수 있는 역량이 있어야 합니다. 프레젠테이션을 막상 해보면 생각보다 시간이 길어질 수 있고 짧아질 수도 있지만, 내용을 자신이 직접 준비를 한 경우라면 시간이 더 걸리는 경우가 많습니다.

음향이나 기기 작동의 오류, 뜻밖의 질문 등으로 중간에 의외의 지연

사태가 생길 수도 있습니다. 또는 특정 부분에서 설명이 길어지게 되면 나중의 내용은 설명할 시간이 모자라게 됩니다. 프레젠터 입장에서 시간 관리는 정말 어려운 부분입니다.

시간 관리를 잘하는 요령은 시각 자료 장면 하나 당 적절한 설명 시간을 미리 책정해 두는 것입니다. 설명하는 시간이 너무 짧으면 청중이 내용을 이해하기 어려울 것이고, 반면 너무 길면 청중은 지루함을 느끼게 될 것입니다. 경우에 따라 다르겠지만 대체로 보면 한 개의 슬라이드를 설명하는 시간이 적어도 30초 이상, 길어도 3분을 넘기지 않도록 하는 것이 좋겠습니다.

또한, 신문 기사를 쓸 때 지면 여건에 따른 편집을 늘 고려하는 것처럼 프레젠테이션할 때도 혹시 시간이 모자라거나 남을 경우를 대비한 대책을 마련하는 것이 안심될 것입니다.

3) 프로는 경험에서 교훈을 얻습니다.

아마추어는 한 번의 프레젠테이션에서 한 번의 경험을 얻을 뿐이지만, 프로는 경험과 더불어 교훈을 얻습니다. 아마추어는 프레젠테이션을 마친 후에 해방감에 빠져 모든 것을 잊고 말지만, 프로는 프레젠테이션을 마친 후에도 뭘 잘했고 무엇을 못했는지 스스로 평가하고 다음번에 더 잘할 수 있는 대책을 연구합니다.

자기 평가도 중요하지만, 동료나 상사, 부하 직원 혹은 고객에게 피드백을 받을 수 있다면 자신의 발전에 큰 도움이 될 것입니다. 그런 과정을 통해 자신의 강점은 더욱 살리고 단점은 보완해 나가는 노력을 계속해 나갈 때 명 프레젠터로 거듭나게 될 것입니다.

4) 프로는 기기를 다루는 것도 능숙해야 합니다.

007 영화를 보면 첨단 장비와 기기들이 나옵니다. 주인공인 제임스 본드는 그들을 아주 자연스럽게 자유자재로 능숙하게 다룹니다. 정말 프로다워 보입니다. 프레젠테이션의 프로 또한 기기를 다루는 것에 능숙해야 합니다.

청중이 스크린의 내용만 보느라 프레젠터의 말에 집중하지 않을 때, 청중의 시선을 발표자에게 집중하게끔 할 때는 파워포인트 슬라이스 쇼 보기가 실행된 상태에서 숨은 기능인 B(black) 버튼을 눌러 화면을 사라지게 하는 것이 좋습니다. 다시 원래 슬라이드로 돌아오려면 B 버튼을 한 번 더 누르거나 엔터키를 누르면 됩니다.

W(white) 버튼을 누르면 화면이 사라지며 스크린이 밝게 변해서 은은한 조명으로 활용할 수 있습니다. 마찬가지로 다시 W 버튼이나 엔터키를 다시 누르면 원래의 화면으로 돌아갑니다.

마음대로 원하는 장면으로 바로 가고 싶을 때에는 페이지 숫자와 엔터키를 차례로 누르면 됩니다. 질의응답을 할 때 앞서 설명한 특정 화면을 다시 나타나게 하고 싶을 때 효과적으로 사용될 수 있습니다. 특히 몇 장면을 건너뛰고 싶을 때 아주 유용합니다. 원하는 페이지의 숫자와 엔터키를 누르면 바로 나타나게 되니까요. 만일 엔터키만 계속 눌러 여러 슬라이드가 획획 넘어가게 하면 준비를 잘하지 못한 이미지를 주게 되고 성의도 없어 보이게 됩니다.

슬라이드 쇼가 바로 실행될 수 있도록 하려면 F5키를 누르면 바로 실행이 됩니다.

5) 프로는 언제나 만약을 대비한 만반의 준비를 합니다.

"차가 막혀서 늦었습니다. 정말 죄송합니다."
"장비가 작동이 안 되어 오늘 프레젠테이션은 못하겠습니다."
프로의 입에서 이런 말이 나올 수 있겠습니까?

상황에 휘둘리는 사람이 아마추어라면 프로는 꼼꼼한 준비로 뜻밖의 상황에도 잘 대처합니다.

　강연을 주최한 측의 담당자 분께서 선물을 준비해 주셔서 함께 주차장으로 와서 필자의 승용차 트렁크를 열게 되었습니다. 트렁크에 실린 물건들을 보며 담당자분이 놀라워하며 감탄했습니다. 트렁크에 노트북 컴퓨터, 빔프로젝터, 스크린, 앰프, 마이크 등 프레젠테이션 장비들이 가득

실려 있었기 때문입니다. 출강을 가게 되면 대부분 주최 측에서 모든 장비를 준비해 주지만 혹시 모를 만약을 대비한 준비의 일환입니다.

필자는 강연 자료를 담은 USB도 혹시 바이러스에 감염되거나 실행이 안 될 수도 있기 때문에 하나 더 준비하고, 웹 하드에 자료를 올려둡니다.

지방 강연이면 교통 체증으로 시간에 늦을 우려가 항시 존재하기 때문에 늘 시간보다 훨씬 앞서 갑니다. 어떤 때는 전날 가기도 합니다. 그래서 지금까지 폭우, 폭설이 내리든, 심한 차량 정체가 빚어지든 한 번도 시간을 어긴 적이 없습니다. 어떻게 보면 자신을 일부러 힘들게 하는 것 같지만, 실제는 이런 준비와 대비가 오히려 마음과 몸을 편하게 합니다. 미리 만반의 준비를 하면 걱정과 근심에서 벗어날 수 있기 때문입니다.

 질의응답 및 다양한
상황대처 요령

1. 질의응답 준비 및 실행 요령

 질의응답은 어떤 질문이 나올지 모르므로 준비할 수 없다는 것은 잘못된 생각이죠. 질의응답도 준비가 필요합니다. 질의응답에서 주제에 대해 나올 수 있는 질문의 70%는 대개 예상 범위에 들어가는 것입니다. 미리 예상되는 질의를 준비하고 함축적이고 명쾌한 답변을 준비해 봅니다. 설령 그 질문들이 아니라 해도 마음을 든든하게 하는 최고의 보약은 준비입니다.

 청중이 질의할 것이 있으면 프레젠테이션 중간에도 언제든지 질문할 수 있도록 하든지 아니면 프레젠테이션을 마친 후 질의응답 시간을 따로 가질지 프레젠터가 청중에게 미리 안내를 해 드릴 수 있습니다. 중간에 질의를 받으면 의문에 대해 시의 적절한 신속한 답변을 드리는 장점이 있지만, 자칫 길어지면 제한된 시간을 지키기 어려워질 수 있고 논지가 흐려질 수도 있습니다.

대체로 질문은 프레젠테이션이 끝난 다음 질의응답 시간에 받는 경우가 많으며, 그때그때 질문을 받는 것보다 프레젠터 입장에서는 프레젠테이션 운용이 훨씬 수월해집니다. 혹은 새로운 단락으로 넘어갈 때마다 중간 질문을 받을 수도 있겠습니다.

질문을 받을 때는 질문한 청중에게 "네, 좋은 질문 감사합니다." 등의 감사나 칭찬을 표합니다. 질문자에게 성실하고 공손하게 응대해야 함은 기본이겠죠.

청중 전체가 질문 내용을 잘 알아듣지 못했다고 판단되면 질문의 요지를 간략히 청중 전체에게 알려줄 필요가 있습니다. 그래야만 모든 과정을 모두가 함께 공유하는 프레젠테이션이 될 수 있는 것입니다.

프레젠터는 질문자의 질문을 잘 들어야 합니다. 간혹 질문을 건성으로 듣다가 동문서답(東問西答)을 하는 프레젠터를 볼 수 있습니다. 학생이 문제를 제대로 읽지 않으면 올바른 답을 해낼 수 없듯이 프레젠터는 청중이 무엇을 궁금해하는지 집중해서 들어야 합니다.

답변을 할 때는 질문자뿐만 아니라 청중 전체를 향해 답변합니다. 굳이 시선 배분을 해 본다면 질문자에게 30%, 청중 전체에 70% 정도가 좋겠습니다.

답변은 장황해서는 안 됩니다. 답변의 핵심을 먼저 말해주고 간단한 부연 설명을 곁들입니다.

답변은 질문한 것에 대해서만 하도록 합니다. 질문한 내용 이외의 것까지 다루려고 하면 답변이 길어지고 다른 질문자의 질문 기회를 빼앗게 됩니다.

답변을 마친 후에는 질문한 청중에게 "충분한 답변이 되셨는지요?" 하며 확인하며 "감사합니다."로 마무리합니다.

☑ **질의응답을 잘하기 위한 십계명**
1. 정중하고 성실한 태도를 견지한다.
2. 질문을 잘 경청한다.
3. 모든 질문에 완벽한 답을 해야 한다는 부담을 버린다.
4. 우물거리거나 말꼬리를 흐리지 않으며 당당하게 답변한다.
5. 장황하지 않게 핵심을 짚어 간단하게 답변한다.
6. 경우에 따라 관련 분야의 응답자를 미리 결정해 둔다.
7. 질문자 이외의 다른 청중에게도 눈길을 준다.
8. 거짓 답변이나 실행할 수 없는 약속은 절대 하지 않는다.
9. 질문한 청중에게 감사의 뜻을 표한다.

10. 질의응답 내용을 잘 기록 정리해 두며 사후 귀중한 자료로 활용한다.

2. 황당한 질문에 대한 임기응변

1) 장황한 질문

청중이 이런저런 얘기를 늘어놓으며 장황하게 질문을 해오면 질문의 요지를 찾기가 어려워질 수 있으며 간혹 엉뚱한 답변을 할 수 있습니다. 이때는 프레젠터가 간단하게 요약해서 되물어 확인하고 나서 답변을 개시합니다.

2) 모호한 질문

무슨 질문인지 파악이 잘되지 않고 헷갈리는 경우 "죄송하지만, 다시 한 번 말씀해주시면 감사하겠습니다."라고 하며 재질문을 요청합니다.

3) 엉뚱한 질문

주제와 관련 없는 엉뚱한 질문을 해 오는 청중도 간혹 있습니다. 이럴 때는 "이 답변은 마치고 난 다음 따로 말씀드리는 게 좋을 것 같습니다. 괜찮으시겠습니까?" 하며 양해를 구하는 것이 좋겠습니다.

4) 논쟁적 질문

자칫 논쟁으로 이어질 수 있는 질문은 그 자리에서 답변을 시도하려고 하다 보면 길어지게 되고 다른 청중에게 부정적인 이미지마저 줄 수 있습니다. 이 경우도 마치고 난 다음 함께 다시 논의해 보자며 미루는 것이 현명한 방법이겠습니다.

5) 모르는 질문

프레젠터가 잘 모르는 내용에 대한 질문을 받았을 경우는 솔직하게 "그 부분은 잘 모르겠습니다."라고 솔직하게 답하는 것도 좋겠습니다만, "그 부분에 대해서는 제가 좀 더 알아본 다음 다른 경로로 답변을 드리도록 하겠습니다."라고 성의를 보여주는 것이 좀 더 적극적인 자세가 되겠습니다.

5) 공격적 질문

악의를 가지고 공격적인 질문을 해 오는 청중과는 싸움을 벌이지 않는 것이 현명하겠습니다. 이기든 지든 이미지를 망칠 수 있으니까요. 그런 경우는 오히려 더 정중한 태도로 응대하도록 하며 침착함을 유지합니다. 답변을 할 수 있는 경우 성실하게 답변을 하고, 답변하기가 곤란한 경우는 따로 이야기를 나누도록 유도합니다.

3. 배타적이거나 공격적인 청중 다루기

배타적이나 공격적인 청중을 만나면 프레젠터는 그야말로 고난의 시간이 이어집니다.
미꾸라지 한 마리가 연못을 몽땅 흐리게 할 수 있듯이 한 명의 청중이라도 프레젠터에게 공격적인 표현을 거침없이 해대며 프레젠테이션을 방해한다면 프레젠테이션은 성공적으로 마쳐지기 어렵겠습니다.

1) 절대 흥분하지 맙시다.

프레젠터가 감정 조절을 하지 못해 침착함을 잃어버리고 화를 내게 된다면 상황에 적절히 대처하지도 못할 뿐만 아니라 자신의 이미지도 망치게 됩니다.

마음속으로는 화가 나고 지나치게 흥분하게 되어도 크게 숨을 들이쉬고 내쉬며 호흡을 가다듬고 여유로움과 냉정해져야 합니다. 이런 의연한 모습에서 청중은 프레젠터를 더욱 호감 있게 보며 신뢰할 수도 있겠습니다.

2) 논쟁을 벌이지 맙시다.

배타적이고 공격적인 청중과 갑론을박하게 되면 이겨도 얻는 것이 없습니다. 그야말로 상처뿐인 영광이 되죠. 아무리 명쾌한 논리로 상대를 설득하려고 해도 이미 마음과 귀를 닫은 상대는 어쩔 도리가 없습니다. 그러다 보면 시간은 점점 쓸데없이 허비하게 되고 논지는 흐려지게 되어 있습니다.

"그건 모르셔서 하는 얘깁니다. 절대 그럴 리가 없습니다. 조금만 알아보시면 그렇지 않다는 것을 금방 아시게 될 겁니다." 하며 상대를 더욱 자극할 것이 아니라 "좋은 지적 감사 합니다. 그 부분에 대해서도 앞으로 숙고해 보도록 하겠습니다." 하며 밝은 미소로 정리하는 것이 좋겠습니다.

다른 청중에 대한 배려가 필요합니다. 청중은 둘의 싸움을 구경하려고 참석한 것이 아니니까요. 굳이 논쟁을 벌이고 싶다면 나중에 따로 자리를 마련하는 것이 좋겠습니다.

3) 오히려 공손하고 따뜻하게 대해 줍시다.

우리 인간이 감정적으로 다툼이 있을 때에는 말 자체 때문에 화가 나는 경우보다 상대방의 빈정거리는 태도 때문에 화가 나는 경우가 더 많습니다. 똑같은 말이라도 어떤 태도로 말하느냐가 중요합니다. 그래서 프레젠터는 이런 상황에도 온화하고 공손한 태도를 견지해야 합니다.

프레젠터도 감정을 가진 인간인데 어찌 속상하지 않겠습니까. 그럴 때는 '상대가 나에게 욕을 한다고 똑같이 욕을 쏟아낸다면 나도 똑같은 사람이 될 것입니다.'라고 생각하며 마음을 가다듬어야 합니다. 칼은 칼로 망한다는 말이 있듯이 상대방이 거칠게 나온다고 해도 맞받아치려고 하지 말고 공손한 태도로 따뜻하게 대해주면 웬만한 상대라면 태도의 변화를 보일 것입니다.

4) 진행 요원을 활용하도록 합니다.

프레젠테이션의 진행이 어려울 정도로 방해하는 청중이 생긴다면 프레젠터가 대응하려고 하지 말고 진행 요원을 활용하도록 합니다.
그리고 다른 청중에게 뜻하지 않게 프레젠테이션이 지연되고 심기를 불편하게 해 드린 점에 대해 사과의 말씀을 정중히 전합니다.

5) 뜻하지 않게 불만을 느끼는 청중이 없도록 합시다.

청중이 원래부터 배타적이나 공격적이 되지는 않을 것입니다. 중립적이고 일반적인 청중이라 할지라고 행사장에서 사소한 것에 불만이 있는 경우 배타적이고 공격적인 청중으로 돌변할 수 있습니다. 이런 일이 발생하지 않도록 청중 한 사람 한 사람 모두에게 관심과 신경을 쓰며 친절하게 배려해 드리도록 합니다.

☑ 참고 : 화가 나거나 흥분될 때의 언어 표현과 마음가짐

평상시에는 말을 잘하다가 화가 나거나 감정이 격해지면 목소리가 떨리고 목이 잠기고 정작 할 말을 하지 못하는 경우가 있습니다. 이는 어떤 이유 때문이며 이럴 땐 어떻게 대처해야 할까요?

화가 나거나 감정이 격해져서 흥분 상태가 되면 신경이 과민해지고 자율 신경계에서는 아드레날린이 분비되고, 때로는 숨이 가빠지는 과 호흡 상태가 되기도 하며, 목이 조여지는 느낌을 받기도 합니다. 그런 상황이 심한 경우는 목소리는 물론 몸까지도 떨리는 경험을 하게 될 수 있습니다. 이럴 때의 대처법을 다양한 측면에서 살펴봅니다.

첫째는 음성과 언어 표현 관점에서 살펴보겠습니다.

이런 경우에 말을 하려면 먼저 호흡을 잘 관리해야 합니다. 호흡은 우리의 마음과도 밀접한 상관관계가 있고, 또한 호흡은 스피치 음성 표현의 에너지원이기도 하기 때문입니다.

흥분 상태가 심하다고 판단되면 일단 심호흡을 크게 몇 번하시기 바랍니다. 대부분은 심호흡 몇 번만으로도 흥분 상태는 상당히 감소함을 느낄 수 있습니다.

그리고 이런 흥분 상태에서는 될 수 있는 대로 말을 하지 않는 것이 좋겠고, 일단 한 걸음 물러난 다음에 어느 정도 마음의 평정을 찾고 나서 말을 하는 것이 실수를 줄이고, 합리적이면서도 현명한 대처를 할 수 있을 것입니다. 하지만, 그 상황에서도 꼭 말을 해야 하는 경우라면, 복식호흡을 활용한 발성법으로 말을 하는 것이 효과적입니다. 이때는 말의 속도를 너무 빠르게 하지 말고, 한 음절 한 음절 천천히 또박또박 발음한다는 마음가짐으로 차근차근 자신의 견해를 말해나가는 것이 좋겠습니다.

둘째는 행동적 측면입니다.

"인간은 슬프기 때문에 우는 것이 아니라 울기 때문에 슬프다."라는 말이 있습니다. 우리의 마음이 우리의 행동에 영향을 끼치듯이 우리의 행동 또한 우리의 마음에 큰 영향을 끼칩니다. 마음이 잘 다스려지지 않을 때는 우리의 행동에 영향을 주어 보십시오, 그런 점에서 화가 날 때는 오히려 미소를 지어 보십시오. 생각보다 큰 효과를 느끼실 수 있으실 것입니다.

셋째는 수행적인 측면입니다.

인간관계나 일상생활, 비즈니스에 이르기까지 모든 것을 부분적으로만 살피면 화낼 일이 너무나 많습니다. 하지만, 전체적인 관점에서 성찰해 보면 순간에 지나지 않거나 미미한 경우가 대부분입니다. 한 줌의 소금을 바가지 물에 넣으면 엄청나게 짜게 되나, 똑같은 한 줌의 소금을 호수에 넣으면 아무런 영향도 끼치지 못합니다. 화가 날 때 우리 자신을 바가지로 만들지 말고, 마치 호수처럼 넓은 마음을 가져보면 어떨까요?

4. 뜻밖의 다양한 상황을 대비한 준비 대처 요령

우리의 삶에서 뜻밖의 상황은 언제나 생기기 마련입니다. 프레젠테이션에서도 예외일 수는 없죠. 이런 경우를 대비해 어떻게 준비 대처해야 할까요?

1) USB가 실행이 안 되는 경우

어떤 강사님이 출강을 앞두고 시각 자료를 밤새워 가며 만들어 USB에 담았습니다.

강의 시간 20분 전에 현장에 도착해서 USB를 컴퓨터에 꽂았는데 아무리 해도 실행이 안 됩니다. 알고 보니 USB가 바이러스를 먹은 것이죠. 마음은 초조해지고 등에는 식은땀이 줄줄 흘러내립니다. 강의를 무사히 마칠 수 있었을까요?

이런 경우를 대비해 자료는 백업을 받아 놓는 것이 좋습니다. 웹 하드나 인터넷 메일에 담아 놓으면 언제 어디서라도 손쉽게 다시 끄집어 내 쓸 수 있습니다.

2) 청중이 생각보다 적게 모인 경우

강연장은 넓은 데 청중의 수가 적은 경우, 청중은 대개 따로 떨어져 앉는 경향을 보입니다. 그렇게 드문드문 앉아 있으면 분위기가 산만할 수밖에 없습니다.

이런 때는 프레젠테이션을 시행하기에 앞서서 청중을 앞쪽으로 모여 앉도록 하는 것이 좋습니다. 그런데 앞으로 앉길 권유해도 꿈쩍하지 않는 청중도 많습니다. 이럴 때는 정말 당황이 되죠. 강제로 자리를 옮기게 할 수도 없지요.

필자도 출강을 나가게 되면 이런 경우를 더러 접하게 됩니다.

이럴 때 필자는 유머를 섞어가며 청중을 앞으로 앉도록 유도합니다.

"여러분, 성공하려면 아침형 인간이 되라는 말 들어 보신 적 있으시죠?"
"네"
"요즘은 아침형 인간 보다 '앞자리 인간'이 더 성공한다고 합니다."
"하 하 하 하 하 하 하"
"모두 앞으로 앉아 주시면 감사하겠습니다."

3) 청중이 프레젠터 자신에게 집중해야 하는 시점인데 시각 자료만 보는 경우

재미있는 애니메이션을 띄워 놓았습니다. 청중이 재미있어하며 바라봅니다. 이제 설명을 이어 나가는데 도무지 청중이 시각 자료에서 눈을 떼지 않습니다.
"자, 이젠 저를 바라봐 주시기 바랍니다."라고 말씀을 드려도 청중은 막무가내입니다.
이런 경우는 어찌해야 할까요?
방법은 간단합니다. B 키를 활용해서 슬라이드 화면을 검게 만들어 버립니다.

4) 설명할 시각 자료는 여러 장 남았는데 시간이 모자라는 경우

중간에 질의응답을 받게 되는 경우 시간 컨트롤이 어려워질 수 있습니다. 중간 대목에서 질문이 쏟아지고 일일이 답변을 하다 보니 나중에는 설명할 시각 자료는 여러 장 남았는데, 시간이 모자라는 경우가 생기는 경우가 있습니다.
마침 시간을 지킨다고 중간에 끝내 버릴 수도 없고, 시간을 지연시켜 가며 무조건 끝까지 밀어붙일 수도 없고 정말 고민이 됩니다.

이런 경우는 두 가지 방법이 있습니다.

첫째는 청중에게 솔직하게 양해를 구하는 것입니다.

"여러분께서 너무나 적극적인 관심을 두고 질문을 해 주셔서 감사드립니다. 그런데 답변을 하다가 보니 시간이 좀 지나서 제시간에 마치기가 쉽지 않을 것 같은데, 여러분 어떻습니까? 10분 정도만 시간을 더 내어 주실 수 있겠습니까?"

둘째는 남아 있는 시각 자료 중 덜 중요한 부분은 건너뛰는 것입니다.

그렇다고 해서 엔터키를 계속 누르며 화면을 설명도 없이 휙휙 넘어가게 하면 성의없어 보이기도 할 것이며, 청중은 '넘어간 페이지는 과연 어떤 내용이었을까? 저 내용은 듣지 않아도 상관없는 것일까?' 하며 의혹을 품을 것입니다. 이럴 때는 건너뛰어 원하는 화면 바로 가기 방법을 활용합니다.

파워포인트 슬라이드 쇼가 진행되는 상황에서 원하는 화면의 페이지 번호를 누르고 나서 엔터키를 치면 원하는 화면으로 바로 가게 됩니다. 그럼 청중이 보기엔 자연스럽게 준비된 다음 화면으로 넘어간 것으로 보이게 됩니다.

이 기능을 활용하려면 시각 자료의 배치와 페이지를 미리 꿰고 있어야 하겠죠. 또한, 발표 자료를 준비 검토할 때 설명을 줄이거나 생략해도 큰 문제가 없는 부분을 미리 파악해 둘 필요도 있겠습니다.

5) 예정된 시간보다 일찍 끝나버리게 되는 경우

일찍 끝낸다고 불평을 터뜨리는 청중이 있다면 정말 보기 드문 경우입니다. 하지만, 상황을 살펴보았을 때 청중이 지금 시각에 밖으로 몰려나가면 안 되겠다고 판단되는 경우나 너무 일찍 끝내는 것 같다는 느낌이 들면 시간을 좀 더 끌 필요가 있습니다.

이런 때를 대비해 덧붙일 내용을 미리 준비할 필요가 있습니다. 혹은 유머나 주제와 관련된 재미있는 이야기를 몇 가지 준비해 두는 것도 좋겠습니다.

6) 프레젠테이션 도중 말문이 막히는 경우

프레젠테이션을 하다가 갑자기 중간에 말이 끊어지게 되는 경우가 있습니다.

그 이유는 크게 긴장 측면과 내용 측면으로 나누어 볼 수 있습니다.

긴장 측면은 긴장이 증폭돼서 숨이 가빠지고, 떨려서 말을 잇기가 갑자기 어려워지는 상황입니다. 이때는 호흡을 다시 고르는 것이 중요합니다. 잠깐 포즈를 두고 숨을 크게 한 번 들이쉬었다 내쉬는 것이 도움이 됩니다. 혹은 물을 한 모금 들이마시고 나서 스피치를 진행하는 것도 좋은 방법입니다. 그래도 말을 잇기가 어려울 것 같으면 대화 분위기로 청중에게 질문을 던져보는 것도 좋습니다.

다음은 내용 측면입니다.

시각 자료를 활용하는 프레젠테이션인 경우는 시각 자료에 내용이 담겨 있으므로 말할 것을 잊어버릴 염려가 없을 것 같지만, 반드시 그렇지는 않습니다. 시각 자료에는 핵심적인 키워드만 담기 때문에 부연할 설명이나 말로 풀어나갈 내용이 순간적으로 생각나지 않아 갑자기 멍멍해질 수 있는 경우가 발생할 수 있습니다. 특히 시각 자료의 컷 수는 적고 설명을 많이 덧붙이는 형식의 프레젠테이션을 하게 되는 경우 이런 상황이 발생할 확률이 높습니다.

분류를 해 보자면 첫째는 적당한 단어나 표현이 떠오르지 않을 때이고, 둘째는 적절한 비유나 예화를 들려고 하는데 마땅히 떠오르지 않은 경우이며, 셋째는 갑자기 무슨 대목을 말하고 있는지 잊어버리게 되는 상황입니다. 이럴 때 프레젠터는 정말 당황하게 되고, 당황하면 할수록 생각은 더욱 떠오르지 않게 됩니다. 이렇게 말문이 막히는 것을 방지하기 위해서는 주제에 대한 준비와 연습을 착실히 하는 것이지만 그럼에도 갑자기 생각의 흐름이 끊어지고 말이 막히게 되는 경우는 다음의 요령을 활용해 봅니다.

1) 적당한 단어나 표현이 떠오르지 않을 때

가) 바로 앞의 말을 다시 반복해 봅니다.

나) 청중에게 요청해 봅니다. "그걸 뭐라고 하죠? 혹시 아시는 분 계십니까?"
다) 단어 자체를 신경 쓰지 말고, 풀어서 표현하려고 시도합니다.

2) 적절한 비유나 예화를 들려고 하는데 마땅히 떠오르지 않을 경우

가) 방금 서술한 내용을 다른 말로 다시 한 번 풀어봅니다.
나) 설명만 하고 비유나 예화는 생략하고 그냥 넘어갑니다.
다) 자신의 체험 속에서 말할 거리를 찾아봅니다.

3) 갑자기 무슨 대목을 말하고 있는지 잊어버리게 되는 상황

가) 솔직하게 청중에게 요청합니다. "제가 어디까지 얘기했었죠?"
나) 시작부터 신속히 말한 내용을 다시 머릿속에서 전개해 봅니다.
다) 시각 자료나 메모, 판서한 것들을 잠깐 다시 훑어봅니다.

 성공 프레젠테이션을 위한 체크 리스트

1. 기획 분석을 위한 체크 리스트

1) 몇 명이나 참석할 것인가?

2) 성별은 어떻게 되는가?

3) 그들의 직업과 성향은 어떤가?

4) 청중은 주제에 대해 어느 정도 지식을 가지고 있는가?

5) 청중의 주제에 대한 태도는 어떤가?

6) 핵심 인물이나 의사 결정권자는 누구인가?

7) 청중이 프레젠테이션을 통해 기대하고 원하는 것은 무엇인가?

8) 디지털 프레젠테이션을 실행할 환경이 갖춰져 있는 장소인가?

9) 프레젠테이션의 목적은 무엇인가?

10) 프레젠테이션을 통해 얻고자 하는 부수적인 기대는 무엇인가?

11) 반드시 달성해야 할 목표는 무엇인가?

13) 주어진 시간은 얼마인가?

14) 자료는 어떻게 수집할 것인가?

15) 특별히 준비해야 할 것과 유념해야 할 사항은 없는가?

2. 준비를 위한 체크 리스트

1) 핵심 메시지가 분명한가?

2) 내용의 분량과 시각 자료의 페이지 수는 적당한가?

3) 불필요한 내용이나 자료가 들어가 있지는 않은가?

4) 청중에 알맞은 내용으로 구성되었는가?

5) 목적과 내용이 잘 맞으며 각 부분 간의 일관성이 유지되는가?

6) 시간에 알맞게 끝낼 수 있는가?

7) 시각 자료의 오탈자는 없는가?

8) 한 슬라이드에 자료를 너무 많이 담은 것은 아닌가?

9) 슬라이드 문장은 간결하며 글자의 크기는 적당한가?

10) 색채와 디자인 등이 보기 좋고 조화로운가?

11) 동영상이나 인터넷이 잘 실행되는가?

12) 충분히 리허설 하였는가?

13) 프레젠테이션 실행에 문제없도록 현장과 커뮤니케이션이 되었는가?

14) 기자재는 잘 챙겼는가?

15) 만약을 대비해 자료를 따로 백업해 놓았는가?

3. 평가를 위한 체크 리스트

1) 청중의 주의를 계속 끌며 좋은 반응을 이끌어 냈는가?

2) 핵심 메시지가 분명히 전달되었는가?

3) 형식적이고 딱딱한 느낌을 주지는 않았는가?

4) 청중에게 기대한 성과를 이끌어 냈는가?

5) 청중이 불편해하는 점은 없었는가?

6) 제시간에 잘 마쳤는가?

7) 시각 자료에 오류나 문제점은 없었는가?

8) 청중이 프레젠테이션에 잘 집중할 수 있는 분위기였는가?

9) 목소리의 크기는 적당했는가?

10) 말의 속도는 적절했는가?

11) 중요한 부분을 강조하며 적절한 포즈도 활용했는가?

12) 청중과 눈 맞춤이 제대로 이루어졌는가?

13) 단정하고 바른 자세로 말하였는가?

14) 적절한 제스처를 활용하였는가?

15) 열정과 신념이 담긴 프레젠테이션이었는가?

4. 훈련을 위한 체크 리스트

1) 나는 호흡과 발성, 발음, 말의 속도, 강약 등의 음성 표현 훈련이 필요하지 않는가?

2) 나는 자세, 제스처, 눈 맞춤 등 신체 표현 훈련이 필요하지 않는가?

3) 나는 내용을 조리 있고 논리적으로 말하는 훈련이 필요하지 않는가?

4) 나는 연단 공포를 극복하고 자신감을 향상시키는 훈련이 필요하지 않는가?

5) 나는 자료를 수집 분석하고 기획을 잘 해내는 훈련이 필요하지 않는가?

6) 나는 시각 자료를 깔끔하고 보기 좋게 제작하는 기술에 대한 훈련이 필요하지 않는가?

7) 나는 순발력 있게 즉흥으로 말하는 능력을 향상시키기 위한 훈련이 필요하지 않는가?

8) 나는 유머 감각과 능력을 향상시킬 훈련이 필요하지 않는가?

9) 나는 상대방의 말에 핵심과 의도를 잘 파악하는 경청 훈련이 필요하지 않는가?

10) 나는 청중의 관심을 집중시키는 쇼맨십 향상을 위한 훈련이 필요하지 않는가?

11) 나는 상대방을 변화시키는 설득 능력을 향상시키는 훈련이 필요하지 않는가?

12) 나는 외국어 능력 향상을 위한 훈련이 필요하지 않는가?

13) 나는 비즈니스 마케팅 능력을 향상시키는 훈련이 필요하지 않

는가?

14) 나는 원만한 대화를 엮어나가는 화술 능력을 향상시키는 훈련이 필요하지 않는가?

15) 나는 나를 돋보이게 하는 이미지 제고를 위한 훈련이 필요하지 않는가?

 프레젠테이션 시뮬레이션 실습

　이번 장에서는 가상의 예를 통해 프레젠테이션의 프로세스를 함께 해 보도록 합니다. 물론 세세한 부분까지 다루려면 내용이 너무 방대해져 많은 지면을 할애해야 할 것이므로 개략적인 흐름과 핵심만을 짚어 보도록 합니다.

　전국적인 큰 규모를 가진 모 여성 단체에서 전국의 여성 리더 300명을 대상으로 대대적으로 스피치 교육을 시행하려고 하는데 적합한 교재와 강사님을 선정하려고 합니다.

　1차 심사를 통과한 5개의 교육기관에서 경쟁 프레젠테이션을 펼치게 되었습니다.

　그 중 한 업체가 바로 '(주)핑거커뮤니케이션'이란 회사입니다.
　(주)핑거커뮤니케이션에서는 이 여성 단체의 스피치 교육 교재로 '핑거 스피치'란 책이 가장 효과적일 것이며, 강사로는 이 책의 저자인 김현기 교수가 가장 적합할 것이라는 내용의 프레젠테이션을 할 예정입니다.

　독자 여러분이 프레젠테이션 전 과정을 맡게 되었다고 생각하고 과정을 함께 해 봅니다.

1. 기획

1) 목적 분석

제일 먼저 목적 분석을 해 봅니다. 이번 프레젠테이션의 목적은 뭐죠? 이번 프레젠테이션의 목적은 '모 여성 단체의 스피치 교육의 교재와 강사로 '핑거 스피치와 김현기 교수가 선정되는 것'입니다.

2) 청중 분석

청중은 교육을 받게 될 여성분들일까요? 아닙니다. 이번 프레젠테이션의 청중은 5개의 업체 중 하나를 선정할 평가단이라고 할 수 있겠습니다. 평가단의 구성을 파악해 본 결과 평가단은 그 단체의 임원을 맡은 다섯 분의 여성이었습니다. 모두 스피치의 필요성에 대해서는 공감하는 터이고, 가장 효과적이면서도 재미있는 교육을 원하는 것으로 생각합니다. 특히 형식적인 교육에 그치지 않고 교육생들에게 실제적인 교육이 되었으면 하는 바람을 가지고 있는 것으로 조사되었습니다.

또 하나 고려해야 할 것은 역시 교육 대상자들에 대한 분석입니다. 그래야만 그들에게 알맞은 교육, 최고의 효과를 낼 수 교육이 될 수 있기 때문입니다. 인원은 여성 리더 300명인데,

300명을 한꺼번에 교육하는 것은 그리 효과적이지 못할 것이므로 15명씩 20팀 소수 정예 그룹을 만들어 3일간 집합 교육을 하는 것이 여러 가지 여건들을 고려해 보았을 때 가장 좋을 것으로 판단됩니다. 이는 유인물을 통해 세부 내용을 담아 평가단에게 드릴 계획입니다.

3) 환경 분석

프레젠테이션 시간은 각 회사당 20분이 주어졌고, 질의응답 시간으로 10분이 배정되었습니다. 장소는 그 단체 본관 5층 연수실로 결정이 되었습니다.

디지털 프레젠테이션을 실행할 수 있도록 컴퓨터, LCD 프로젝터, 전원, 조명, 장비, 스크린, 연단, 마이크, 포인터, 인터넷 등이 잘 갖춰져 있다고 합니다. 환경적인 측면에서는 아주 양호하다고 할 수 있겠으며, 다른 경쟁 업체와도 같은 조건입니다. 그날 평가 심사를 맡은 분 외에 단체 회원 중 스피치 교육에 관심이 있는 분들이 여러 명 참석할 수도 있다는 통보를 받았는데 그리 문제 될 것 같지는 않습니다.

4) 자기 및 자사 분석 vs 경쟁 분석

프레젠테이션은 우리 회사에서 가장 프레젠테이션 경험이 풍부한 박검지 과장이 맡도록 했습니다. 박 과장은 김현기 교수의 특강도 여러 차례 참가한 적이 있으며, 사회교육원 15주 과정에서 직접 배우기도 했기 때문에 누구보다도 적합한 인물이라 판단되었기 때문입니다.

더불어 (주)핑거커뮤니케이션은 15년간의 교육 컨설팅 경험이 있기 때문에 이번 교육에 다양한 측면에서 직간접적으로 뒷받침할 수 있다는 게 또 하나의 큰 강점이기도 합니다.

나머지 4개 업체 중 3개 업체는 인지도나 지명도, 경험, 콘텐츠의 질 등 여러 면에서 많이 부족한 것 같으나, 나머지 한 곳인 (주)스파르타커뮤니케이션은 어느 정도 경쟁력이 있어 보입니다. (주)스파르타커뮤니케이션의 교재는 매우 두껍고 매끄러운 고급지에 컬러 편집을 해 화려하고 고급스러운 느낌이 들고, 학술적인 내용을 많이 담고 있습니다. 또한 스파르타의 강의를 전담할 유창희 교수는 교재의 저자는 아니지만, ○○대학교 신문방송학과 출신의 모 케이블 방송 아나운서인 예쁜 여강사였습니다.

2. 자료 수집

이번 경우는 다른 프레젠테이션할 때보다 많은 자료를 수집할 필요는 없어 보였지만, 그래도 최대한 노력을 기울였습니다. 핑거 스피치 관련 내용이 실린 신문 기사, 김현기 교수 인터뷰 자료, 실제 강의 영상, 수상 관련 자료, 출판사 서평, 김현기 교수의 강의를 수강한 수강생들의 반응도와 소감문 등을 수집하였고 인터넷, 논문, 잡지 등을 통해 여성 리더의 스피치의 중요성과 관심 등에 관한 사항도 모았습니다. 참고로 경쟁사들의 관련 자료 또한 수집해 보았습니다. 게다가 그 단체가 지금까지 행해 온 교육들의 내용과 행태, 실적 등과 관련한 자료들도 모았습니다.

3. 내용 구성

청중이 여성분들이긴 하지만, 모두 사회생활과 조직 경험이 풍부한 임원급들이기 때문에 여성이란 측면을 지나치게 고려해 감성적인 측면에만 치우쳐서는 안 될 것 같습니다.

핵심 메시지는 '실제 현장에서 바로 쓸 수 있는 실용적이고 효과적인 교육이 되려면 우리 핑거커뮤니케이션의 핑거 스피치와 김현기 교수를 선택해 주십시오.'라는 것입니다.

중심 내용은 핑거 스피치의 탁월성과 유용한 점, 산업 교육 스피치 부분 명강사 대상 수상자로서 김현기 교수에 관련한 내용, 재미있고 알찬 교육 진행 방향 등을 담기로 했습니다.

근거로는 관련 신문기사 스크랩, 수상 경력, 실제 수강생들의 교육 소감, 추천사 등의 자료를 준비했습니다. 핵심적인 것은 시각 자료에 담고 나머지 구체적인 내용이나 지엽적인 것은 유인물에 담기로 했습니다. 또한, 예상 질문을 뽑아보며 그에 대한 간략한 답변도 준비했습니다.

개략적인 내용 구성의 흐름은 다음과 같이 잡아 보았습니다.

- **서론**

  1) 도입부 - 기회를 주신 데 대한 감사, ○○ 협회 칭찬

  2) 여성 리더와 스피치의 중요성 조금 언급

  3) 효과적인 스피치 교육의 요건

- **본론**

  1. 최적의 교재는 핑거 스피치

     1) 최적의 교재로서 핑거 스피치 소개

     2) 핑거 스피치 교재의 특징 언급

     3) 핑거 스피치 기법에 대한 설명과 하나의 기법 실습

  2. 저자이자 명강사 김현기 교수의 직강

     1) 김현기 교수 프로필과 수상 실적 소개

2) 김현기 교수 강의 영상 직접 시청

3) 높은 교육 만족도

3. 효과적인 교육 프로그램 진행

1) 교육 일정 커리큘럼 소개

2) 교육의 개략적 흐름 설명

결론
1) 역시 최고의 선택은 핑거 스피치와 김현기 교수

2) 마무리

4. 시각 자료 구상

1) 전체적 구상

(1) 시각 자료에 지나치게 의존적인 프레젠테이션이 아니라 스피치 교육답게 말로 풀어나가는 부분의 비중을 다소 높게 하도록 하였습니다.

(2) 기수별 인원 배분, 교육 기간 및 일시, 교육 장소, 비용, 회사 소개와 실적 등 세부적인 사항은 유인물에 담아 배부하기로 하기로 합니다.

(3) 글보다는 사진, 도형, 그래프, 동영상 등 비주얼 자료 위주로 구성하기로 합니다.

　(4) 동영상은 실제 강의 장면을 담은 영상 중 역동적인 분위기가 느껴지며 청중의 반응이 좋은 부분을 선별 편집해서 1분 정도의 시간으로 합니다.

　(5) 대표 색상은 교육의 신뢰감을 주기 위해 전체 색상은 짙은 청색 톤으로 결정합니다.

　(6) 글자의 색상은 짙은 청색과 가장 잘 어울리며 선명하게 보이는 흰색 위주로 합니다.

　(7) 소제목은 주황색 테두리에 보라색 바탕의 흰 글씨로 선명하고 깔끔하게 보이도록 하며 통일성, 일관성 있게 같은 디자인으로 계속 가기로 합니다.

2) 개별 슬라이드 구상

(1) 화면 #1
① 제목 : 여성 리더를 위한 최고의 스피치 교육 '핑거 스피치'
　　　　(중단에 위치시키며 핑거 스피치 문구를 더 크게 강조)
② '손바닥을 펼쳐라 말문이 열릴 것이다.' - 캐치프레이즈 상단에 배치
③ 캐치프레이즈 문구 앞에 손바닥 사진 조그맣게 넣어 핑거 스피치 이미지 각인
④ 하단 부분에 작은 글씨로 핑거커뮤니케이션 회사명 배치

(2) 화면 #2
① 소제목 : 효과적인 스피치 교육의 요건
② 좌측에 타원형 도형을 세로로 배치 EASY, FUN, REAL 문구 삽입
③ 우측에 참여적이고 역동적 분위기의 강의 모습 사진 배치

(3) 화면 #3
① 소제목 : 핑거 스피치(쉽고 재미있고 실제적인)
② 좌측에 핑거 스피치 앞표지 부분 사진 배치
③ 우측에 저자 김현기 교수의 멋스러운 사진 배치

(4) 화면 #4
① 소제목 : 교재의 특징
② 3개 문장으로 요약
　　(바로 쓸 수 있는 말할 거리 듬뿍, 다양한 상황에서의 조리 있는 표현법 가득, 스피치 핵심 기법 알기 쉽게 정리 수록)
③ 문구는 바탕을 입체적인 박스 처리를 해서 세련되게 함.

(5) 화면 #5
① 소제목 : 핑거 스피치란 무엇인가?
② 좌측에 손가락을 펼친 손 사진 배치
③ 우측에 다섯 개의 작은 박스 세로로 5개 배치하여 '엄지 ~ 소지' 문구 삽입
④ '엄지~소지' 박스는 중요 부분이므로 박스 색상을 진한 붉은색 계열을 사용해 부각시킴.
⑤ 작은 박스 바탕에 더욱 큰 박스를 약간 오버 랩 되게 배치하여 '시작 단계~마무리 단계' 문구 삽입

(6) 화면 #6
① 소제목 : 핑거 기법 응용 자기소개
② 전 화면과 같은 구성
③ 설명 박스 문구만 '이름 ~ 바람'으로 수정

(7) 화면 #7
① 소제목 : 김현기 교수에 대하여
② 좌측에 김현기 교수의 프로필 문구 사진 배치
③ 우측에 파워 스피치 특강 광고 사진 배치

(8) 화면 #8
① 소제목 : 김현기 교수의 명강의 영상
② 소제목 아래 전체 화면 사용
③ 분위기 좋은 대목, 강의 하이라이트 부분, 강의 영상 등을 짧게 편집

(9) 화면 #9
① 소제목 : 놀라운 교육 만족도 - 김현기 교수

② 횡선 막대그래프 활용
③ 그래프 좌측에 김현기 교수 및 다섯 군데의 타 교육기관 이름 배치

(10) 화면 #10
① 소제목 : 교육 일정 커리큘럼
② 3일 교육 시간 계획을 담은 도표를 수록
③ 도표는 녹색 바탕으로 처리하여 바탕에서 돋보이게 하며 글씨는 흰색 사용

(11) 화면 #11
① 소제목 : 교육 흐름도
② 핵심 이론, 트레이닝, 실습과 컨설팅을 우 방향 화살표 도형에 각각 담아 횡렬 배치
③ 화살표 바탕 색상은 노란색 계열사용, 문구는 검은색 사용
④ 각 화살표 도형 아래에 박스로 바탕 만들어 3가지씩 간단한 설명 문구 삽입.
　이때 박스는 녹색 계열을 사용하되 각기 변화 있게 약간 다른 색상을 적용.

(12) 화면 #12
① 소제목 : 없음
② 핑거 스피치가 최고라는 메시지를 느낄 수 있는 활기차고 밝은 표정의 단체 사진 수록
③ 사진 아래에 '스피치의 노하우 바로 이 손안에 있소이다.' 문구 삽입

(13) 화면 #13
① 소제목 : 없음
② 중간에 큰 글씨로 '감사합니다.' 문구 배치
③ 문구 옆에 손바닥 사진 넣어 핑거의 이미지 재강조.

5. 시각 자료 제작

이제 구상했던 대로 파워포인트를 활용해 시각 자료를 실제로 제작해 봅니다.

구상했던 것들이 제대로 최대한 반영되도록 하며 색상은 보기 좋고 조화로운지, 문구의 크기는 적절한지, 오탈자가 없는지, 사진은 적절한지, 동영상은 잘 가동되는지 꼼꼼히 확인을 합니다.

붙임 : 시각 자료 완성본은 이 책의 뒷부분 붙임 부분에 따로 수록하였으니 참고하시기 바랍니다.

6. 시나리오 제작

실제는 원고(시나리오)를 보지 않고 풀어나갈 것이지만, 더욱 더 명쾌하고 분명한 표현이 되기 위해 시나리오를 작성해 봅니다. 시나리오는 글말이 아닌 입말로 쓰도록 합니다.

시나리오 일부분을 옮겨 봅니다.

(도입부)

여러분, 안녕하십니까? 주식회사 핑거커뮤니케이션, 박검지 과장입니다.

먼저 오늘 우리 회사에 좋은 기회를 주신 ○○ 여성 단체 협회 여러분께 감사의 말씀을 드립니다.

21세기는 여성의 시대라 할 만큼 여성의 역할이 더욱 중요해져 가고 있습니다.

그와 더불어 사회 각 분야에서 눈부신 활동을 펼치고 계시는 여성분들도 많아졌습니다.

이럴 때일수록 조직적이고 체계적으로 여성의 사회활동을 뒷받침해주는 ○○ 여성 단체 협회 같은 좋은 기관의 역할이 정말 중요하다고 생각됩니다.

여성들의 활동을 지원하는 여러 가지 분야 중에서 가장 중요한 것은 바로 교육일 텐데, 그중에서도 여성 리더 분들에게 가장 절실히 필요한 교육은 바로 스피치 교육일 것입니다.

이번 ○○ 여성 단체 협회에서 300명의 여성 리더들을 대상으로 스피치 교육을 실행할 계획을 추진하게 된 것은 정말 뜻깊은 일이라고 생각됩니다.

좋은 계획도 좋은 실행이 따라야 좋은 결실이 맺어지듯, 그 실행을 전문적인 교육 노하우를 제대로 갖춘 저희 핑거커뮤니케이션이 맡아 알찬 결실을 함께 맺어 나갔으면 합니다.

(중략)

지금까지 살펴보신 바와 같이 저희 핑거커뮤니케이션에서 마련한 핑거 스피치 교육 프로그램이야말로 귀 협회의 여성 리더들을 위한 최적의 교육 프로그램입니다. 실제 현장에서 바로 쓸 수 있는 실용적이고 효과적인 기법인 핑거 스피치와 교육 만족도 최고를 자랑하는 명강사 김현기 교수의 강의를 통해 이번 교육이 가장 효과적이며 가장 성공적인 결실을 보기를 바랍니다. 아울러 00 여성 협회의 큰 발전을 기원합니다. 감사합니다.

7 리허설

많은 분이 프레젠테이션을 준비할 때 자료 수집과 내용 구성, 시각 자료 만드는 데만 90% 이상의 시간을 소비합니다. 그러다 보니 실제 프레젠테이션에서는 연습 부족으로 정성 들여 준비한 것을 효과적으로 전달하지 못하는 실수를 하게 됩니다.

이를 익히 깨닫고 있던 박 과장은 리허설에 충분한 시간을 할애했습니다.

(1) 일단 혼자서 슬라이드 각 장면과 맞추어 시나리오 내용을 풀어보며 페이지마다 걸리는 시간을 고려해 보았습니다. 시간 배분은 적절해 보였습니다.

(2) 그런 다음, 입에 밸 정도로 시나리오를 참고해 가며 수십 번 반복 연습해 음성 표현을 가다듬었습니다.

(3) 캠코더를 설치해 놓고 실행과 리뷰를 반복해 가며 자신이 보기에 어색하거나 매끄럽지 못한 부분을 수정 보완해 나갔습니다.

(4) 자신의 회사 신관 강의실이 마침 실제 프레젠테이션을 실행할 환경과 비슷해 그곳으로 여러 명의 동료 및 선·후배를 불렀습니다. 자리 배치를 실제처럼 꾸미고 5명의 동료를 평가 위원석에 앉혀 실제와 같은 분위기를 자아내도록 했습니다. 그리고 실제처럼 리허설을 펼쳤습니다.

지켜보던 분들이 저마다 생각과 의견들을 내 놓으며 좋은 조언을 해 주었고, 이를 바탕으로 수정 보완해 나가며 계속적인 리허설을 했습니다.

8. 실행

박 과장은 프레젠테이션 전날 휴식을 충분히 취하고, 일찍 잠자리에 들었습니다. 다음날 아침 예정 시간보다 한 시간 일찍 도착해서 관계자들과 인사를 나누고 문제점은 없는지 현장을 점검하며 준비를 철저히 했습니다.

다른 회사의 프레젠터들을 둘러보니 그들도 긴장하는 표정이 역력했습니다.

'그래, 비교하지 말고 준비한 대로 온 정성을 쏟자. 준비를 열심히 했으니 분명히 잘해낼 거야.'라고 자신에게 격려를 합니다.

드디어 자기 차례가 왔을 때 박 과장은 단정한 자세로 밝고 힘찬 목소리로 프레젠테이션을 시작했습니다. 혹시나 속도가 빨라지지나 않을까 유의하며 또렷하고 분명하게 설명을 이어나갔습니다. 평가단 다섯 분을 골고루 바라보며 의욕 넘치고 진지한 표정으로, 때로는 밝고 정감 어린 표정으로 말을 이어 나갔습니다. 특히 핑거 기법 응용 자기소개 요령을 설명할 때는 평가단 다섯 분 모두 재미있어하며 적극적인 관심을 보여 더욱 신이 났습니다.

이윽고 "끝까지 경청해 주서서 감사합니다." 하며 프레젠테이션을 잘 마쳤습니다.

질의응답에서는 첫 번째로 "강사님 혼자 모두 진행할 수 있겠습니까?"

라는 질문이 나왔습니다. 이 질문에 "네, 하실 수 있습니다. 일주일 내내 온종일 이어지는 강의도 소화해 내신 분이십니다. 또한, 강의의 원활한 진행을 도울 보조 강사님도 한 명 배정할 것입니다."라며 간략하지만 힘주어 답변했습니다. 기타 질문은 어려움 없이 분명하고 간단하게 답변을 잘해냈습니다.

며칠 후, 그 협회에서 연락이 왔습니다. 결과는 '성공'이었습니다.

에필로그

붙임 : 김현기 교수 자작시 모음
붙임 : 시뮬레이션 파워포인트 시각 자료
첨부 부록 : 사회교육원 소감문

끝까지 함께 하시느라 수고하셨습니다.

하지만 여러분, 끝이 끝으로만 끝나서는 안 됩니다.
끝이 새로운 시작을 품을 수 있을 때 우리는 계속적인 발전을 해나갈 수 있으니까요.

여러분의 프레젠테이션 능력 향상을 위한 노력도 여기서 끝이 나선 안 될 것입니다.
지금까지 배운 것을 머리로만 이해하고 끝나서는 아무 소용이 없습니다.
실제에서 발휘될 수 있도록 계속적인 연습과 훈련이 따라야 합니다.

대가로 칭송을 받던 미켈란젤로는
"사람들이 내가 대가가 되기 위해서 얼마나 열심히 노력했는지를 안다면, 지금 나의 재능에 그렇게 놀라워하지 않을 것이다."라고 말했습니다.

프레젠테이션의 달인도 타고나는 것이 아니라 노력으로 만들어지는 것입니다.

배운 것은 씨앗에 불과합니다. 씨앗은 저절로 자라 열매를 맺지는 못합니다.
물과 햇볕과 영양분이 필요합니다.

프레젠테이션 능력도 마찬가지입니다.
프레젠테이션 능력이란 씨앗이 싹을 틔우고 줄기를 뻗어나가려면

땀방울이란 물과
열정이란 햇볕과
반복적인 경험이란 영양분이 필요한 것입니다.

아리스토텔레스는 "반복적인 일이 모여서 우리를 만든다.
그렇다면 탁월함은 업적이 아니라 습관이다."라고 말했습니다.
열정을 다해 열심히 반복 연습과 훈련을 하시기 바랍니다.
배운 것을 하나씩 자신의 것으로 만들어 나가시기 바랍니다.

또한, 실제 경험을 많이 쌓아 나가시기 바랍니다.
실수를 두려워하지 말고 과감하게 시도하고 도전하는 여러분이 되시기 바랍니다.
실수라는 거름을 통해 여러분의 프레젠테이션이란 나무는 아름드리 큰 나무로 성장해 나갈 것입니다.

'디지털 기술을 활용해 자신의 따뜻한 마음과 뜨거운 열정이 전해질 수 있도록 하는 것'
이것이 디지로그 프레젠테이션의 모토일 것입니다.

독자 여러분 모두, 디지털의 첨단 기능과 기술을 자유자재로 활용하면

서도 언제나 따뜻한 인간미를 간직하며 사람의 향내가 물씬 풍기는 멋진 프레젠터가 되시기 바랍니다.

앞으로 또 다른 만남을 기약하며
상봉동 연구실에서
김현기 드림

참고문헌

다이앤 디레스터 (2006) MBA에서도 가르쳐주지 않는 프레젠테이션, 심재우 역, 비즈니스 북스
페터 우르스 벤더(2001) 파워 프리젠테이션, 강분석 역, 사람과 책
진 젤라즈니 (2002) 프레젠테이션으로 말하라, 김한영 역, 씨앗을 뿌리는 사람
가르 레이놀즈 (2008) 프레젠테이션 젠, 정순욱 역, 에이콘 출판
진 젤라즈니 (2006) 맥킨지 발표의 기술, 안진환, 스마트 비지니스
임중기 (2007) 와우스피치 온라인 프레젠테이션 강좌 (www.wowspeech.com)
한정선 (2004) 프리젠테이션 하나의 예술, 김영사
도영태 (2005) 프레젠테이션 요럴땐 요렇게, 영진 미디어
김현기 (2006) 김현기 교수의 파워 스피치 특강, 고요아침
김현기 (2008) 핑거 스피치, 한국 문화사
키케로 (2006) 수사학, 안재원 편역, 도서출판 길
세버린, 탠카드 (2005) 커뮤니케이션 이론, 박천일 외 역, 나남출판
케빈 호건 (2002) 파워풀 커뮤니케이션, 안은표 역, 시아플판사
Wayne Weiten, Margaret A. Lloyd (2004) 생활과 심리학, 김정희 외 역, 시그마프레스
이현우 (2002) 사람의 마음을 움직이는 설득심리, 더난출판
김영석 (2008) 설득 커뮤니케이션, 나남
로더 도슨 (2003) 설득의 법칙, 박정숙 역, 비즈니스 북스

로버트 치알디니 (2003) 설득의 심리학, 이현우 역, 21세기 북스
안토니 R. 프레카니스, 앨리엇 아론슨 (2005) 프로파간다 시대의 설득전략, 윤선길 외 역, 커뮤니케이션 북스
귀스타브 르봉 (2008) 군중심리, 김성균 역, 이레미디어

시의 향연
― 김현기 교수의 『백두산문학』 시부문 신인문학상 수상작

1. 강아
2. 산봉통 연가
3. 마이크
4. 나는
5. 어머니

김현기

내 지친 자갈밭에서
어찌 여린 싹을 틔우리

북두칠성 우러러
밤길 걸으며
나의 갈 길을 찾는다

미끄러운 자갈에 미끄러지고
아픈 발 절룩거리며
피멍울 쓰라려도
발걸음 어찌 멈추리

김현기

부드럽게 감싸 쥐면
내 목소리를 빛내주는 친구

귀 기울이는 뜨거운 가슴에
이어진 줄인가
내 말을 전해서
울림을 만들어 내는 인연의 줄

내 마음의 빛깔이
서로의 깊은 여울목을 돌아 나와
바다로 흘러가는가

오늘도 샛강의 물줄기로 만나
끝없이 밀려오는 파도처럼
앞으로 나아가야 하리라

상봉동 연가

김현기

나는 상봉동 시외버스터미널
바로 옆에 살고 있다

아침마다 오르는 봉화산 정상
에어로빅을 하며
산새들 노래하는 이른 아침
주고받는 눈길은
무지갯빛 꽃길을 열어준다

비 내린 질척이는 산길에
아카시아 꽃잎처럼
바람에 흩날렸는가
오늘도 아카시아 꽃을 그리며
솔 향기 그윽한 산길을 내려간다

김현기

내 어릴 적
들녘 들길에는
이름 모를 들꽃이 피어났다

들꽃 향기 너무 그윽해
오늘까지 취해서
밤마다 거리를 헤맸다

어느 날 외진 산길에서
바람에 꽃비처럼 흩날려가는
저 고운 꽃잎들은
어디로 가고 있는가

되돌아오는 바람 속에
작은 들꽃은
나의 집 꽃밭에도 피어날까

김현기

이 풍진 세상을 만났으니
너의 희망은 무엇이냐
어머니가 부르시던 이 노래는
언제나 나를 일으켜 세운다

푸른 파도 밀려오는
마산 앞바다 바라보며
여린 무궁화 한 그루 심어
짙어가는 꽃향기에
쌓였던 소녀 시절

해 질 녘 바닷가 갈대숲에
갈매기 떼 날아들 때
손잡고 먼 길을 걸어갈
별빛과 함께 꿈꾸며
포근한 둥지 하나 만들었네

오늘도 남쪽 하늘 바라보는 어머니의 눈에는
고깃배 위를 나는 갈매기 떼 보이고
참게 놀러 나온 갯벌이 펼쳐진다

시뮬레이션 파워포인트 시각 자료

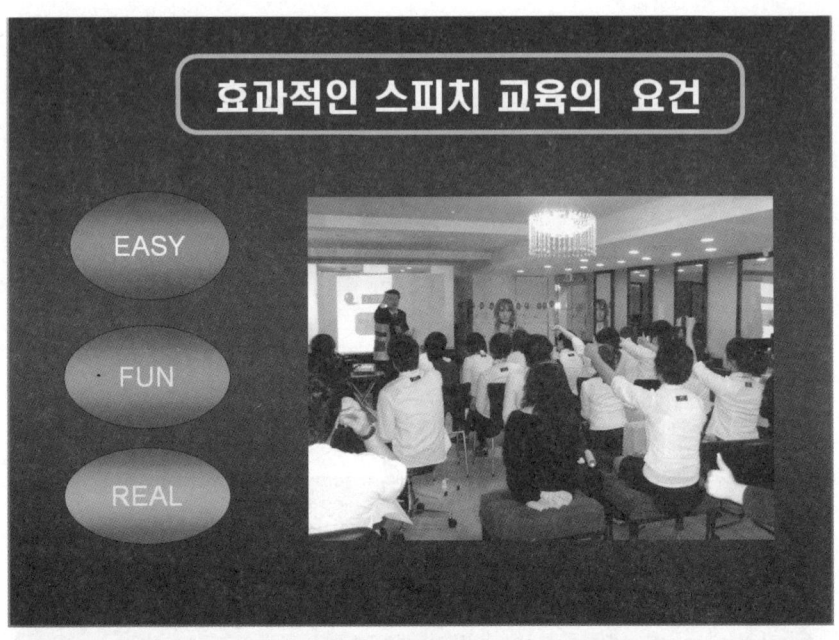

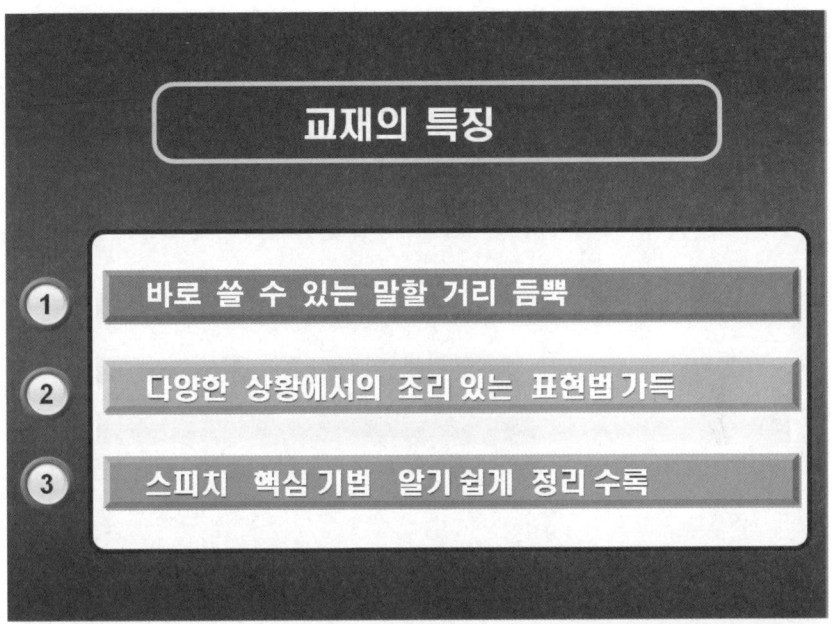
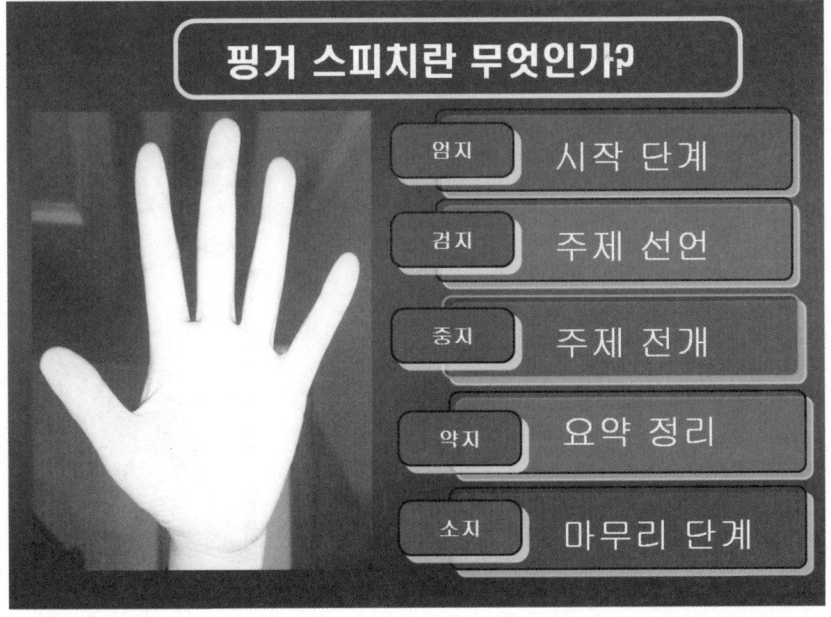

핑거 기법 응용 자기 소개

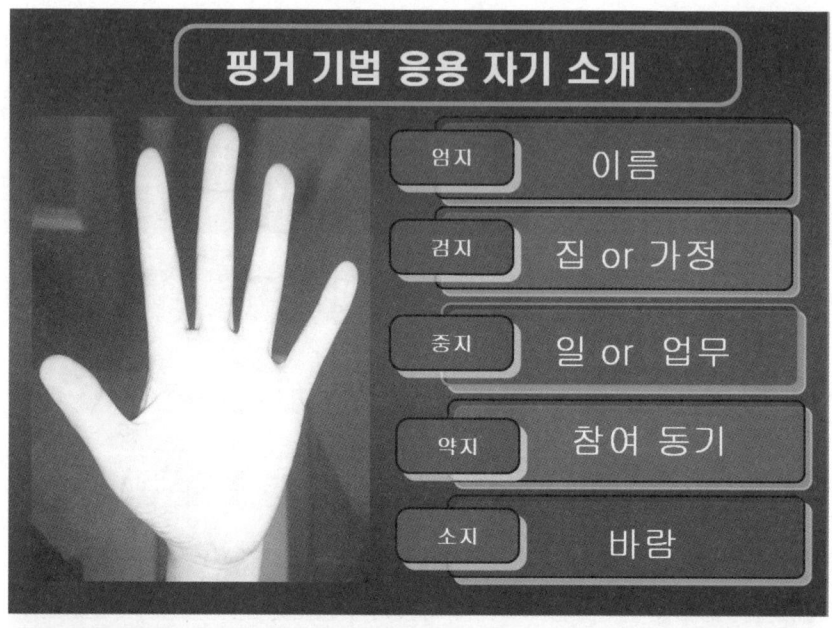

- 엄지 — 이름
- 검지 — 집 or 가정
- 중지 — 일 or 업무
- 약지 — 참여 동기
- 소지 — 바람

 교수에 대하여

김 현 기 (金顯起)
홈페이지: HTTP://SPEECHBIBLE.COM
좌우명: 두려움 앞에서 자신을 잃지 않는 사람, 정직한 빈폐에도 부끄러워하지 않는 사람, 승리 앞에서 겸손할 줄 아는 사람이 되자!

학력사항 (국내)
- 중앙대학교 사범대학 졸업 (교육학 학사)
- 동대학원 사회교육학 전공 (행정학 석사)
- 경기대학교 일반대학원 국어 국문학과 졸업 (문학박사)

수상 및 이력
- 중등교원 자격증, 사회교육 1급 전문요원 자격증
- 이미지 컨설턴트 자격증, 스피치 지도사 자격증
- NIE지도사 자격증, 레크리에이션 지도사 자격증
- 카운슬러 자격증, 노인 복지사 1급 자격증, 웃음 치료사 1급 자격증
- 스피치 부문 대통령기와 국회 의장상(2회) 수상, 해양수산부 장관상
- 2007 한국 신언교육 명강사 부문 대상 수상 외 다수
- 성화대학 인문사회계열 겸임교수 역임
- 국민대학교와 단국대학교 평생교육원 스피치 과정 주임 교수 역임
- 상육대학교와 경기대학교(수원) 사회교육원 스피치 과정 주임 교수 역임
- 현재 한국 화법학회 심의이사, 전국 웅변인 협회 심사위원
- 월간 한국 HRD, 한경리크루트, 인재경영 칼럼니스트
- 경기대학교 사회교육원 리더스 스피치 과정 주임 교수

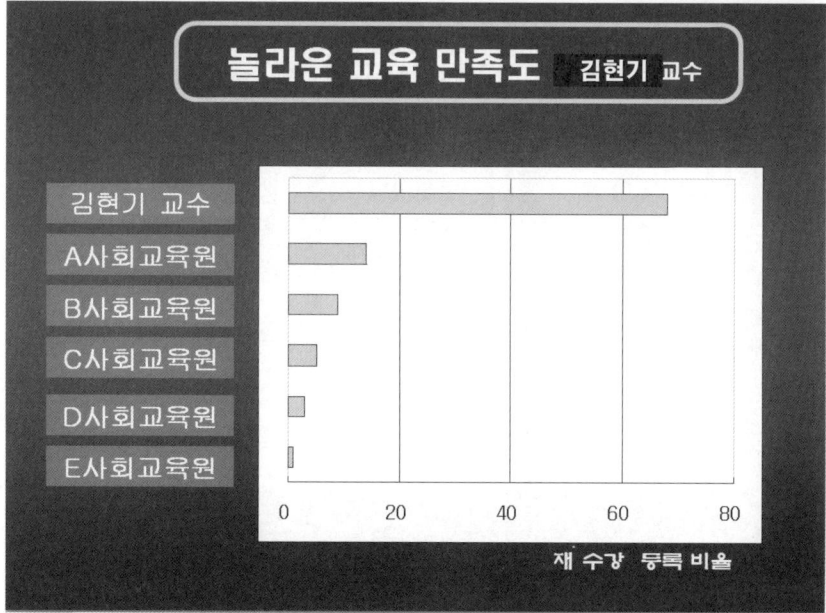

교육 일정 커리큘럼

시 간	1 일차	2 일차	3 일차
09:00-10:00	오리엔테이션	연단공포 극복과 자신감 업그레이드	종합 실습 및 컨설팅 (촬영 + 리뷰)
10:00-11:00	스피치 중요성		
11:00-12:00	호흡과 발성		
12:00-13:00	맛있는 점심		
13:00-14:00	음성표현 트레이닝	핑거 스피치 기법 (내용구성 + 조별 발표)	핑거 스피치를 활용한 표준 화법 원고 제작
14:00-15:00			
15:00-16:00	원고 낭독 스피치 요령		
16:00-17:00	신체 표현 트레이닝		강평 및 마무리
17:00-18:00			

교육 흐름도

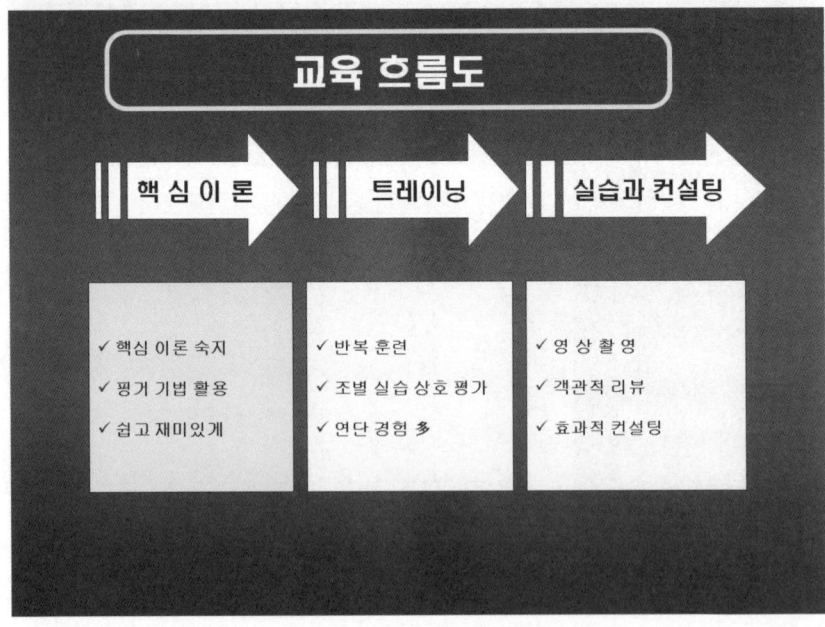

핵심 이론 → 트레이닝 → 실습과 컨설팅

- ✓ 핵심 이론 숙지
- ✓ 핑거 기법 활용
- ✓ 쉽고 재미있게

- ✓ 반복 훈련
- ✓ 조별 실습 상호 평가
- ✓ 연단 경험 多

- ✓ 영상 촬영
- ✓ 객관적 리뷰
- ✓ 효과적 컨설팅

스피치의 노하우 바로 이 손안에 있소이다.

사회(평생)교육원 스피치 교육과정 수료 소감문

1. 스피치를 통한 당당한 자신감 - 이재원

평범한 가정주부로 살아오던 저는 50을 넘은 나이에 주위의 소중한 인연들의 권유로 새로운 일을 시작하게 되었습니다. 과연 이 나이에 새로운 일에 도전하는 것이 가능할까? 내가 할 수 있는 능력이나 있을까? 이런저런 이유를 떠올리면서 망설이기도 하였습니다. 그러던 중 남편도, 자식들도 "지금껏 가족과 가정을 돌보느라 '나'를 잊고 살았으니, 이 기회에 자신의 잠재력을 끄집어내서 자기 계발을 해 보라."라고 권하기에 결단을 내리게 되었습니다.

시간이 지날수록 여러 사람을 만나게 되고, 그 사람들 앞에서 이야기할 기회가 많아졌습니다. 그럴 때마다 긴장하지 않고 좀 더 자신감 있게, 조리 있게, 듣는 사람의 마음을 열 수 있도록 말하지 못하는 저 자신이 안타까웠습니다. 그래서 체계적으로 화술을 배웠으면 하던 차에 단국대학교 평생 교육원에서 하는 김현기 교수님의 '성공을 위한 감성파워스피치'와 만나게 되었습니다.

저는 이 강좌를 통하여 정말 많은 것을 배우고 얻게 되었습니다. 이 강좌가 끝나갈 무렵 나 자신이 나에게 놀란 사건(?)이 터지고 말았습니다. 어느새 제가 여러 사람들 앞에서 긴장하지 않고 평상심을 유지하면서 자신감 있게 이야기를 하는 것이 아니겠습니까? 과연 이럴 수가 있을까 자신에게도 놀란 저는 내친김에 교수님의 강좌를 재수강하게 되었습니다.

어느 날 교수님께서 저에게 웅변대회에 한번 나가 보라고 하셨습니다. 웅변대회 – 평범한 가정주부로 살아온 저에게 상상도 해 볼 수 없던 일이었지만, 저는 덜컥 해보겠노라고 대답을 하고 말았습니다. 그리곤 며칠 동안 가족들에게도 이 사실을 이야기하지 않고 과연 할 수 있을까 고민을 하다가 '그래 한번 해보자!'라고 결정을 내리고 가족들에게 이 사실을 이야기하였습니다. 저의 남편이나 자식들은 당연히(?) 어이없다는 반응이었습니다. 무슨 정치를 할 것도 아니고, 국회의원에 출마할 것도 아니면서 웅변은 무슨 웅변이냐고. 저는 내가 잘하고 못하는 걸 떠나서 이 나이에 웅변대회에 나가서 많은 청중 앞에서 웅변했다는 것 그 자체가 중요한 것이 아니냐, 이를 통해 나 자신에게 그걸 해냈다는 자신감을 심어주는 그것이 중요한 것이 아니냐고 당돌한 항변(?)을 하였습니다. 결국, 그렇다면 해 보라고 가족들의 응낙이 떨어졌고, 곧이어 성원이 뒤따랐습니다.

지난 11월 4일 「광주학생 독립운동 78주년 기념 대통령기 쟁탈 제33회 전국 웅변대회」가 빛고을 광주에서 열렸습니다. 청중석에는 남편, 두 딸, 29개월짜리 외손녀도 앉아 있었습니다. 원고 내용이 얼른 생각나지 않아 한두 번 머뭇거리기도 했습니다만 저는 평생 처음으로 웅변대회에 나가 청중들 앞에서 어설픈 열변(?)을 토해냈습니다. 뜻밖에도 과분하게 일반부 특상, 통일부 장관상을 받게 되었습니다.

김현기 교수님의 '성공을 위한 감성파워스피치' – 그것은 제 생애에

너무 값지고 복된 만남이었습니다.

김현기 교수님의 스피치 강좌로 말미암아 50대 중반의 아줌마도 이렇게 당당하게 자신감을 느끼게 되었다고 여러분에게 알려주고 싶어 서툰 글 솜씨로 감히 저의 이야기를 하게 되었습니다.

지금 주위엔 가을 단풍이 한창입니다.
'인생에 봄, 여름, 가을, 겨울이 있다면 난 지금 어느 계절에 속할까? 아마도 가을이겠지, 그렇다면 단풍으로 물든 저 나무가 빨간 이파리로 마지막 자태를 뽐내고 있듯이, 나도 저 나무처럼 가을이라는 계절에 걸맞은 삶을 살아야지.' 이렇게 야무진(?) 생각을 해 봅니다.

김현기 교수님, 그리고 함께 공부한 소중한 인연들에 다시 한 번 감사의 인사를 드립니다. "감사합니다."

2. 스피치는 즐거움이다. - 이석훈

인간은 인간을 통해 성장한다. 저 자신이 27년의 인생 경험을 통해서 체험적으로 터득하고 있는 말입니다. 훌륭한 선생님과 교수님들을 만나 오면서 그들의 인생철학이 축약된 작은 말 한마디가 필자를 얼마나 발전적인 방향으로 이끌었는지 모릅니다. 그런 면에서 뛰어난 멘토와 인연을 맺는다는 건 큰 행운의 하나라고 생각합니다.

벌써 3년 전의 일이지만 의과대학에 편입하고자 면접을 본 적이 있습니다. 서류 전형과 필기시험에서 유리한 위치를 점하고 있던 필자는 면접이 상당히 중요한 비중을 차지하고 있음에도 많은 준비를 하지는 않았습니다. 하지만, 쉬울 줄로만 알았던 인터뷰 속에서 만족스러운 답을 해야 한다는 강박적인 생각으로 말미암아 떠는 저 자신을 발견했습니다. 급기야 평소에 알고 있던 질문에도 자신 있게 대답하지 못했고 합격 통보를 -운 좋게도- 받기 전까지 수일 밤낮을 자책했습니다. 그 일을 계기로 말하는 능력의 중요성을 깨닫고 시간이 나면 꼭 체계적으로 화술을 배워야지 하고 생각하던 차에 집으로 배달된 단국대학교 평생교육원 팸플릿에서 김현기 교수님의 '파워스피치' 수업을 발견하고 수강하게 됐습니다.

필자가 김현기 교수님이 스피치학계에서 굉장히 유명한 사람이라는 사실을 알게 된 것은 최근의 일이었기에 그간의 강의를 들으면서 느낀 점 몇 가지를 사심 없이 적어보겠습니다.

첫째, 김현기 교수('님' 자는 독자를 생각해서 이후 생략)의 강의는 자신감을 줍니다. 많은 사람이 대중 앞에서의 발표, 연설, 프레젠테이션과 같은 말하기에서 상당한 긴장감을 느끼고 자신감을 잃어버린다고 합니다. 김현기 교수는 자기 암시를 통해 스피치 공포감을 극복하고 컨트롤하는 방법을 알려주고 매 수업마다 수강생들 앞에서 3분 스피치를 갖도록 해 실전 감각을 익히도록 도와줍니다. 저 역시 처음에는 수강생들 앞에서 마이크만 잡아도 긴장되고 마음이 떨렸지만 지금은 스피치의 내용에만 신경 쓰게 될 만큼 평상심을 유지하고 있고 자신감을 많이 회복했습니다.

둘째, 그의 강의는 재미있습니다. 김현기 교수는 적절한 유머와 인용을 통해 수업의 흥을 유지할 줄 알며 그것이 효과적인 지식 습득으로 이어질 수 있도록 합니다. 재미라는 형식이 수업 내용의 질을 결정하는 것은 아니지만 그것이 훌륭한 내용에 곁들여졌을 때 시너지 효과가 대단하다는 것을 다시 한 번 실감했습니다.

마지막으로 '감성 파워 스피치' 강의에는 가족적인 분위기가 있습니다. 김현기 교수는 수업 중에 수강생들이 자연스럽게 가까워질 수 있도록 그룹발표의 시간을 많이 가질 수 있도록 하고, 교수 자신도 수강생들을 친근하고 편안하게 대해주고 수업 외적으로도 수강생들에게 도움을 주고자 노력하는 인간적인 사람입니다.

이 시대에 자기를 표현하는 화술은 성공을 위해 선택이 아니라 필수적인 조건이 되었습니다. 제 경험에서 보았듯이 사회진출 전에는 당장 수차례의 면접이라는 관문을 목전에 두고 있으며, 직장에서는 프레젠테이션을 통해 자신의 의견을 개진해야 합니다. 이러한 하루하루가 긴장감과 공포감의 연속이라면 삶이라는 것이 즐거울 수가 없을 것이라고 생각합니다. "스피치는 즐거움이다."라는 김현기 교수님의 말씀처럼 그의 강의가 끝나기 한 달여를 앞둔 지금 전 정말 대중 앞에서 말하는 것이 편해졌고 그와의 만남과 인연을 큰 행운이었다고 여기고 있습니다. 여러분도 스피치 능력 향상에 아낌없는 투자를 하시길 바라며 하시는 일에서 좋은 성과 내시길 기원합니다.

3. 나를 당당하게 변화시켜준 스피치 - 이해일

안녕하십니까!
성공을 위한 감성 파워 스피치과정을 수강하는 이해일입니다.
즐겁고 기쁜 일이 있어 여러분께 소개해 드리고자 하는 마음에 이렇게 글을 올리게 되었습니다.

스피치 수업에 점차 흥미를 붙여가던 9월 말경 어느 날인가 김현기 교수님께서 "11월 전국 웅변 스피치대회에 출전하는데, 이해일 씨도 적극적으로 추천해 볼 테니, 같이 출전할 생각이 없느냐?"라고 제게 의향을 물어오셨습니다. 처음엔 웅변한 적이 한 번도 없다면서 거절했습니다. 그러자 교수님께서는 "소질이 보인다면서 도전하는 사람만이 성취할 수 있다."라는 등의 좋은 말씀을 해 주시면서 용기와 희망을 북돋아주셨습니다.

한 주 간의 망설임 끝에 결국은 교수님과 함께 광주학생독립운동 77주년 기념 전국 웅변 스피치대회에 출전하기로 마음먹었습니다. 약 한 달 보름쯤을 앞두고 원고를 빠르게 준비하고, 온통 머릿속에는 웅변 원고로만 가득할 정도로 원고 암기를 위해 연습하고 또 연습했습니다. 이번 스피치 대회는 '내가 인생을 살면서 뭔가에 이렇게 집중하고 몰두한 적이 있었던가?' 하는 생각이 들 정도로 정말 열심히 준비한 대회였습니다.

대망의 웅변대회가 있는 날, 생전 처음 전국 규모의 웅변 스피치 대회 출전이라 시작 전부터 심장이 두근두근 고동치기 시작했습니다. 유치부 연사로부터 시작된 웅변은 초등부와 중등부를 거쳐 대학 일반부의 웅변 스피치가 시작되었습니다. "대학 일반부 이해일 연사"라고 불리는 순간, 긴장되는 가운데 연단에 올라 대학 일반부 첫 번째로 스피치를 하게 되었습니다.

많이 떨리지만 차분하게 복식호흡을 하며 '잘해야지!' 다짐하고 온 힘을 다해 열심히 했건만 생각한 대로 되지 않고 그야말로 6분 여 간의 떨림과 긴장 속에 어떻게 마쳤는지도 모르고 연단에서 내려왔습니다. 연설을 마치고 내려온 저에게 김현기 교수님께서는 고생 많았다고 말씀하시면서 정말 잘했다고 격려를 아끼지 않으셨습니다. 몇 명의 연사 뒤에 김현기 교수님까지 40여 명 연사의 스피치가 모두 다 끝나게 되었습니다.

결과는 웅변 스피치 대회 첫 출전에 조선대학교 총장님 상이라는 귀한

상을 받게 되었습니다. 그리고 이번 대회의 주인공이라고 할 수 있는 전체 특상은 단국대학교 평생교육원 감성 파워스피치 과정을 지도해 주고 계신 우리의 김현기 교수님이 차지하게 되었습니다. 대통령기와 본 대회 최고의 상인 국회 의장상을 동시에 받으신 김현기 교수님! 정말 대단하고 훌륭하십니다. 교수님을 닮고 싶습니다.

저에게 좋은 추억을 안겨주고 도전정신을 심어주신 김현기 교수님께 감사의 말씀을 드립니다. 그리고 앞으로도 후학들의 양성에 더욱 매진해 달라는 당부의 말씀을 드립니다.

단국대학교 평생교육원 성공을 위한 감성 파워 스피치반 파이팅!!!

4. 한 번의 멋진 성공 경험 - 김준범

좋은 스피치와 화술에 대한 필요성은 누구나가 공감하는 부분일 것입니다. 특히 토론 문화가 익숙하지 않은 우리나라 사람들은 대중연설이나 발표를 상당히 힘든 일이라 생각하며, 저 자신 역시 그런 사람 중의 하나였습니다.

2월 초에 신문을 뒤적이다 경기대학교 사회교육원(수원 캠퍼스)에서 발행한 전단을 우연히 보게 되었습니다. 평상시 광고전단은 거의 보지 않고 바로 폐지함에 집어넣었었는데 그날따라 자세히 살펴본 것을 보면 알 수 없는 기운이 작용한 모양입니다.

봄기운이 완연한 캠퍼스에서 맞이한 첫 강의 시간, 한 학기 동안 같이 공부하게 될 교수님과 학우들과의 만남은 약간은 어색했지만 재미있는 시간이 될 듯한 예감이 들었습니다. 전체 15주의 일정으로 진행된 강의는 스피치 기본 개념과 인간관계 개선 방법, 설득 방법, 의사전달 방법, 스피치 구성 형식 등을 주된 내용으로 진행되었으며, 매일 3분 스피치를 통한 실전 연습과 2번의 비디오 촬영을 통한 평가가 이루어졌습니다. 가능한 많은 것을 알기 쉽게 전달하고자 열과 성을 다하는 교수님과 비록 서툴지만 변화를 위해 노력하는 학우들 덕분에 3시간의 강의가 30분 정도로 느껴질 만큼 집중하며 즐길 수 있었습니다. 스피치도 즐거울 수 있다는 사실을 깨달은 것이 가장 큰 소득이 아닐까 생각합니다.

지금 제 주변에 '어떻게 하면 멋진 스피치를 할 수 있을까?'하고 고민하는 누군가가 있다면 이렇게 조언을 해주고 싶습니다. "당신에게 필요한 것은 한 번의 멋진 성공기억"이라고, 한 번의 멋진 성공은 반드시 두 번째 성공을 불러오게 되며, 그러한 성공 경험이 하나 둘 쌓여서 자연스러운 것이 될 때 스피치 전문가가 되리라 생각합니다.

남들 앞에서 창피당한 기억, 할 말이 생각나지 않아 진땀 나던 기억, 하고 싶은 말을 하지 못해 후회했던 기억들이 반복되다 보면 다음번에 또 떨리게 되는 것과 정확히 같은 이치이며, 단지 방향만 반대로 돌리는 것입니다. 물론 사고의 흐름을 반대로 돌리려면 부단한 노력이 필요합니다. 방법이나 요령도 터득해야 할 것입니다. 스피치 과정에서 배운 많은 것이 이러한 노력을 좀 더 효율적으로 할 수 있도록 도움을 줄 것입니다.

저 자신도 3분 스피치 시간에 교수님과 학우들의 분에 넘치는 칭찬과 격려로 많은 자신감을 얻었고 그때의 느낌과 분위기를 마음속에 새겨 넣고 있습니다. 스피치를 즐기는 단계로 나아가기 위한 소중한 자산이 되리라 믿고 있습니다.

2007년 봄을 즐겁고 유익하게 보낼 기회를 주신 김현기 교수님께 다시 한 번 감사드리며, 스피치 전문가 과정에서 만난 모든 분의 건승을 기원합니다.

5. 스피치란 다리를 두고 지성과 감성이 만났던 시간 - 홍명표

"안녕하세요? 김현기 교수님!
'배워서 남 주고 싶은 남자' 홍명표입니다. ^.^"

지난 2년간 사립 고등학교에서 국어 교사로 근무하면서도 여전히 학생들 앞에 서는 것이 부담스러웠고, 주훈 발표 차 마이크를 잡을 때면 다리가 후들거렸더랍니다. ^^;;

어려서부터 내성적인 성격에 나서는 걸 좋아하지 않았던 터라 고1 때는 담임선생님으로부터 '새색시'라는 별명도 얻었지요. (웃음)

평소에도 사람들을 많이 의식하는 편인데 대학 때는 리포트를 발표할 때 교수님께서 들고 있던 리포트를 던져버리고는 창밖만 보는 겁니다.

그때 충격을 받은 이후 사람들 앞에 설 때마다 '거절당하거나 무시당하면 어쩌지?' 하는 불안감에 제대로 발표도 못 하고 얼굴이 빨개져 내려오곤 했습니다.

(게다가 여학생들 앞에서 말을 잘 못하는데 사범대다 보니 여학생들이 얼마나 많았겠어요? ㅠ.ㅠ)

교사가 되려는 사람이 사람들 앞에 서는 것이 두렵다는 것은 정말이지 창피하기 그지없는 일이었습니다.

올해 교수님을 만나지 않았더라면 제 문제가 무엇이고 어떻게 해결해야 할지 평생 모른 채 인생을 그대로 답습하며 살았어야 할 것입니다.

교수님께서 발표 불안은 누구에게나 있는 것이며 불안은 '제거'하는 것이 아니라 '관리'하는 것이라는 말씀을 듣고 문제의 실마리를 찾기 시작했습니다.

　지금 생각해 돌이켜보니 가장 큰 문제는 발표를 멋지게 하고 반드시 교수님과 학생들로부터 인정받아야 한다는 생각이었습니다.

　교수님께서는 "완벽한 발표는 있을 수 없습니다."라고 하시며 다음과 같이 말씀하셨습니다.

　첫째, 발표할 내용에 집중할 것.
　둘째, '청중들에게 도움(혹은 즐거움)을 드려야지!' 하는 마음을 가질 것.

　이 말을 듣고 제가 얼마나 가슴을 쳤는지 모릅니다.
　전 스피치 강사라면 말도 빠르고 유창하게 잘해야 한다는 생각을 가지고 있었습니다. 그러다 교수님을 뵙고는 제 선입견이 무참하게 깨졌지요. 말은 입으로 하는 것이 아니라 마음으로 하는 것이라는 말을 몸소 보이시며 확증하셨지요.

　말 한마디도 정성을 다해 또박또박하시는 모습을 보며 전자가 그저 말을 잘하는 것처럼 보일 뿐이라는 사실을 깨닫게 되었습니다.

　그래서 얼마 전 논술지도사와 독서지도사 수업 시 발표 수업이 있었는데 예전 같았으면 슬슬 눈치나 보고 입 꾹 다물고 있었을 텐데 이번엔 제가 먼저 자청해서 준비하였습니다. 여전히 떨림은 마찬가지였지만 내용에 집중하고, 청중에게 도움을 주고자 하는 마음에 열심히 발표한 결과 청중들로부터 큰 박수를 받았습니다.

　이러한 성공적인 경험이 제 인생에 커다란 재산이 되었습니다.
　앞으로 교수님께 배운 강의 내용을 가지고 가깝게는 제가 봉사하는 늘푸른 야학 학생들과 내년에는 반드시 공립학교 교사가 되어 중고등학생들과 함께 공부해 볼 예정입니다. 저는 그저 평생 배워서 남 주는 남자이고 싶습니다.

김 교수님! 지루한 장마에 우울증 조심하시고요. 여기저기 동분서주하시며 강의하시느라 바쁘실 텐데 늘 건강 잘 챙기십시오.
그럼 항상 웃는 모습 그대로 행복하게 지내십시오.~

배우는 즐거움 못지않게 먹는 즐거움이 쏠쏠했던 그리운 시간을 떠올리며.

안산에서 홍명표 드림.

경기대학교 사회교육원 리더스 스피치 과정 개강 인사말

여러분! 반갑습니다.

리더스 스피치 과정 강의를 맡은 주임 교수 김현기, 인사드립니다. 한 학기 동안 여러분과 함께 학연을 맺게 된 것을 매우 기쁘게 생각합니다.

스피치 능력은 성공의 필수 조건입니다. 따라서 성공의 필수 조건을 갖추려고 이곳 경기대학교 사회 교육원에 오신 여러분은 이미 성공의 고지를 향해 출발을 하였고, 소정의 과정을 이수하신다면 틀림없이 성공하게 되실 것입니다.

여러분!

이번 학기 동안 여러분과 더불어 많은 것을 연구하고 훈련하고 싶지만, 시간의 제약 때문에 다음과 같은 세 가지 분야에 국한해서 중점적으로 학습하고자 합니다.

첫째, 인간관계 개선을 위한 방법을 모색해 보고,

둘째, 설득 화법을 함께 연구하고자 합니다.

셋째, 자신의 의사를 정확하게 전달하려는 방법에 대해 살펴보려고 합니다.

이러한 과정을 통해서 우리가 갖추어야 할 지적 능력과 지도 능력, 그리고 리더로서 필요한 스피치 능력 등을 함께 배양해 나갈 수 있다고 확신합니다.

강의 내용은 그동안 학원과 문화 센터, 각종 기업체와 공공 단체, 대학

김현기 교수의 파워 스피치 특강

• **강/의/안/내** : 김 현 기 교수 (H.P : 010-2272-6188)
　　　　　　　　(15주 과정 매 학기 초(3월, 9월) 개강) 현재 접수 중

• **경기대학교 사회교육원** 리더스 스피치 과정 - 서울 캠퍼스
　· 강의 시간 : 매주 화, 수, 목요일 오후 7시~10시
　· 강의 문의 : 02-390-5260

강의 주별 : 강의 내용

1주	과정 소개, 스피치의 중요성, 불안 극복 기법 및 자기소개 스피치
2주	스피치를 배우는 목적과 마음가짐
3주	스피치의 3대 원칙과 효과적인 스피치를 위한 조건 세 가지
4주	인간관계 개선을 위한 방법(3성실 주의/ 행복한 인간관계의 비결 등)
5주	인간관계 개선을 위한 방법(2) (화난 고객 진정시키기/ 부드러운 커뮤니케이션 스킬 등)
6주	설득 화법(설득의 3 법칙/ 3변주의/ 설득의 3단계 · 5단계/ 양자택일 등)
특강	설득의 심리학
7주	설득 화법(2) (판매 설득을 잘하기 위한 방법, 화술의 설득력 높이기 등)
특강	유형별 인간관계 및 커뮤니케이션 전략(머리형/ 가슴형/ 장형)
8주	영상 촬영 및 분석 평가
특강	고통, 심리적 한계 등
1박 2일 워크숍	MBTI, TA 분석, DISC 등
9주	자신의 의사를 전달하려는 방법(글말 즉 내용 표현으로서 3 · 4 · 5단계 구성법)
10주	자신의 의사를 전달하려는 방법(2) (입말과 몸 말 즉 음성 표현과 신체 표현)
특강	이미지 메이킹
11주	서론(호감 사기, 관심 끌기, 이해 돕기)
12주	본론(논리적, 구체적, 간결하게)
13주	결론(짧고, 강하고, 여운이 남게)
특강	면접 스피치
14주	템플리트 스피치 (사회 보기 스피치/ 선물을 줄 때와 받을 때의 스피치/ 모임 마무리 스피치)
15주	스피치 경연 대회(영상 촬영과 분석 평가)
교재	『김현기 교수의 스피치 휘날리며』 /『김현기 교수의 파워 스피치 특강』 / 『핑거 스피치』 /『파워 프레젠테이션 특강』

강의 계획서

특강 내용은 변경될 수 있습니다.

- **강 좌 명** : 리더스 스피치 과정
- **담당 교수** : 김현기
- **연 락 처** : 010-2272-6188
- **홈 페이지** : 스피치바이블닷컴 (http://www.speechbible.com)
- **이 메 일** : speech@speechbible.com

리더스 스피치 과정 교수 요목

우리가 스피치를 배우고 익히는 세 가지 이유를 살펴봅니다.
즉 첫째, 인간관계 개선을 위한 방법을 모색해 봅니다.
둘째, 설득 화법을 연구해 봅니다.
셋째, 자신의 의사 전달을 정확하게 하려는 방법을 알아봅니다.
이러한 일련의 과정들을 이론적인 바탕 위에서 스스로 실천해
봄으로써 원활한 인간관계와 설득의 기술을 터득할 수 있을 것입니다. 또한 논리적인 사고력과 확실한 자기 의사 표현력을 기를 수 있게 될 것입니다.

교 사회 교육원 등지에서 강의를 진행해 오면서 수정 보완한 내용이기에 강사 지망생이나 현재 강사이신 분께서 활용하신다면 더욱 큰 도움이 되시리라고 생각합니다.

아무쪼록 여러분의 리더스 스피치 과정의 입학을 진심으로 환영하면서 여러분의 멋진 꿈과 목표를 향한 힘찬 전진을 기원합니다.

이것으로 개강 인사를 마치고자 합니다. 감사합니다.

주임 교수 김 현 기 드림

 **여담**

필자는 강의에서 수강생 여러분께
자신보다 청중을 위하는 프레젠터가 되라고 했습니다.
필자는 집필을 하면서 독자들을 위한 마음과 배려를
잊지 않으려고 애썼습니다.
프레젠테이션 분야의 베스트셀러가 되기보다
독자들에게 참으로 유용하고 도움이 되는
프레젠테이션 분야의 베스트 북이 되기를 소망했습니다.

- 저자(김헌기 교수)와의 인터뷰 중에서 -